A LIBRARY OF
DOCTORAL DISSERTATIONS
IN SOCIAL SCIENCES IN CHINA

中国
社会科学
博士论文
文库

托管之困：
中国特色土地托管困境及其治理

The Dilemma of Trusteeship:
Dilemma of Land Trusteeship with Chinese Characteristics and Its Governance

豆书龙　著
导师　叶敬忠

中国社会科学出版社

图书在版编目（CIP）数据

托管之困：中国特色土地托管困境及其治理/豆书龙著.—北京：中国社会科学出版社，2024.3

（中国社会科学博士论文文库）

ISBN 978－7－5227－3289－3

Ⅰ.①托… Ⅱ.①豆… Ⅲ.①土地经营—研究—中国 Ⅳ.①F321.1

中国国家版本馆 CIP 数据核字（2024）第 055727 号

出 版 人	赵剑英
责任编辑	党旺旺
责任校对	郝阳洋
责任印制	李寡寡

出　　版	中国社会科学出版社
社　　址	北京鼓楼西大街甲 158 号
邮　　编	100720
网　　址	http://www.csspw.cn
发 行 部	010－84083685
门 市 部	010－84029450
经　　销	新华书店及其他书店
印　　刷	北京明恒达印务有限公司
装　　订	廊坊市广阳区广增装订厂
版　　次	2024 年 3 月第 1 版
印　　次	2024 年 3 月第 1 次印刷

开　　本	710×1000　1/16
印　　张	17.5
字　　数	305 千字
定　　价	98.00 元

凡购买中国社会科学出版社图书，如有质量问题请与本社营销中心联系调换
电话：010－84083683
版权所有　侵权必究

《中国社会科学博士论文文库》
编辑委员会

主　　任：李铁映
副主任：汝　信　江蓝生　陈佳贵
委　　员：(按姓氏笔画为序)

　　　　王洛林　王家福　王辑思
　　　　冯广裕　任继愈　江蓝生
　　　　汝　信　刘庆柱　刘树成
　　　　李茂生　李铁映　杨　义
　　　　何秉孟　邹东涛　余永定
　　　　沈家煊　张树相　陈佳贵
　　　　陈祖武　武　寅　郝时远
　　　　信春鹰　黄宝生　黄浩涛

总编辑：赵剑英
学术秘书：冯广裕

总　序

在胡绳同志倡导和主持下，中国社会科学院组成编委会，从全国每年毕业并通过答辩的社会科学博士论文中遴选优秀者纳入《中国社会科学博士论文文库》，由中国社会科学出版社正式出版，这项工作已持续了12年。这12年所出版的论文，代表了这一时期中国社会科学各学科博士学位论文水平，较好地实现了本文库编辑出版的初衷。

编辑出版博士文库，既是培养社会科学各学科学术带头人的有效举措，又是一种重要的文化积累，很有意义。在到中国社会科学院之前，我就曾饶有兴趣地看过文库中的部分论文，到社科院以后，也一直关注和支持文库的出版。新旧世纪之交，原编委会主任胡绳同志仙逝，社科院希望我主持文库编委会的工作，我同意了。社会科学博士都是青年社会科学研究人员，青年是国家的未来，青年社科学者是我们社会科学的未来，我们有责任支持他们更快地成长。

每一个时代总有属于它们自己的问题，"问题就是时代的声音"（马克思语）。坚持理论联系实际，注意研究带全局性的战略问题，是我们党的优良传统。我希望包括博士在内的青年社会科学工作者继承和发扬这一优良传统，密切关注、深入研究21世纪初中国面临的重大时代问题。离开了时代性，脱离了社会潮流，社会科学研究的价值就要受到影响。我是鼓励青年人成名成家的，这是党的需要，国家的需要，人民的需要。但问题在于，什么是名呢？名，就是他的价值得到了社会的承认。如果没有得到社会、人民的承认，他的价值又表现在哪里呢？所以说，价值就在于对社会重大问题的回答和解决。一旦回答了时代性的重大问题，就必然会对社会产生巨大而深刻的影响，你也因此而实现了你的价值。在这方面年轻的博士有很大的优势：精力旺盛，思维敏捷，勤于学习，勇于创新。但青年学者要多向老一辈学者学习，博士尤其要很好地向导师学习，在导师的指导下，发挥自己的优势，研究重大问题，就有可能出好的成果，实现自己的价值。过去12年入选文库的论文，也说明了这一点。

什么是当前时代的重大问题呢？纵观当今世界，无外乎两种社会制度，一种是资本主义制度，另一种是社会主义制度。所有的世界观问题、政治问题、理论问题都离不开对这两大制度的基本看法。对于社会主义，马克思主义者和资本主义世界的学者都有很多的研究和论述；对于资本主义，马克思主义者和资本主义世界的学者也有过很多研究和论述。面对这些众说纷纭的思潮和学说，我们应该如何认识？从基本倾向看，资本主义国家的学者、政治家论证的是资本主义的合理性和长期存在的"必然性"；中国的马克思主义者，中国的社会科学工作者，当然要向世界、向社会讲清楚，中国坚持走自己的路一定能实现现代化，中华民族一定能通过社会主义来实现全面的振兴。中国的问题只能由中国人用自己的理论来解决，让外国人来解决中国的问题，是行不通的。也许有的同志会说，马克思主义也是外来的。但是，要知道，马克思主义只是在中国化了以后才解决中国的问题的。如果没有马克思主义的普遍原理与中国革命和建设的实际相结合而形成的毛泽东思想、邓小平理论，马克思主义同样不能解决中国的问题。教条主义是不行的，东教条不行，西教条也不行，什么教条都不行。把学问、理论当教条，本身就是反科学的。

在21世纪，人类所面对的最重大的问题仍然是两大制度问题：这两大制度的前途、命运如何？资本主义会如何变化？社会主义怎么发展？中国特色的社会主义怎么发展？中国学者无论是研究资本主义，还是研究社会主义，最终总是要落脚到解决中国的现实与未来问题。我看中国的未来就是如何保持长期的稳定和发展。只要能长期稳定，就能长期发展；只要能长期发展，中国的社会主义现代化就能实现。

什么是21世纪的重大理论问题？我看还是马克思主义的发展问题。我们的理论是为中国的发展服务的，决不是相反。解决中国问题的关键，取决于我们能否更好地坚持和发展马克思主义，特别是发展马克思主义。不能发展马克思主义也就不能坚持马克思主义。一切不发展的、僵化的东西都是坚持不住的，也不可能坚持住。坚持马克思主义，就是要随着实践，随着社会、经济各方面的发展，不断地发展马克思主义。马克思主义没有穷尽真理，也没有包揽一切答案。它所提供给我们的，更多的是认识世界、改造世界的世界观、方法论、价值观，是立场，是方法。我们必须学会运用科学的世界观来认识社会的发展，在实践中不断地丰富和发展马克思主义，只有发展马克思主义才能真正坚持马克思主义。我们年轻的社会科学博士们要以坚持和发展马克思主义为己任，在这方面多出精品力作。我们将优先出版这种成果。

2001年8月8日于北戴河

摘　　要

以土地流转为代表的土地规模化在遭遇困境的同时，土地托管等服务规模化兴起。在"大国小农"背景下，以土地托管为代表的服务规模化构成了中国式农业农村现代化道路的另一条实现途径。由此，土地托管成为一项重要的公共政策而受到政府的高度关注。土地托管面积在获得迅猛增长的同时，托管主体发生了供销部门到工商企业的转型。然而，不论是供销部门主导时期、主体转型时期抑或是工商企业主导时期，土地托管政策实践均遭遇困境。土地托管政策实践实质上就是政府、社会和市场等多元治理主体不断互动和博弈的过程。基层治理逻辑可以成为透视和理解土地托管政策遭遇困境的重要窗口。因此，本研究从基层治理视角探究土地托管政策遭遇困境的原因及其影响后果。

本研究以山东省光明县 10 年的土地托管政策实践作为历时性案例，构建复合型治理理性框架进行分析。研究发现，在不同阶段的土地托管政策实践中，相关主体不仅遵循着线性的科层治理理性，而且遵循着以价值型关系治理理性和工具型关系治理理性为主要内涵的关系治理理性。以科层治理理性与关系治理理性及其互动关系为主要内容的复合型治理理性构成了土地托管政策屡遇困境的实践逻辑。在政策实践过程中，一方面，科层治理理性规制关系治理理性；科层治理理性规定了托管主体的行动边界，实现了托管主体惯习依赖的部分突破，但没有从根本上动员起各相关主体开展土地托管的积极性和主动性，从而为土地托管政策遭遇困境奠定了基础和前提。另一方面，关系治理理性对科层治理理性的消解则是导致不同政策阶段土地托管遭遇困境的主要原因。土地托管政策实践非但没有达到预期的政策目标，反而引发了供销部门债务负担不断加重、社会认可度不断降低、大户经营困境日益显著和基层治理秩序紊乱等后果。

关系治理理性虽然具有多元性，但不意味着关系治理理性消解科层治理理性的作用方式是杂乱无章的，而是存在位阶性。本研究依据"作用顺序"和"作用力度"两个标准进行排序，研究表明，"惯习依赖""面向同级部门"价值型关系治理理性以及"规避风险""推卸责任"和"寻求庇护"工具型关系治理理性构成了土地托管政策遭遇困境的主要逻辑。因此，为了推动土地托管政策的有效执行，规避社会政治影响，本研究从基层治理角度提出了重视和扶持供销部门发展、提升基层政府为农服务能力、稳妥推广村社主导土地托管模式和注重理顺政府、市场与社会关系等政策建议。本研究虽然具有一定的理论和实践价值，但是依然存在局限。土地托管治理逻辑需要深入到省域治理层面、土地托管的社会基础研究亟待丰富、新时代党建引领土地托管的创新机制需要挖掘、中国特色土地托管共同体的实践案例与理论研究亟待加强、中国式土地托管的基础理论与国际学术对话研究需要加强、以土地托管为切入点探赜中国特色供销合作理论研究亟需强化等议题是下一步的研究重点，从而促推中国特色土地托管理论的构建和中国式农业农村现代化理论研究深化。

关键词：中国式土地托管，遭遇困境，科层治理理性，关系治理理性，治理策略

Abstract

While the land scale expansion represented by land circulation has encountered dilemma, the scale expansion of services represented by land trusteeship has emerged. Under the background of "small farmers in a big country", the scale expansion of services represented by land trusteeship constitutes another way to realize the modernization of agriculture and rural areas with Chinese characteristics. Therefore, land trusteeship has become an important public policy and has been highly concerned by the government. With the rapid growth of the land trusteeship area, the trusteeship subject has undergone a transformation from the supply and marketing departments to the industrial and commercial enterprises. However, no matter in the Supply and marketing departments leading period, subject transition period or industrial and commercial enterprises leading period, the practice of land trusteeship policy has all encountered dilemma. In essence, the practice of land trusteeship policy is a process of continuous interaction and game among multiple governance subjects such as government, society and market. The logic of grass-roots governance can be an important window to see through and understand the dilemma of land trusteeship policy. Therefore, this study explores the causes, influences and consequences of land trusteeship policy from the perspective of grassroots governance.

Thisresearch takes the practice of land trusteeship policy in

Guangming County of Shandong Province for 10 years as a diachronic case to construct a rational framework of compound governance. It is found that in the practice of land trusteeship policy in different stages, the relevant subjects not only follow the linear bureaucracy governance rationality, but also follow the relationship governance rationality with the value relationship governance rationality and the tool relationship governance rationality as the main content. The compound governance rationality, which mainly consists of bureaucracy governance rationality, relationship governance rationality and their interactive relations, constitutes the practical logic of land trusteeship policy encountering dilemma. In the process of policy practice, on the one hand, bureaucracy governance rationality restrains relationship governance rationality; Bureaucracy governance rationality stipulates the action boundary of the trusteeship subject and achieves a partial breakthrough in the habitus dependence of the trusteeship subject, but it does not fundamentally mobilize the enthusiasm and initiative of all relevant subjects to carry out land trusteeship, thus laying the foundation and premise for the land trusteeship policy to encounter dilemma. On the other hand, the resolution of relationship governance rationality to bureaucracy governance rationality is the main reason that leads to the dilemma of land trusteeship in different policy stages. The practice of land trusteeship policy has not only failed to achieve the expected policy objectives, but has led to the increasing debt burden of supply and marketing departments, the decreasing social recognition, the increasingly significant management dilemma of large households and the disorder of grass-roots governance.

Although relationship governance rationality is pluralistic, it does not mean that the action mode of the resolution of relationship governance rationality to bureaucracy governance rationality is disorganized, but there is a hierarchical nature. According to the two criteria of "action order" and "action force", the research shows that "habit-dependent", "oriented to peer departments" value relationship governance rationality and "risk avoidance", "shirking responsibility" and "seeking refuge" tool relationship governance rationality form the main logic of land trusteeship policy encountering dilemma. Therefore, in order to promote the effective implementation of the land trusteeship policy and avoid the social and political influence, this study puts forward policy suggestions from the perspective of grassroots governance, such as attaching importance to and supporting the development of supply and marketing departments, improving the grassroots government's ability to serve agriculture, prudently promoting the village-community-led land trusteeship model, and emphasizing the rationalization of the relationship between the government, market and society. Although this research has some theoretical and practical value, however, the logic of land trusteeship governance needs to go deep into the level of provincial governance, the social basic research of land trusteeship needs to be enriched, the innovative mechanism of land trusteeship led by the Party building in the new era needs to be explored, the practical cases and theoretical research of the land trusteeship community with Chinese characteristics need to be strengthened, the basic theory research and international academic dialogue research of Chinese-style land trusteeship need to be strengthened, and promoting research such as the research on the theory of supply and marketing cooperation with Chinese characteristics from the perspective of land trusteeship needs to be strengthened, so as to promote the construction of the theory of land trusteeship with Chinese characteristics and deepening of the theory of Chinese-style agriculture and rural modernization.

Keywords: Land Trusteeship with Chinese Characteristics, Dilemma, Bureaucracy Governance Rationality, Relationship Governance Rationality, Governance Strategies

目　　录

序言一　扬土地托管之学　继三农研究之志…………………（1）

序言二　从治理视角看土地托管…………………………（10）

第一章　绪论……………………………………………（1）
 第一节　研究背景……………………………………（1）
 第二节　研究问题与研究意义………………………（6）
 第三节　研究综述……………………………………（11）
 第四节　概念界定……………………………………（29）
 第五节　研究方法……………………………………（31）
 第六节　田野概况……………………………………（38）
 第七节　研究创新……………………………………（45）

第二章　基础理论与分析框架…………………………（47）
 第一节　基础理论……………………………………（47）
 第二节　基层治理的科层理性………………………（55）
 第三节　基层治理的关系理性………………………（60）
 第四节　复合型治理理性的构建及其契合性………（67）

第三章 供销部门主导时期土地托管遭遇困境的治理理性 …………（70）

第一节 供销部门主导时期土地托管中的科层治理理性 …………（73）

第二节 供销部门主导时期土地托管中的关系治理理性 …………（82）

第三节 供销部门主导时期土地托管遭遇困境的治理理性 …………（100）

第四节 供销部门主导时期土地托管遭遇困境的影响后果 …………（115）

第五节 本章小结 …………（121）

第四章 主体转型时期土地托管遭遇困境的治理理性 ………（124）

第一节 主体转型时期土地托管中的科层治理理性 ………（127）

第二节 主体转型时期土地托管中的关系治理理性 ………（130）

第三节 主体转型时期土地托管遭遇困境的治理理性 …………（142）

第四节 主体转型时期土地托管遭遇困境的影响后果 …………（154）

第五节 本章小结 …………（157）

第五章 工商企业主导时期土地托管遭遇困境的治理理性 …………（159）

第一节 工商企业主导时期土地托管中的科层治理理性 …………（162）

第二节 工商企业主导时期土地托管中的关系治理理性 …………（168）

第三节 工商企业主导时期土地托管遭遇困境的治理
理性…………………………………………………（177）
第四节 工商企业主导时期土地托管遭遇困境的影响
后果…………………………………………………（189）
第五节 本章小结…………………………………………（195）

第六章 结论与讨论……………………………………………（198）
第一节 主要结论…………………………………………（198）
第二节 政策建议…………………………………………（202）
第三节 研究不足及未来展望……………………………（220）

参考文献…………………………………………………………（225）

索 引……………………………………………………………（239）

后 记……………………………………………………………（240）

Contents

Preface One Developing Theory of Land Trusteeship Inheriting Ambition of Research on Agriculture, Rural Areas and Farmers ·········· (1)

Preface Two Land Trusteeship from the Perspective of Governance ···························· (10)

Chapter One Introduction ································· (1)
  Section One Research Background ························ (1)
  Section Two Research Problem and Significance ·········· (6)
  Section Three Research Review ························· (11)
  Section Four Concept Definition ························· (29)
  Section Five Research Method ·························· (31)
  Section Six General Situation of Field ···················· (38)
  Section Seven Research innovation ····················· (45)

Chapter Two Basic Theory and Analytical Framework ······ (47)
  Section One Basic Theory ································ (47)
  Section Two Bureaucracy Rationality of Grass-roots Governance ·································· (55)
  Section Three Relationship Rationality of Grass-roots Governance ·································· (60)

Section Four   Construction and Compatibility of Compound Governance Rationality ········· (67)

Chapter Three   Governance Rationality of Land Trusteeship Dilemma during Supply and Marketing Departments Leading Period ················ (70)

Section One   Bureaucracy Governance Rationality of Land Trusteeship during Supply and Marketing Departments Leading Period ······························· (73)

Section Two   Relationship Governance Rationality of Land Trusteeship duringSupply and Marketing Departments Leading Period ································ (82)

Section Three   Governance Rationality of Land Trusteeship Dilemma during Supply and Marketing Departments Leading Period ······························ (100)

Section Four   Influences and Consequences of Land Trusteeship Dilemma during Supply and Marketing Departments Leading Period ······························ (115)

Section Five   Summary of this Chapter ···················· (121)

Chapter Four   Governance Rationality of Land Trusteeship Dilemma during Subject Transition Period ································· (124)

Section One   Bureaucracy Governance Rationality of Land Trusteeship during Subject Transition Period ···························· (127)

Contents

Section Two Relationship Governance Rationality of Land Trusteeship during Subject Transition Period ……………………… (130)

Section Three Governance Rationality of Land Trusteeship Dilemma during Subject Transition Period ……………………… (142)

Section Four Influences and Consequences of Land Trusteeship Dilemma during Subject Transition Period ……………………… (154)

Section Five Summary ofthis Chapter ……………… (157)

Chapter Five Governance Rationality of Land Trusteeship Dilemma during Industrial and Commercial Enterprises Leading Period ………………… (159)

Section One Bureaucracy Governance Rationality of Land Trusteeship during Industrial and Commercial Enterprises Leading Period ……………………………………… (162)

Section Two Relationship Governance Rationality of Land Trusteeship during Industrial and Commercial Enterprises Leading Period ……………………………………… (168)

Section Three Governance Rationality of Land Trusteeship Dilemma duringIndustrial and Commercial Enterprises Leading Period ……………………………………… (177)

Section Four Influences and Consequences of Land Trusteeship Dilemma during Industrial and Commercial Enterprises Leading Period ……………………………………… (189)

  Section Five Summary of this Chapter ················· (195)

Chapter Six Conclusions and Discussions ················· (198)

  Section One Main Conclusions ························· (198)

  Section Two Policy suggestion ························· (202)

  Section Three Research deficiencies and future

        prospects ································· (220)

References ·· (225)

Index ·· (239)

Postscript ·· (240)

序言一

扬土地托管之学　继三农研究之志

只有把牢粮食安全主动权，才能把稳强国复兴主动权。保障国家粮食安全始终是党治国理政和建设农业强国的头等大事。截至2022年12月，中国现有各类托管服务组织104.1万个，服务面积18.7亿亩次，服务小农户达到8900多万户。以土地托管为代表的农业社会化服务在保障粮食安全、促进小农户与现代农业有机衔接、实现乡村全面振兴和建设农业强国等方面扮演了重要角色。土地托管（Land Trusteeship）既不同于国外学术界的土地攫取（Land Grab），也不同于国内学术界的土地流转（Land Transfer），也不完全与农业社会化服务（Socialized Agricultural Service）内涵相同，它实现了由"农户"为"流转老板"打工到"托管老板"为"农户"打工的创造性转换，是一种农业生产关系的深刻改革。土地托管本质是在坚持农户主体地位和土地收益剩余索取权持有前提下，农户将农业生产的全部或大多数环节委托给托管服务组织，双方共享农地经营权的农业经营创新方式。从实践起源来看，土地托管是改革开放以来"统分结合的双层经营体制"的必然产物，最初体现为村集体经济主导的土地托管模式。根据《中国农政》记载，1982—1985年，在全国社区合作组织中，约有20%的社区合作组织在家庭分散经营和集体统一经营两个层次结合得好，探索出了"五统一""模式化栽培""统种分管"等托管服务模式。土地托管作为一项中国特色的农业经营制度创新实践，逐渐激发了学术理论界的研究热情。截至2023年5月18日，以"主题词＝土地托管or农业生产托管or农业社会化服务or农业生产性服务；期刊来源＝CSCD＋CSSCI＋北大核心；不设时间跨度"的方式检索到1168篇土地托管的核心文献。其中，被引量超过100篇的文献就有38篇。这样的高被引文献相对于其他主题的学术论文来说是难以想象的。自2017年以来，围绕土地托管的学术成果数量呈井喷式增长，2019—2022年更是每年发表量达到了300篇以上学术文献。而从土地托管研究来看，呈现出如下特征：一是从研究学科来看，土地托管研究多拘囿于农业经济学科研究，研究方法多采取定量研究方法；二是从研究内容来看，相关研究多聚焦于论证土地托管作为一种农业经营方式创新对保障国家粮食安全、实现小农户与现代农业有机衔接、推动农业绿色发展、助推农民经济福利增长、提高投资产出、推动供销合作社综合改革、提升资产收益扶贫效果、壮大村集体经济等方面的积极效能。

而从基层实践界来看，学术理论界的证明题研究倾向并未意味着土地托管实践的"顺风顺水"，相反，无论是供销部门土地托管模式、国有企业土地托管模式、工商资本土地托管模式，还是合作社土地托管和村集体开展土地托管均遭遇了种种困境。由此看来，土地托管的学术发表之热并未带来知识生产质量的提升，反而呈现为一种"土地托管学术发表之热与知识生产之弱"的内卷局面。批判性思维和问题导向是社会科学研究的基本要求，从现有研究成果来看，相关研究或多或少地隐含着论证土地托管积极功能的"证明题"取向。然而，从现实意义层面来看，土地托管研究应该实现由做"证明题"向做"问答题"的研究转向，应坚持问题导向，深入现实社会，分析土地托管问题的背后原因、自身逻辑和发展规律。2023年3月，中共中央办公厅印发《关于在全党大兴调查研究的工作方案》要求"迫切需要通过调查研究把握事物的本质和规律，找到破解难题的办法和路径"。友人出版的《托管之困：中国特色土地托管困境及其治理》正是笔者近五年来深入调查研究的成果，是讲述众多农民、农业服务主体、供销社干部、县乡村基层干部以及作者亲身参与土地托管实践故事的著作。近年来，连续多年的中央一号文件对农业农村现代化进行重要部署，对发展农业生产服务业予以高度强调。自 2014 年以来，"土地托管"开始写入中央一号文件，逐渐得到党和国家的高度关注。而考究"土地托管"进入国家政策的历程可以发现，土地托管开始上升为一项国家政策，主要来源于 2013 年山东省供销社创造的"以土地托管为切入点推进服务规模化"的供销社改革经验。2017 年 10 月，党的十九大明确提出"健全农业社会化服务体系，实现小农户和现代农业发展有机衔接"。2022 年 10 月，党的二十大再次提出"发展新型农业经营主体和社会化服务，发展农业适度规模经营"。2023 年 1 月，中央一号文件提出"实施农业社会化服务促进行动，大力发展全程托管等社会化服务，鼓励区域性综合服务平台建设"。自此之后，土地托管与供销社改革紧密联系起来，成为供销社综合改革的重要突破口，也日渐成为小农户与现代农业发展有机衔接的重要抓手。在"大国小农"背景下，以土地托管为代表的服务规模化构成了中国特色农业农村现代化道路的一条实现途径。围绕"土地托管何以屡屡遭遇困境"这一直接而朴素的问题，该书立足中国场景，以翔实的一手调研资料为基础，全面呈现了山东省光明县 10 年的土地托管实践，通过构建和系统提炼复合型治理理性分析框架，以历时性视角深入分析了供销部门主导时期、主体转型时期和工商资本主导时期土地托管政策实践遭遇困境的表现与特征，发掘土地托管政策实践困境的深层次原因，并提出了相应的治理之道。全书论证较为系统，观点新颖，是新时代"三农"问题研究的又一部力作。该书具有强烈的问题意识和现实关怀，其闪光点主要表现在以下几个方面。

一是在科层治理理性与关系治理理性的辩证关系中提炼出解释土地托管的复合治理理性框架。科层治理理性是建立在韦伯的经典科层制理论上，主要强调科层组织管理的正式规则，具体包括专业分工、规章制度、等级权威和非人格化四个维度。科层治理理性侧重从静态结构的视角探究基层政府的行为，它规定了基层政府所必须遵循的正式制度和相关规定，因此主要适用于在政府内部不同层级部门的治理逻辑分析。而土地托管政策必须依赖于科层制来落地。关系治理理性立足于中国独特的"关系社会"情境。笔者在韦伯的"价值理性—工具理性"分析框架基础上，建构出价值型关系治理理性和工具型关系治理理性两大维度。价值型关系治理理性以追求特定规范性理念、创造最优共在关系为基本导向的，具体包括惯习依赖、面向上、面向下、面向同级部门的价值型关系治理理性四种维度。工具型关系治理理性则以特定功利目标为基本导向的思维和行为方式，具体包括规避风险、完成任务、追求政绩、寻求庇护和推卸责任五个维度。关系治理理性侧重从动态和行动视角研究基层政府的策略性行为，它强调了关系等非正式规则对基层政府治理行为的影响。因此，关系治理理性可以应用于政府内部不同层级部门、市场组织和基层社会组织等各类主体。而土地托管政策的执行和落地必须嵌入中国独特的"关系社会"场域。笔者在分析完这一"静"（科层治理理性）—"动"（关系治理理性）之后，并没有止步，而是进一步从两者之间有机互动中把握土地托管政策运行机制。土地托管政策的执行不仅涉及政府内部各层级部门以及同一层级各职能部门，还关涉市场组织、基层社会组织和村民等多元主体及其互动关系。因此，科层与关系治理理性的有机互动关系可以更为深入地揭示土地托管的基层治理逻辑。据此，笔者提炼出解释土地托管的复合治理理性框架。该框架与分析土地托管的基层治理逻辑具有较好的耦合性。笔者通过复合治理理性框架的搭建，展示出自身良好的整体性思维，对现行土地托管研究进行了完善和补充。

二是土地托管相关主体的行动逻辑解析。笔者秉持复合治理理性视角，展现土地托管政策实践的生动途径。具体而言，笔者将其细分为三个阶段：首先是供销社主导型土地托管时期的基层治理逻辑。相关主体遵循着科层治理逻辑，集中表现在土地托管的权威话语得以贯彻，为农服务的协同机制得以打造，土地托管政策的体系化设计得以落实。相关主体遵循着关系治理逻辑。相关主体遵循着以"惯习依赖""面向同级""面向下"和"面向上"等价值型关系治理理性，用以协调各方主体关系。与此同时，相关主体在土地托管具体实践中遵循着"规避风险""寻求庇护""追求政绩""完成任务"和"推卸责任"等工具型关系治理理性，用以寻求土地托管主体各自的最大利益。其次是主体转型时期的基层治理逻辑。相关主体遵循着科层治理逻辑，集中表现在农业部门土地托管指导职责明确、土地托管项目主体资质条件确定和供销部门土地托管要求深入推进，多元主体开展托管均受到政策和项目扶持。相关主体遵循着关系治理逻辑，既遵循着以"惯习依赖""面向同级""面向下"和"面向上"为主要内容的关系型价值理性，也遵循着以"规避风险""寻求庇护""追求政绩""完成任务"和"推卸责任"为主要内容的工具型关系治理理性。最后是工商企业主导型土地托管时期的基层治理逻辑。相关主体遵循着科层治理理性，集中表现在政策要求的贯彻落实、托管政策的系统设计和服务对象的精准确定。相关主体遵循着关系治理逻辑。相关主体遵循着"惯习依赖""面向同级""面向下"和"面向上"等关系型价值理性，用以协调各方主体关系。相关主体在土地托管具体实践中遵循着"规避风险""寻求庇护""追求政绩""完成任务"和"推卸责任"等工具型关系治理理性，用以寻求托管主体各自的最大利益。可以说，笔者利用自身精细的笔法，对土地托管多元主体的互动逻辑进行"麻雀式解剖"，为我们生动展现了土地托管政策实践的运作逻辑。

三是对供销部门和工商企业土地托管政策执行遭遇困境的深度解析。笔者首先抛出这样一个"悖论"，作为由供销部门发起的土地托管，缘何在后续发展中遭遇困境？笔者利用复合治理理性分析框架对供销部门土地托管政策遭遇困境的深层次原因进行解析。笔者发现，科层治理理性限定了相关主体的行动边界，政策支持的形式化以及供销部门与农业部门的职能重叠，是导致供销部门土地托管遭遇困境的首要原因。供销部门内部关系并未理顺和协调，导致其开展土地托管的积极性和主动性难以激发，这是供销部门土地托管遭遇困境的内部原因。县级供销社与县级政府、县直部门和乡镇政府等外部主体的关系难以理顺，相关主体更多地基于个人利益最大化的目的，与农村社会主体形成利益共同体，共同抵制供销部门的土地托管实践，这是供销部门土地托管遭遇困境的外部原因。作者通过供销部门与多元主体关系的互动分析，展演了供销部门职能履行的"纠葛"以及脱嵌社会基础的场景，为供销部门土地托管的困境提供了完整的解释。而在土地托管不再作为供销社的"专属品"而享受国家政策的变革期，国家开始鼓励支持包括供销部门在内的集体经济组织、家庭农场、合作社、农业企业和社会化服务组织等多元组织开展土地托管，笔者从复合治理理性出发解析工商企业土地托管遭遇困境的原因，研究发现，政策支持形式化和部门之间的职能冲突是导致工商企业土地托管遭遇困境的直接原因；历史因素累积使地方政府形成了规模农业的发展惯性，这是导致工商企业土地托管遭遇困境的历史原因；相关主体的关系并未协调，更多地依据个人利益最大化的逻辑参与土地托管实践，这是导致工商企业土地托管遭遇困境的主要原因。笔者深入实践场域，再一次揭示了工商企业土地托管困境的复杂情境。

四是土地托管的困境辨识和政策疏解。促进小农户与现代农业发展有机衔接的土地托管实践困境为何？又该采用什么样的政策支持体系？笔者基于扎实经验研究延伸出政策逻辑。笔者指出，不论在供销部门主导型还是工商企业主导型土地托管时期，土地托管政策实践均遭遇困境。首先表现为供销部门债务负担沉重。供销社原本是想通过开展土地托管实现"控地谋变"，实现供销社由"农资提供商"到"托管服务商"的转型，增强供销社的经济实力。然而，实际上却出现了悖反现象，即供销社债务负担非但没有减轻，反而更为严重，供销部门发展的可持续面临挑战，主要体现在县乡级供销社债务负担严重。其次表现为供销部门合法性不断降低。供销社作为中国特色"三农"工作中的特殊部门，理应通过开展土地托管等服务规模化经营，凸显为农服务宗旨，发挥其特殊优势和独特作用。但是由于供销社开展土地托管政策实践遭遇重重困境，比如村社共建工作难以开展，合作组织能力并没有真正增强，为农服务中心闲置率较高，资金互助业务开展困难等。供销社土地托管实践非但无法实现绩效合法性的增强，反而加剧了农民、供销社职工、乡镇政府、县直部门和县级政府等各类主体对供销部门的不认可，供销部门在基层实践场域中的合法性不断降低。再次表现为大户经营困境日益显著。以土地流转为主要代表的土地规模化和以土地托管为显著特征的服务规模化共同构成了中国特色农业现代化的主要内容，其政策分别侧重于保护新型农业经营主体和小农户利益，小农户与新型经营主体应该互利共生。作为实现小农户与现代农业发展的主推模式，土地托管政策实施不应以牺牲新型农业经营主体等大户利益为代价。由于家庭农场、合作社等大户没有满足地方政府的治理需求，地方政府开展支持工商企业开展土地托管。而工商资本主导的土地托管实践却通过提高农地经营权转移成本，增加大户经营成本，垄断农机作业价格，降低了大多数农机合作社农机作业收入，攫取大部分的项目资金补贴，减少大户所能获得的转移支付收入，最终消解了大户组织能力，使其丧失与工商企业竞争的能力，产生大户经营日益困难的局面。最后是造成基层治理秩序失序风险。笔者指出，由于逐渐形成以支持工商企业为核心的分利秩序，工商企业垄断了大部分的涉农资源，涉农资源的歧视性分配剥夺了大户应该享受到的项目资源，造成了大户经营的日益困难，进而引发了大户诸多的上访行为，同时造成托管村庄秩序紊乱，加剧了村两委与小社长及工商企业的利益冲突。结合上述困境分析，笔者提出重视和扶持供销部门，提升基层政府为农服务能力，探索村社主导土地托管模式，理顺政府、市场主体和社会关系等措施，笔者从多维角度构建了支持新时代土地托管的政策体系，为新时代土地托管顺利开展提供了宝贵的智力支持。在其给出治理策略之后，笔者还敏锐地指出了未来研究的六大着眼点：一是将土地托管的治理逻辑研究深入省域治理层面；二是丰富土地托管的社会基础研究；三是深入挖掘新时代党建引领土地托管的创新机制；四是加强中国特色土地托管共同体的实践案例与理论研究；五是深化中国式土地托管的基础理论研究，对接国际学术话语讨论及传播中国特色土地托管经验；六是以土地托管为切入点深化中国特色供销合作理论。这些分析和思考能够丰富社会各界对土地托管的认识和理解，为推动土地托管高质量发展，更好地思考土地托管如何保障好国家粮食安全、高质量推动供销合作社综合改革、实现小农户与现代农业有机衔接、促推乡村振兴和助推农业强国建设提供一定的借鉴和启发。

　　自此，笔者实现了对土地托管理论、实践和政策的完整研究。该书的价值还体现于：一是以供销部门为主体研究对象，供销部门作为计划经济的产物，在市场经济大发展的背景下该如何定位，其该如何更好地履行为农服务的使命，笔者在该书中都进行了深入思考。二是该书具有鲜明的问题导向和经验导向，时刻聚焦土地托管困境的发生机理，具有扎实而深入的经验材料，特别是基于山东省光明县10年的土地托管政策实践进行分析，这些特点都使全书增色不少。三是突破了土地托管的农业经济学框架，从基层治理视角特别是以复合治理理性切入土地托管研究，这属于学术理论的重要推进。土地托管作为一种农业经营方式创新，目前学术界大多从农业经济学的视角，研究土地托管对农业生产效率、粮食增产、农业绿色发展和农户增收等的影响。而该书将从公共管理学的视角研究土地托管的基层治理逻辑，探究土地托管遭遇困境的实践逻辑，研究视角具有创新性。该书较为成功地诠释中国特色情境下土地托管的运行规律，可以为学界和政策研究提供重要参考。

　　从土地托管具体实施问题的关注到土地托管基础理论的提炼，

笔者为我们完整展现了土地托管的"中国特色"。在这些研究中，可以看出笔者强烈的为农服务情怀、扎实深入的经验论证以及敏感的问题意识，这也是该书有能力成为"三农"问题研究力作的原因。希望笔者能够永远保持"为生民立命"的初心，将学术研究与国家前途命运紧密结合，能够安坐书斋，安守清冷、安心治学，做一个默默无闻的人，继续坚守中国特色"三农"问题和乡村振兴研究，能够像弱者一样感受世界，在理性道路上记住感性，早日成为新时代"三农"问题研究的中坚力量。

是为序。

兰州大学马克思主义学院副教授 张明皓

2023 年 1 月 26 日

序言二

从治理视角看土地托管

土地托管，已成为我国重要的农业经营方式，是观察研究我国农业转型发展问题的一个重要载体。它的兴起和我国农业机械化的快速发展，尤其是农业生产环节服务外包的广泛发生有着密不可分的关系。这种通过服务带动实现农业规模经营的方式也得到了政策上的高度重视。2014年，农业"托管式"服务被写入当年的中央一号文件，"土地托管"则在两年后的中央一号文件中正式亮相，引发了学界对土地托管的广泛探讨。而实际上，在20世纪80年代末的文献中出现过对农业"代营制"的讨论，究其本质，和今天所说的"土地托管"异曲同工。这说明学界对服务带动型规模经营的关注由来已久。跟"土地流转"一样，"土地托管"源于政策表达，并非学术概念，能否跳出名称本身提出真正的科学问题，成为做好后续研究的关键前提。

当前学界对土地托管的研究多集中于农经学科，研究内容上多聚焦于论证土地托管作为一种农业经营方式创新对保障国家粮食安全、实现小农户与现代农业有机衔接、推动农业绿色发展、助推农民经济福利增长、提高投资产出、推动供销合作社综合改革、提升资产收益扶贫效果、壮大村集体经济等方面的积极效能。我本人则更关注土地托管的实现机制问题，通过在全国不同地区的调研，认为土地托管是农地经营权细分后的优化配置和建立在服务基础上的二元主体经营，农户、托管服务主体等多元主体参与的行为动机是土地托管形成的内在基础。然而，对政府这一重要参与主体的关注不够成为一大缺憾。土地托管的形成，不仅仅得益于市场力量的推动，也离不开政府力量的参与。甚至对于不少地区，政府在促成土地托管实现的过程中发挥着主导作用，但已有研究对此着墨甚少。

这部《托管之困：中国特色土地托管困境及其治理》是作者近五年来深入调查研究的成果，是讲述众多农民、农业服务主体、供销社干部、县乡村基层干部以及作者亲身参与土地托管实践故事的著作。更为重要的是，作者是从治理视角看土地托管，围绕"土地托管政策何以屡屡遭遇困境"这一直接而朴素的问题，全书以翔实的一手调研资料为基础，全面呈现了山东省光明县10年的土地托管实践，通过构建复合型治理理性分析框架，以历时性视角深入分析了不同历史时期土地托管政策遭遇困境的表现与原因。在给出治理对策之后，作者还敏锐地指出了未来研究的两大着眼点：一方面需要深化以土地托管为主体的研究，可以将土地托管的治理逻辑研究深入到省域治理层面以展演土地托管政策在省市层面的运作机制，或应该丰富土地托管的社会基础研究以更为细致剖析土地托管政策与落地过程中村庄社会主体的行为规范，或深入挖掘新时代党建引领土地托管的创新机制以寻求党建引领发展的实现路径，抑或应当加强中国特色土地托管共同体的实践案例与理论研究以寻求土地托管多方主体的共赢机制，抑或是从国际农政理论维度深化中国式土地托管的基础理论研究以实现理论对话与创新；另一方面需要加强以土地托管为客体的研究，即以土地托管为切入点，探赜土地托管助推供销社综合改革、乡村振兴、和美乡村、农业强国、农业强国的创新机制和实现路径。在作者提出的上述诸多富有启发性的思考中，令我印象深刻的有两点：第一，作者展现了"中国特色土地托管"向"中国式土地托管"研究范式转化的抱负，即不仅要研究土地托管的"中国特色"与"中国特质"，更要致力于总结土地托管的"中国经验"和"中国智慧"，为广大发展中国家农业社会化服务的高质量开展提供经验和启发。作者有这种学术自觉难能可贵，也契合了中国式现代化推进的时代要求。第二，作者提出可以通过运用威廉姆森和刘世定关系合同理论来对供销部门土地托管典型案例存在进行合理性论证和优势分析，与主流经济学界基于产权交易理论对供销社模糊产权批判进行交流对话，不仅对于供销社综合改革具有启发意义，而且对于中国社会所广泛存在的混合型组织或嵌入型组织研究也有较强的借鉴价值。总之，这些分析和思考不仅拓宽了土地托管的研究领域，丰富了社会各界对土地托管的认识和理解，也为推动土地托管高质量发展，更好地思考土地托管如何保障好国家粮食安全、推动小农户与现代农业有机衔接、促推乡村振兴和助推农业强国建设提供了借鉴和启发。

　　土地托管作为一个典型的农经学科议题，关于其实现机制及农户和托管主体的行为逻辑成为主要关注点，我本人也长期从事该方面研究。作者出版的这本著作更关注政府主体及其各主体复杂的行为逻辑，无疑是一个很好的尝试和突破。希望能够与作者一道继续深入田野，关注土地托管所发生的新现象和新问题，为构建中国式土地托管理论和深化中国式农业农村现代化理论贡献力量。

　　谨以此序纪念与作者一同做田野调查的美好时光。

中国社会科学院农村发展研究所助理研究员 胡凌啸
2023 年 10 月 31 日

第 一 章

绪　　论

第一节　研究背景

一　以土地流转为代表的土地规模经营发展与规限

2022年10月，党的二十大报告明确指出，"全面建成社会主义现代化强国，到二〇三五年，我国发展的总体目标是：基本实现新型工业化、信息化、城镇化、农业现代化"（习近平，2022）。农业现代化作为中国式现代化建设中的最大短板，事关社会主义现代化强国建设成效、农业强国建设绩效和中华民族伟大复兴。自1949年以来，中国政府一直思索农业现代化的实现问题。在很长一段时间内，无论是主流政策界还是媒体宣传界抑或学术理论界，均将小农经济与现代农业对立起来，甚至认为，中国农业现代化的实现需要消灭小农经济（赵磊，2005；贺雪峰、印子，2015）。计划经济时期，中国主要通过行政主导的农民组织化、集体化和公社化方式消灭小农经济（赵树凯，2022）。改革开放后，农业产业化和土地规模化先后被视为实现现代农业的主要路径而得到大力支持。2007年中央一号文件实施以来，土地流转和土地规模经营成为中央政府所倡导的主导政策。因此，政府一方面积极培育农民专业合作社、家庭农场、农业企业、种养殖大户等多元新型农业经营主体，积极鼓励农民合作社联合社、家庭农场联盟、农业产业化联合体等组织化新形式；另一方面鼓励和支持农地向各类新型农业经营主体流转集中，不断提高土地规模经营水平（叶敬忠等，2018）。中国土地流转面积急速增加，流转面积由 2007 年的 0.64 亿亩发展到 2022 年的 5.5 亿亩（农业农村部，2022）。然而土地规模化经营在获得显著成效的同时，也面临如下困境：一是土地流转增速趋缓。自 2014 年以来，土地流转速度趋缓的"拐点"在中国已经出现，2014—2016 年，土地流转增速同比分别下降 4.2 个、7.5 个、3.5 个百分点，土地流转发展潜力有限（陈林、商文江，2018；公茂刚等，2019）。二是农地大面积流转可能诱发诸多社会经济问题。比如农地"非农化"和生产效益下降、村庄治理私人化和治理秩序紊乱、农民阶层分化和利益冲突加剧等（陈柏峰，2009；叶敬忠等，2016；黄增付，2018）。三是"大国小农"的基本国情依然难以改变。以土地流转为主要表征的土地规模化实践往往伴随着"去小农化"结果，而这与"大国小农"国情相违背。截至 2021 年 7 月，全国小农户数量约 2.03 亿，占各类农业经营户总数的 98.1%，户均耕地 10 亩以下的农户约占农户总数的 85.2%（乔金亮，2021）。这就从根本上限制了土地规模化的发展空间。在上述约束条件下，以土地托管为代表的服务规模化成为实现小农户与现代农业发展有机衔接的主要方式，甚至被视为实现中国式现代农业发展的另一条道路（冀名峰，2018）。而从实践价值来看，土地托管本质上反映的是马克思主义关于"四农"领域理论主张的具体应用，是马克思主义农政理论具体应用的"中国实践"。农业方面，土地托管有助于推动农业全面转型升级，巩固农业基础地位，这是对马克思主义关于"农业在国民经济中的基础性地位"的生动实践。在坚持发展现代农业的基本思维基础上，土地托管被赋予了带动小农户进入现代农业发展轨道的重大内涵，这是对经典马克思主义"大生产"替代"小生产"理论逻辑的柔性实践。农民方面，中国特色土地托管实践呈现为以合作社、农业企业、村集体组织和供销合作社等各类托管组织扶持小农户，提升小农户组织化程度，这是马克思主义关于农民改造思想结合中国国情的适应性探索。农村方面，中国特色土地托管实践带动了人才、资本、技术等生产要素的城乡交流，有助于破除城乡二元结构的体制刚性，这是对马克思主义城乡协调思想的有力贯彻。农地方面，土地托管实践必须坚持农村土地集体所有原则。中国特色土地托管政策鼓励农地适度连片集中托管，这是马克思主义土地集中化思想结合现阶段中国国情的适应性探索和创新性实践，也是对当前"小田变大田"改革试点的前瞻实践。总之，中国特色土地托管实践体现出马克思主义理论元素的灵活运用，凸显出马克思主义的鲜活生命力，故而具有十分重要的理论价值和实践意义。因此，"土地托管"逐渐上升为一项重要的公共政策而受到政府的高度关注。

二 以土地托管为代表的服务规模经营日渐兴起

中国特色供销合作社具有机构健全的组织基础、为农服务的实力基础和服务"三农"的历史基础，具备由"流通服务商"向"托管服务商"转型的天然优势（暴丽艳，2009）。考究"土地托管"进入国家政策的历程可以发现，土地托管开始上升为一项公共政策，主要来源于2013年山东省供销合作社主导创造土地托管改革试点经验及经验基础上提炼的新的观念阐释（董玄等，2019），在经历信念形成、利益赋予、联盟扩张和创新涌现四个阶段后进而成为供销社综合改革的"亮丽名片"和重要突破口（陈思丞等，2022）。2014年中央一号文件明确提出"推行托管式等服务模式，积极稳妥开展供销合作社综合改革试点"。同年，时任国务院副总理汪洋在考察供销合作社为农服务中心后指出，"供销合作社搞土地托管服务是个三赢的格局，农民是增收的，村集体是增收的，供销合作社也是增收的。做得好了，供销合作社就是中国特色的农村工作的一个主力军，就是农口的'国企'"。2015年，供销合作社综合改革顶层设计文件中，更是明确提出"推动供销合作社由流通服务向土地托管等全程农业社会化服务延伸，践行为农服务宗旨"。同年，时任全国供销总社理事会副主任李春生明确表示，"我们现在推广的是土地托管和半托管,这就是开始说的为农服务宗旨是我们一条红线,如果不坚持这个宗旨,供销合作社就没有存在的必要!"。由此可见,中央政府对供销合作社开展土地托管寄予厚望。土地托管作为深化供销合作社综合改革的着力点,供销部门土地托管政策目标除了具备推动供销合作社发展外,还具备为农户和新型经营主体提供托管服务、扩大土地托管面积,提高合作社组织化程度和增加资金互助服务业务,增加村集体收入、改善村庄治理和打造综合性为农服务平台、为政府分忧以增强供销部门合法性等综合性目标。伴随着2016年年底供销合作社综合改革试点的结束,土地托管经验可复制性得以确证。由此,"土地托管"于2017年以后开始进入政府职能部门大力推广的政策阶段,政府开始将土地托管作为带动小农户与现代农业发展相衔接的主推服务方式而不断在政策上予以强调。在国家政策引导下,各类主体竞相进入土地托管领域,以至于有人称之为"我国迈入农业托管时代"(陈立耀,2018)。

三 供销部门和工商企业土地托管实践均遭遇困境

截至2022年12月,中国各类服务组织总数104.1万个,服务面积18.7亿亩次,服务小农户8900多万户(常钦,2022)。土地托管在整体向好、发展迅猛的同时,令人吊诡的是,作为推进供销合作社综合改革突破口和凸显为农服务功能的土地托管政策实践却遭遇困境。具体而言,主要体现在如下方面。

一是从全国供销合作社统计数据来看。供销部门土地托管面积呈显著下降趋势,从2016年的1亿亩下降到2020年的3701.3万亩,下降幅度达63%,托管收入由2019年的220.6亿元下降到2020年的216亿元,而为农服务中心的数量从2014年的378个增加到2020年的18041个,由此可以推断出为农服务中心闲置率较高;村社共建数量从2010年的70381个减少到2020年的59628个,村社共建难以开展;领办农民专业合作社数量的不断增加和资金互助收入的降低,表明供销社合作组织建设难以有效运营及资金互助试点难以开展（如表1—1所示）。

表1—1　　　　全国供销合作社系统土地托管基本情况

年份	土地托管面积（万亩）	托管收入（亿元）	为农服务中心数（个）	村社共建数量（个）	领办农民专业合作社数（个）	资金互助收入（亿元）
2014	826		378			
2015	5000		750		147297	
2016	10000	150.1	6529	69525	169896	1011.9
2017	7315.7	170.5	9103	66625	185934	1072.6
2018	9167.1	158	11503	70381	193587	970.5
2019	10059.7	220.6	13042	64201	179812	707.8
2020	3701.3	216	18041	59628	192460	987.6

资料来源：根据全国供销合作社历年统计报告整理所得。

二是从实际调研现状来看。在山东省、吉林省和四川省三个县区开展土地托管主题研究过程中，调研发现，供销合作社开展土地托管大多遭遇诸多困境，要么基本失败了，要么仅仅保持"亮点"存在着，修建的为农服务中心大多都没有充分利用起来，存在闲置率比较高的现象。

三是从供销合作社内部研究者调研来看。即使是供销合作社系统内的研究者和实践者也不得不承认，土地托管由于尚未引起地方政府足够重视（彭涛，2019），大部分地区供销合作社土地托管规模还比较小，探索力度还不够（王军，2018）。

四是从媒体报道的情况来看。在2019年12月5日播放《问政山东》大型问政节目中，社会媒体对山东省供销合作社土地托管政策实践效果进行调研，调查发现，供销合作社土地托管开展困难，为农服务中心利用率不高问题突出，资金互助业务有名无实，难以开展。据山东省供销合作社主任介绍，山东省供销合作社修建的为农服务中心中，仅有44%的为农服务中心作用发挥较好，56%的为农服务中心发挥作用较小，甚至没有运营起来。

供销合作社在遭遇困境,逐渐退出土地托管市场的同时,以丰收农资公司、史丹利、新洋丰和中化公司等为代表的工商资本大量涌入农业生产性服务业领域,积极开展土地托管实践,土地托管面积获得了快速增长。据统计,中国目前至少有11家大型传统农资企业转型进入土地托管等农业生产性服务产业,甚至有人做出了"农服领域必有一战"的预测。以丰收公社为例①,作为全国最大的农业生产性服务组织,自2017年成立以来,截至2022年6月底,在全国注册成立县级丰收公社560家,建立村级服务站3.47万个,组织9.36万名社长,服务社员876万名,累计土地托管面积达到3963万亩。而在笔者调研的鲁南光明县,托管主体转型过程则更为典型,昔日开展土地托管的供销合作社农业服务公司老总"摇身一变"而成为光明县丰收公社负责人。以丰收公社系统内最早开创土地全程托管的光明县丰收公社为例,光明县丰收公社不仅托管了20万亩耕地,而且在政策和项目扶持方面亦获得优先甚至垄断地位。丰收公社土地托管虽然获得了政府的大力支持,但也同时遭遇了诸多困境,直接表现为丰收公社开展土地托管越来越依赖于非生产性分配,丰收公社系统内部村级公社纷纷出现脱离丰收公社的现象,土地托管可持续较差。与此同时,丰收公社开展土地托管攫取了大量财政资源,侵犯了合作社、家庭农场等大户利益,引发了大户上访行为,甚至造成了基层社会秩序紊乱。因此,无论是供销部门主导土地托管时期还是工商企业主导土地托管时期,土地托管政策实践均遭遇了困境。

第二节 研究问题与研究意义

一 研究问题

无论是作为供销合作社综合改革政策的重要内容还是作为小

---

① 为了保持学术严谨性,本研究对出现的人名、地名均作了学术化处理,特此说明。

农户衔接现代农业发展的主流模式，土地托管作为一项重要的农业政策，均得到政府的大力支持。但是，不论是供销部门主导时期抑或是工商企业主导时期，土地托管政策实践均遭遇了困境。土地托管政策实践为什么会遭遇困境，这构成了本研究所需要回答的最终问题。而梳理当前土地托管相关研究，发现当前研究主要聚焦于土地托管概念辨析、土地托管发展历程梳理与土地托管模式总结与其绩效展现等。因此，目前学术界研究主要局限于农业经济学学科的研究，即关注土地托管方式本身，将土地托管仅仅作为农业经营方式，考察其所带来的经济绩效。因此，对于土地托管遭遇困境的原因解释，本质上也是仅仅将土地托管作为一种市场经营行为，大多从资金、技术、人力等生产要素匮乏的角度进行剖析，相应的建议也是从优化生产要素配置、增加托管主体抗风险能力等角度提出。然而，主流的农经视角解释拘囿于市场的解释，越来越不能解释土地托管政策实践中蕴含的复杂社会现实和背后的深层次原因。以光明县土地托管政策实践为例，供销合作社综合改革试点期间土地托管为什么会发展迅猛，而后逐渐退出市场？主体转型时期，开展土地托管政策实践的丰收公社等工商企业是如何在短短的一年时间内就实现了对供销合作社主体的替代？工商企业主导时期，土地托管政策实践为什么又遭遇了如此多的困境？等等。因此，对于土地托管政策实践遭遇困境的探讨，还必须从基层治理视角进行深入分析。虽然极少数关于土地托管遭遇困境的研究在原因分析部分都提到政府重视程度不够、部门利益分隔等基层治理主体原因，但只是简单提及，对土地托管政策实践中的相关主体及其行为逻辑，并没有进行系统而全面的探讨和深入的学理分析。

在基层实践中，土地托管遭遇困境的原因更多地与基层治理主体及其治理逻辑密切相关。这也可以从笔者调研到的实地案例充分体现出来。

首先从供销合作社主体来看。笔者在对鲁南光明县原供销合作社主任访谈时，有两件事情令人印象深刻。一是供销合作社的春天变成"倒春寒"。前任县供销合作社主任在谈到供销合作社综合改革文件时说，"我感觉到政府非常重视供销合作社发展，地方政府肯定也会大力支持供销合作社的发展，以为'供销合作社的春天来了'，结果没想到变成了'倒春寒'"①。"倒春寒"的表述形象地表达了地方政府对供销合作社综合改革和土地托管形式上非常重视和支持，而实质上却没有太多支持的尴尬处境。二是"等"不起的供销合作社。现任光明县供销合作社主任在谈到光明县政府专门出台红头文件支持丰收公社开展土地托管时，即在文件中提到"支持丰收公社和供销合作社等托管服务主体"，"因为这份文件明显就是支持丰收公社的，与供销合作社没有关系。除了丰收公社，其他都属于等的范围了，实质上就是让供销合作社等着，但是供销合作社等不起啊"②！上述案例形象地展示出了土地托管主体由供销部门到工商企业转型过程中的基层治理逻辑转变，即地方政府从支持供销合作社开展土地托管到"剥夺"供销合作社开展土地托管的权力。作为土地托管政策实践主体的基层社主任更是直言"县供销合作社开展土地托管理论上说得很好，但是没有想到实际的难度。土地托管之所以开展不起来，当地政府没有给予供销合作社全力的支持是其中一条重要原因"。从中体现出，供销合作社开展土地托管遭遇困境与各相关主体的治理逻辑密切相关。

其次从政府职能部门来看。土地托管作为基层政府的"治理术"，用以实现基层政府的脱贫、村集体增收、社会稳定等治理目的。在山东省光明县进行丰收公社调研时，门石镇党委书记更是直言，"之所以支持丰收公社开展土地托管，是因为它可以为村集体创收，否则我们政府都不搭理它"③。土地托管得到基层政府支持，

---

① 资料来源：光明县原供销合作社豆主任访谈，2019 年。
② 资料来源：光明县供销合作社董主任访谈，2018 年。
③ 资料来源：门石镇文书记访谈，2017 年。

更为普遍性的治理目的则是实现社会稳定,即地方政府针对工商资本流转土地出现的跑路而拖欠村民流转费的重大事件,在将要发生大规模上访事件时,基层政府通常都会引进托管服务组织以实现平稳过渡。因为,土地托管正是在对土地流转反思的基础上产生的。土地托管中,农户是"老板",托管服务主体是"为农民打工",农户主体地位可以得到保障,而且农户拥有农地收益的剩余索取权,可以真正保障农户的利益,由于其经营权共享的本质,可以为小农户、托管服务主体和村集体三方合作奠定基础,土地托管可以成为增加村集体收入、激活乡村发展活动的重要途径,这实际上抑制了村庄分化和农民边缘化的社会趋势。

最后从丰收公社相关主体来看。对于丰收公社等工商企业开展土地托管遭遇困境的原因,丰收公社山东省区负责人提到"县里领导非常支持我们,但是乡镇政府天然地喜欢土地流转,不喜欢土地托管"[①]。而在笔者对光明县村两委干部的调研过程中,村干部普遍反映,"土地托管对于我们来说就是件麻烦事"!从中可以体会到县、镇、村三级组织对丰收公社开展土地托管的不同态度。

因此,不管是供销部门托管土地,抑或是丰收公社等工商企业托管土地,相关主体的基层治理逻辑成为透视和理解土地托管政策实践遭遇困境的重要窗口。据此,土地托管作为一项重要的公共政策,涉及政府、市场和社会等多元主体,而采用基层治理的视角,将土地托管政策实践视为一项公共治理的过程,侧重探究托管相关主体的基层治理逻辑,则更能生动地展示出土地托管政策复杂的实践机制,分析其遭遇困境的深层次原因。因此,本研究从基层治理角度出发来研究土地托管政策实践遭遇困境的原因,重点探究土地托管政策不同发展阶段土地托管实践遭遇困境的基层治理逻辑及其社会和政治影响。

---

① 资料来源:丰收公社山东省区负责人访谈,2018年。

二 研究意义

2022年10月,党的二十大报告提出:"构建优质高效的服务业新体系,推动现代服务业同先进制造业、现代农业深度融合""发展新型农业经营主体和社会化服务,发展农业适度规模经营"(习近平,2022)。2022年12月,习近平总书记在中央农村工作会议上强调"加快健全农业社会化服务体系,把小农户服务好、带动好"(习近平,2022)。以土地托管为代表的农业服务规模经营在实践层面构成了中国式农业现代化发展道路的重要内容。因此,对土地托管政策遭遇困境的治理逻辑研究具有重大的理论和实践意义。

一是理论意义方面。第一,农业治理研究领域的开拓。以土地托管为代表的服务规模化经营的基层治理逻辑研究,拓宽了农业治理的研究领域。目前主流的农业治理研究是以土地流转为研究对象,探究在土地规模经营背景下,地方政府推动土地流转、培育新型经营主体的机制及其影响后果,可以称之为"农业治理研究的1.0版本"。然而伴随着国家治理农业思路和政策的调整,在"大国小农"国情背景下,土地托管越来越被视为主推的带动小农户与现代农业发展的主要方式而受到党和政府的高度重视。然而,关于土地托管政策执行的基层治理逻辑研究却很少,农业治理研究亟待进入以土地托管为研究对象的"农业治理研究的2.0版本"。第二,农业治理理论的推进。本研究建构了复合型治理理性框架,用以分析不同政策阶段土地托管政策遭遇困境的基层治理逻辑,具有一定的理论创新价值。

二是实践意义方面。第一,推动服务规模化经营,促进小农户与现代农业发展有机衔接。土地托管政策在某些地方遭遇了"执行不力"的困境,而本研究有利于深入挖掘地方政府开展土地托管的行为逻辑,更好地发挥政府的功能,促推土地托管的高质量发展。第二,有助于为构建乡村治理与经济社会协调发展的机制提供可行路径。《关于开展乡村治理体系建设试点示范工作的通知》提出将"探索乡村治理与经济社会协调发展的机制"作为试点主要内容。土地托管作为拥有万亿元市场规模潜力的农业生产性服务业的重要业态，其发展必须要实现与基层治理的有机协调。本研究有利于深入挖掘土地托管的治理功能，促进协调发展机制的构建。第三，为乡镇为农服务能力的增强提供可行路径。为了提高乡镇服务管理能力，需要把乡镇建设成为农村经济中心（胡春华，2019）。本研究为指导乡镇发展土地托管，建设农村经济中心提供经验。第四，为深入推动供销合作社综合改革提供有益经验。土地托管作为供销合作社综合改革的着力点，关乎供销部门合法性建构，兼具政治经济效益，意义重大。本研究有利于供销合作社更好地开展土地托管业务，践行为农服务的"国家队"角色，为回应供销社"回归"的舆论争议与学术讨论提供实践注脚。

第三节　研究综述

一　关于土地托管的研究综述

土地是农业现代化的物质基础，土地问题事关农民贴身利益和农村稳定大局。土地托管作为服务型规模经营的主要形式，关系中国式农业农村现代化发展和乡村振兴的全面实现。伴随着土地托管顶层设计的系统化和基层实践的深入推进，土地托管的理论研究也取得了一定进展。截至 2023 年 8 月 14 日，以"主题词 = 土地托管 or 农业生产托管 or 农业社会化服务 or 农业生产性服务 or 农地托管；期刊来源 = CSCD + CSSCI + 北大核心；不设时间跨度"的方式检索到 1213 篇土地托管的核心文献。其中，被引量超过 100 篇的文献达到 41 篇。这样的高被引文献相对于其他主题的学术论文来说是难以想象的。由图 1—1 可以看出，自 2017 年党的十九大提出"健全农业社会化服务体系，实现小农户和现代农业发展有机衔接"以来，围绕土地托管的学术成果数量呈井喷式增长。具体而言，相关研究聚焦于土地托管的概念之辨、起源之争、内容之别和困境之探方面。

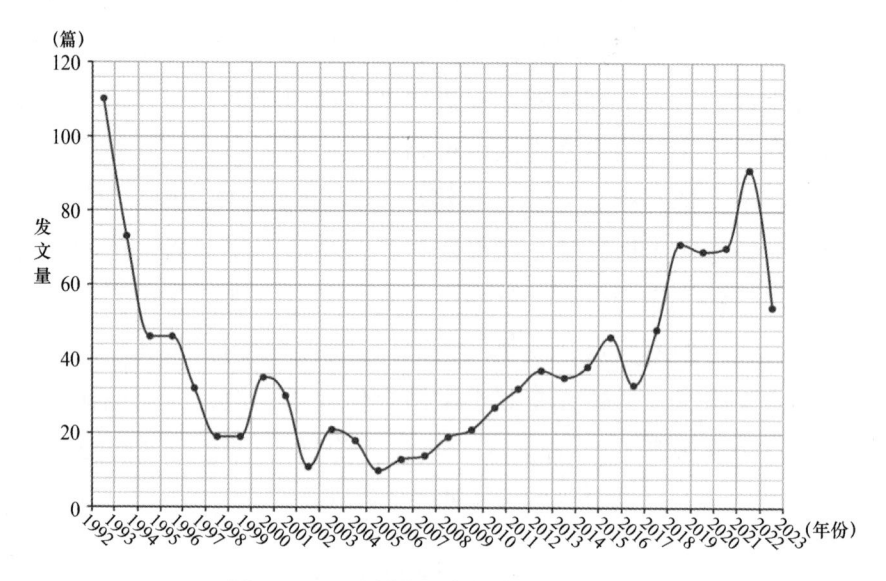

图1—1　土地托管研究文献发表年度分布

第一，关于土地托管的概念之辨。关于土地托管的概念，学术界主要存在如下三种学术论争。（1）土地流转形式论；即认为土地托管是土地流转的一种形式。自1990年第一篇土地托管主题论文出现至2013年前的主流研究文献（田则林等，1990），未对土地托管与流转进行学术区隔（舜尧，1997），强调托管完全符合中央制定的土地流转政策（焦新颖、许玉兰，2010）。（2）土地经营权不变论；即认为土地托管与流转的区别在于土地经营权不变，依然保持在农户手中。梳理现有研究，无论是强调土地承包权、经营权、农户收益地位"三不变"，还是强调土地承包权、经营权、收益权和农户惠农政策享有权"四不变"，抑或是强调家庭联产承包责任制、土地使用权、农民主体地位、农民投入主体和受益主体"五不变"（周娟，2017；于海龙、张振，2018），学者们均将"土地托管"建构为与"土地流转"的对比概念，即强调在不流转土地经营权的基础上可以实现服务规模化。相应地，主流官方则将"土地托管"定义为"农户等经营主体在不流转土地经营权的前提下，将全部或部分作业环节委托给服务组织完成的经营方式"则充分吸纳了这一点①。(3) 土地经营权共享论；对土地托管"土地经营权不变"特性的理解在很大程度上是相对于土地流转而言的，这甚至能够成为解密"土地托管何以能够成为一项重要公共政策"的关键（董玄等，2019）。然而，在土地托管实践过程中，实际上是一种经营权共享的方式。从理论研究层面，大量研究显示，土地托管关涉土地经营权细分，是农户将部分土地经营权让渡给托管服务主体（胡凌啸、武舜臣，2019），是一种经营权放活的形式或农地经营权共享的方式（赵鲲，2016）。农地经营权进行细分，可以划分为以下四类：一是作物选择权，主要是确定作物种植品种的权利；二是农资购买权，主要是对农业生产资料进行选择购买的权利；三是田间操作权，主要包括耕、种、管、收、植保、灌溉等田间作业的权利；四是产品处理权，主要包括对粮食的运输、流通、加工和销售等产后决策的权利（胡凌啸等，2019）。农户与托管主体各自享有经营权的权种和程度因托管模式和具体实践而有所差异。而从主流政策层面看，土地托管作为实现土地经营权放活的重要方式，自然应该成为农地三权分置的重要内容。2016年颁布的《关于完善农

---

① 在本研究中，笔者认为"土地托管"等同于"农业生产托管"，且更偏向于使用"土地托管"。具体原因如下：一是本质含义具有一致性。无论是山东供销合作社的"土地托管"、湖北沙洋县的"按户连片"、江苏射阳县的"联耕联种"抑或是四川的"农业共营制"，为了便于行业管理，农业农村部将其统称为"农业生产托管"。因此，二者本质内涵是一致的，后者使用只不过是为了管理方便而已。二是"土地托管"学术性较强。"土地托管"一词使用时间更长，发表了诸多学术论文，在学术界得到一定程度上的认可，学术性较强。三是"土地托管"综合性较强。该词与笔者的研究主题与研究发现的契合性更强，土地托管不仅仅关涉到农业经济和技术问题，还涉及社会稳定、扶贫、村集体发展等基层治理问题，"土地托管"一词更能体现出托管问题的综合性，而"农业生产托管"一词则容易将"托管"仅仅视为农业生产问题，具有简单化倾向。综上所述，在本研究中，笔者统一使用"土地托管"一词，而在托管案例选择，本研究选取的光明县土地托管案例为全托管模式，特此说明。

村土地所有权承包权经营权分置办法的意见》，明文规定"鼓励采用土地股份合作、土地托管、代耕代种等多种经营方式，探索更多放活土地经营权的有效途径"。之后在2017年、2019年、2020年、2022年和2023年中央一号文件均对推广土地托管模式提出了明确要求。时任农业农村部部长韩长赋则认为"土地托管是一种农户和托管主体共享经营权的方式"（韩长赋，2016），原农业部农村经济体制与经营管理司司长张红宇更是多次撰文强调，土地托管是一种经营权部分转让，可以实现经营主体之间共享的方式，形成了新条件下土地农户承包经营权的共享格局，契合了农地三权分置的制度设计（张红宇，2020）。因此，本研究对土地托管的概念界定采用第三种观点。

第二，关于托管实践的起源之争。梳理土地托管的发展历程，土地托管政策实践的起源确定至关重要。关于政策起源，主要有以下三种论争。一是陕西长安创造说，即认为2008年陕西长安较早开展土地托管政策实践，自2009年以后土地托管逐渐引起中共中央的重视，最终写入中央一号文件。因此，土地托管是陕西农民的创举（张宝贵，2017）。二是江苏南通创新说，即土地托管源自南通农民草根创举，2012年以来南通率先推出土地全托管。三是山东供销合作社创新说，即土地托管源自2010年山东省汶上县供销合作社土地托管的实践探索，之后经由山东省供销合作社的观念阐释，而后进入国家政策的视野。实际上，在土地托管的实践层面，早在改革开放之后就出现了。从某种程度上讲，土地托管等社会化服务的产生是"统分结合的双层经营体制"的必然产物，改革开放之初更多体现为村集体经济主导的土地托管。1982—1985年，约有20%的社区合作组织在家庭分散经营和集体统一经营两个层次结合得好，探索出了"五统一""模式化栽培""统种分管"等模式，是一种作业服务系列化式的适度规模经营。老百姓说"拖拉机来了，我拿铁锹挖挖生格子；水来了，我撒撒化肥；康拜因来了，我拉小车在地头上等着往家拉麦子，就行了""大活集体都给干了，剩下的话我们'三八''六一''九九'部队就可以完成"（赵树凯，2022）。因此，从土地托管政策的形成过程来看，可细分为三个阶段：一是土地托管政策探索时期（1978—2013年）；二是供销部门主导土地托管时期（2013—2016年）；三是政府职能部门大力推广时期（2017年至今）。由于本研究探讨土地托管政策执行的基层治理逻辑，对土地托管政策探索时期暂不考虑，所以本书的研究范围主要包括供销部门主导和政府职能部门大力推广时期的土地托管政策实践历程。而从托管主体的变迁来看，托管主体实现了供销部门对工商企业的转移。因此，本研究主要研究供销部门主导时期、主体转型时期和工商企业主导时期土地托管政策执行的基层治理逻辑。

第三，关于托管内容的研究之别。梳理和归纳土地托管的研究成果，研究发现，土地托管实践模式不断丰富，利益分配模式不断多元化，土地托管在助推乡村全面振兴和农业强国的作用不断彰显（见图1—2）。以下是具体总结。一是土地托管实践模式不断丰富。比如在实践模式分类上可以划分为合作社、农资企业、供销合作社、农机部门主导土地托管等类型。二是土地托管分配模式多元化彰显。在分配模式上可以划分为无收益约束、监督主体介入、保底产量、分红和合同外附加收益等契约类型以及较流转更低的风险分担机制（王玉斌、李乾，2019）。三是土地托管在助推乡村全面振兴和共同富裕层面取得积极成效。具体体现在如下方面。首先，产业振兴方面。在土地托管与粮食安全关系上，土地托管构建了服务市场供给+"放心"机制，在稳定产权关系、提高生产效率、减少要素投入、降低成本与风险、提高机械化与信息化等方面发挥积极效能（芦千文、苑鹏，2021），确保了国内粮食增产提质，是实现国家粮食"十九连丰"的重要原因之一。同时，以土地托管为代表的农业产生性服务业具有万亿元的市场规模潜力，是乡村新型服务产业的重要类型，在促进乡村产业振兴方面具有重大作用。其次，生态振兴方面。土地托管可以在技术引领和成本保障层面提高农户

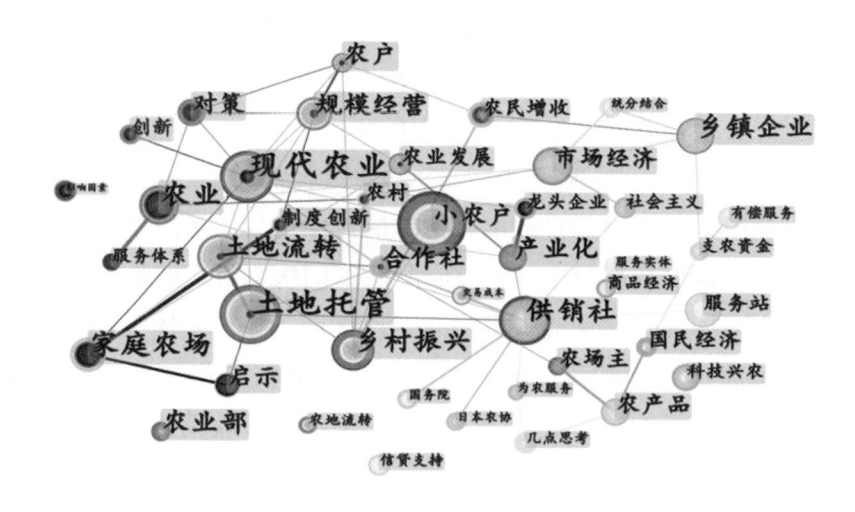

图 1—2　土地托管研究关键词共现图谱

绿色生产意识（孙小燕、刘雍，2019），具体通过示范效应、规模效应、溢出效应和反馈效应这四个路径推动小农户农业绿色低碳生产（蔡保忠，2022）。再次，组织振兴方面。土地托管通过再造集体、双重组织化以及促推供销合作社综合改革等方面实现了其组织化效能的充分展现。根据马克思主义政治经济学的相关理论分析，土地托管以其再组织化等优势引导传统农业生产方式的变革，为新时代创新公有制实现形式、发展壮大农村集体经济打开关键突破口（何自力、顾惠民，2022）。具体而言，农村集体经济组织通过直接服务、居间服务、流转集中再托管三种形式参与土地托管（芦千文等，2022），在降低托管组织交易成本、放活土地经营权、提高农民收入、发展壮大新型农村集体经济的同时（贾悦等，2022），实现了村集体组织统筹功能的发挥和权威能力的增强。与此同时，土地托管通过服务供给端市场主体和服务需求端小农户的双重组织化实现了组织方式创新（管珊，2022），小农户组织化水平不断提升。又次，土地托管为深化供销合作社综合改革、彰显嵌入性组织的相对优势提供了绝佳的实验平台（孟庆国等，2021），成为供销合作社推进中国式农业农村现代化的切入点（孔祥智、何欣玮，2023）。最后，文化和人才振兴方面。土地托管发展传承农耕文化，培育和吸纳乡土人才，对于推动乡村文化和人才振兴具有积极功能，可以作为乡村全面振兴的着力点，推动城乡关系协调和共同富裕实现（豆书龙、张明皓，2021）。

第四，关于土地托管的困境之探。从主流学术界研究成果来看，相关研究或多或少隐含着论证土地托管积极功能的"证明题"取向。然而，从现实意义来看，中国特色土地托管困境问题日益凸显，土地托管研究应该实现由做"证明题"向做"问答题"的研究转向，深入现实社会，分析土地托管问题的形成机理与深层次原因。梳理学术界关于土地托管遭遇困境的研究，目前虽无专门性、系统性的托管困境研究成果，但是其原因阐述或显或隐地出现在相关理论文章中，具体可以归纳为如下研究视角和代表性观点。

其一，生产要素匮乏论。即将土地托管视为一种纯粹的市场经营行为，侧重于市场维度，从土地托管经营方式本身或者土地托管主体生产要素匮乏的角度分析土地托管遭遇困境的原因。当前主流学术界研究侧重农业经济学角度，仅仅将土地托管视为一种单纯的农业经营行为，或者分析土地托管方式本身所具备的特征，比如土地托管与土地流转概念的模糊性，农地的碎片化分布、农户的多元化和异质性需求以及参与主体的多样性等都决定了土地托管本身蕴含着高昂的交易成本（胡凌啸、武舜臣，2019），具有特定的适应条件而对通过土地流转实现经营权集中有抑制作用（吴偎立等，2022），以及具有较高的市场经营、政策和治理风险等（豆书龙等，2022）。或者侧重分析托管主体的生产要素匮乏问题，例如托管主体存在信贷支持不充足、差异化补贴不充分、主体资金实力有待提高和农业保险亟待健全等资金要素匮乏问题（于海龙、张振，2018）；托管主体缺乏相应的技术，农业机械化和智能化水平有待提高等技术要素阙如问题（张艳霞等，2012）；托管运营需要大量人才支持、职业农民技能和素质仍有待提高等人才要素缺乏问题

（陈建华、杨丽，2011）；土地难以集中连片、集约化程度有限等土地要素缺乏问题（张克俊、黄可心，2013）；托管机构责任心不够、经营管理才能有待改善等企业家才能要素欠缺问题（胡凌啸等，2019）。

其二，村庄社会脱嵌论。即将土地托管视为嵌入农村社会结构中的经营行为，侧重于村庄社会视域，将土地托管与村庄社会的脱嵌视为土地托管遭遇困境的重要原因。部分社会学学者将"村庄社会场域内各主体利益关系交叠"视为影响土地托管成败的重要因素，具体体现在村社公益属性式微（韩庆龄，2019）、村社自主性欠缺（管珊，2019）、村两委主体性意识的缺乏（王海娟、胡守庚，2019）、土地流转大户对托管方式抵制（杨磊、徐双敏，2018）、村集体协调失效（余粮红等，2022）等。

其三，农户理解困难论，即将土地托管视为一种新生事物。农户固守着传统观念，基于规避"失去土地"的风险而难以接受土地托管，农户充满对托管组织能否托管好土地的疑虑而不相信土地托管能够成功（迟超楠、王志彬，2016）。

其四，政府支持力度不够论，即将土地托管视为一种单纯的公共政策执行行为。即侧重地方政府视角，将政府注意力有限和支持程度不够视为土地托管遭遇困境的原因。极少数公共政策研究者基于对土地托管实践的观察，认为土地托管遭遇困境背后的原因是政府部门重视程度不够。具体体现在以下方面：由于无法实现政绩需求，地方政府不重视供销部门开展土地托管（韩鹏云，2020）；由于存在职能冲突，涉农部门不愿意配合供销社工作（陈义媛，2017）；由于满足不了治理便利化诉求且交易成本过高、存在流转依赖惯习，乡镇政府不愿意真正支持土地托管（孙新华、钟涨宝，2017；赵晓峰，2019）。

其五，供销部门主体内生动力不足论，即将土地托管视为供销系统涉农企业践行为农服务职责的过程。供销社人员社会心态调整困难、供销社员工对土地托管认知存在偏差而不愿意推广、供销社历史债务严重而没有能力开展托管、供销部门不与其他主体分享信息等是导致供销部门遭遇困境的原因（豆书龙、张明皓，2021）（见表1—2）。

表1—2　　　　　土地托管遭遇困境的五种研究范式

研究范式	研究假设	主要观点
农户理解困难论	土地托管对农户来说是一种新生事物	土地托管难以被农民理解是导致土地托管遭遇困境的原因
交易成本过高论	土地托管被视为一种纯粹的市场经营行为	过高的交易成本是导致土地托管遭遇困境的原因
村庄社会脱嵌论	土地托管被视为嵌入农村社会结构中的经营行为	土地托管的"去社区化"是导致土地托管遭遇困境的原因
政府支持力度不够论	土地托管被视为一项公共政策执行行为	政府支持力度不够是导致土地托管遭遇困境的原因
供销社主体内生动能不足论	土地托管被视为供销部门践行为农服务职责的过程	供销社主体内部动能不足是导致土地托管遭遇困境的原因

资料来源：笔者自制。

二　关于基层治理的文献综述

第一，关于基层治理内涵的研究。基层治理直接面对广大人民群众，是国家治理和地方治理的微观实践基础。关于基层治理的内涵之争，有如下三种争论。根据对研究单位的选择，可以将基层治理划分为村庄治理、镇域治理和县域治理三种类型。（1）村庄治理。村庄作为农村社会的最基础单位，自然成为基层治理的重要研究范畴，形成了一大批研究成果。具体来看，主要可以分为以下三种研究范式。一是"主体治村范式"，即从治理主体视角研究村庄治理的变迁。从帝制时代的士绅精英到民国时期的地方精英，从集体化时期的政治精英到改革开放以后的富人治村、能人治村、乡贤治村、合作社治村到第一书记治村等多元主体治村模式（贾大猛、张正河，2006；杨芳，2016）。二是"规则治村范式"，即从治理规则层面研究村庄治理的变迁。从传统社会的"道德伦理治理"到民国时代的"营利型治理",从集体化时期实行的"控制型治理"规则到改革开放后的三元治理规则、强规则治理等多规则治理(孙琼欢,2017;李烊、刘祖云,2019)。三是"资源治村范式",即侧重治理资源进行研究。集中体现在项目制在村庄治理层面的应用及其影响,比如项目治村模式的形成以及所带来的"资源消解自治"等困境(李祖佩,2013)。(2)镇域治理。乡镇政府作为面对广大群体的基层政府,自然成为学术界关注的重点。学者们更加关注主体视角下乡镇政权的运作逻辑(欧阳静,2009)、规则视角下乡村治理的"复合治理"实践以及资源视角下项目制对乡镇政权角色的重塑(付伟、焦长权,2015)。(3)县域治理。县级政府是职能设置最为完整的政府,越来越成为直接面对群众处理重大问题的"一线指挥"。据此,以县域治理为主题的基层治理研究也开始得到一批学者的重视。具体而言,学者们比较关注主体视角下县委书记的角色与成长逻辑、县域治理的逻辑与机制、县级政府的职能转变等问题(杭琍,2014;马正立,2018),规则视角下县域治理的法治、自治与礼治问题和县域法治发展等(杨玉圣,2017;公丕祥,2019),以及资源视角下项目制对县域治理的影响和后果等(李祖佩、钟涨宝,2022)。

第二,关于农业治理概念的研究。伴随着国家对推动农业现代化的高度关注,围绕着中国特色农业现代化道路的探索实践和路径选择已经成为基层政府的重点工作。因此,基层治理研究开始延展到农业领域,形成"农业治理"的研究领域。农业治理属于基层治理在农业领域的应用,注重研究农业政策自上而下实践的机制、过程和后果(夏柱智,2018)。关于农业治理概念的理解,有如下三种观点:(1)强调对农业外部性的治理。农业治理是国家通过制定和执行农业政策,目的是实现农业双重外部性即粮食生产环节公共品和粮食生产本身外部性问题的有效治理,或者是说治理主产区层面粮食生产活动和农户层面粮食增产外部性问题(龚为纲、张谦,

2016）。（2）强调对农民组织化问题的解决。中国是一个超大规模型国家，面临着规模治理困境和治理负荷过大问题（周雪光，2013），具体到农业治理领域，在"大国小农"的基本国情下，农业治理的关键难题体现在自上而下的国家农业治理任务与分散小农户如何衔接，或自上而下的政府组织如何与分散的小农进行对接。因此，农民组织化构成了农业治理的核心任务（贺雪峰，2017）。（3）强调对涉农资源的合理投放和务农便利性的提升。农业发展的核心命题依然是农业治理，其核心在于将涉农资源投放于广大农民真正需要的农业基础设施建设，切实提高务农的便利性（林辉煌，2022）。（4）强调多元主体参与农业生产的公共治理机制（王海娟、胡守庚，2019）。该种理解强调治理视角在农业领域中的应用，强调政府、社会和市场等多元主体的有机互动与有效协作。

第三，关于农业治理机制研究。从政府层次来看，学术界对农业治理机制的研究主要包含国家和基层政府两个层面。（1）关于国家农业治理机制的研究。国家视角在农业治理中的应用最早可以追溯到20世纪70年代的西方学术界。国家重新被纳入对政治、经济、社会问题与变化的解释变量中，并被置于中心地位（孙新华，2017），形成了国家中心论范式。具体而言，国家中心论范式着重强调国家自主性以及国家与社会（或市场）互动的分析范式（弗兰克·艾利思，2006）。自从之后，国外农业治理研究也开始大量出现。例如，在有关非洲国家的农业政策实践中，市场成为实现政府政治控制的工具（罗伯特·贝茨，2011）。而东南亚国家的农业政策变迁实际上是由国家的干预和权力结构推动的（Gillian Patricia Hart，1989）。而在苏联和坦桑尼亚的农业项目研究方面，那些试图改善人类状况的农业改造项目之所以失败，是因为国家机器的核心逻辑在于以上帝的姿态进行了简单化和清晰化的设计（詹姆斯·C. 斯科特，2012）。而在国内农业治理研究方面，中国农业治理体系已经实现了由汲取型到反哺型农业治理体系的转变，具体可以划分为准备期集体农业的建构、建设期全密治理的推行、改革期治理思路的巨变与新时代精密治理的启程四个历史分期（张亚鹏，2021），而转型机制在于组织费用、交易成本和治理边界三重逻辑的共同作用（龚为纲，2014）。而从近年发展来看，国家农业治理的逻辑和结果表现为高度一致的"去小农化"（冯小，2015）。而从国际竞争和国家主导角度看，农业作为一种政治过程，其政策制定与变迁是在地方社会权力结构、国际经济与政治力量以及国内政策权威三者共同型塑的结果（付会洋，2017）。综上所述，国家层面的农业治理研究取得较为丰硕的成果，然而也存在一定的不足。国家中心论范式在强调国家自主性的同时也忽略了地方政府的自主性。正如很多学者认为，地方政府及其官员不只是按部就班地执行上级政府政策，他们本身也具有很强的"主动性"（托马斯·海贝勒，2013）。（2）关于基层政府的农业治理机制研究。为了推动土地流转的开展，推动中国农业现代化进程，基层政府通过水土再造、市场再造和服务再造的方式，实现了新型农业经营主体的培育和农业的再造（孙新华，2015）。同时，新型经营主体倒逼农业治理原则和方式朝着更有利于大户的方式转变（冯小，2015），逐步形成以大户为轴心、多元主体参与的大户时代"农业治理共同体"（孙敏，2022）。具体到农业的基层治理逻辑研究层面，有如下三种解释：一是政治动力说。在规模农业锦标赛体制下，地方政府通过资本下乡发展规模农业的目的是打造亮点、创造政绩，即使明知资本下乡经营农业会遭遇失败，基层政府也可能会与企业合谋，将其塑造为规模经营的示范点和展示平台，同时基层农技服务呈现出"垒大户"现象（王海娟，2015）。该种研究侧重农业治理的政治视角考察。二是治理便利说。地方政府在治理小农农业的时候，内含高昂的交易成本，而规模农业的发展有利于项目的实施和农业治理任务的完成，因此便于基层政府的管理和控制。因此，基层政府基于"治理便利化"或者"便于管理"的考虑，积极推动规模农业的发展（叶敏等，2012）。该种研究侧重农业的治理视域考察。三是综合治理说。上述农业治理逻辑只是局限于农业内部讨论，而关于东部地区农业治理逻辑的研究则揭示出了更为复杂的逻辑，它超出了治理农业便利化逻辑的范畴，更是直接针对农民或异地务农者的驱逐行动（马流辉，2016），表现出依附性社会治理的特征和"为城让道"的实践逻辑（张贯磊，2020；蓝怡琪，2022），充满了基层社会治理的意涵。因此，农业治理机制研究尤其是"综合治理说"对本研究开展土地托管的基层治理研究借鉴很大。因为，它揭示了农业治理逻辑的生动性、复杂性与综合性。

第四，农业治理的影响后果研究。以推动土地流转和培育新型经营主体为主要目标的农业治理在推动现代农业发展等方面取得积极绩效的同时，也遭遇了一系列农业治理困境。主要表现为如下方面：（1）农村治理生态发生深刻改变（刘彤、杨郁，2018）。土地规模经营重塑了农村治理主体，中坚农民逐渐退出，新型土地精英开始参与到村庄治理中（黄增付，2015）。伴随着土地精英阶层的崛起，治理权威结构的变化和传统治理方式和规则的式微，从而倒逼农村治理结构发生改变（杨郁、刘彤，2018）。（2）农业治理的分利秩序格局逐渐形成。项目制作为促进国家治理体系现代化的着力点（豆书龙、叶敬忠，2019），已经成为农业治理体系建设的主要手段。但是在农业治理中，基层政府基于对接项目的需要，与工商资本紧密结合，形成了资源分配的权力—利益网络，导致了基层治理内卷化困境（王海娟、夏柱智，2015）。（3）乡村秩序整合面临潜在挑战。土地的大规模流转，一方面将中坚农民阶层推向劳动力市场，农村内生精英缺失，进一步消解了村民参与公共事务协商和村庄治理的积极性（王德福、桂华，2011）；另一方面则可能导致乡村社会秩序弱化。从理想类型角度看，土地流转与乡村秩序整合实践模式可以划分为社会机制主导、国家机制主导和市场机制主导。伴随着受益主体外缘性增强，土地流转的乡村秩序整合效果趋于弱化（黄增付，2018）。（4）乡村社会稳定在一定程度上面临潜在威胁。资本下乡经营土地的失败所导致的"跑路"事件更是直接侵犯了农民的利益，引发了农民的大量上访，直接影响了农村社会的稳定及和谐社会建设（叶敬忠等，2019）。

三 关于土地托管与基层治理的关系研究

围绕着土地托管与基层治理之间的关系，学术界进行了相关探讨，归纳起来，有如下三种关系。

一是互斥性关系。该种理解强调二者的差异性，即将二者视为互相独立的、不发生关联的主体。例如，将土地托管视为一种单纯的市场行为，土地托管推广工作不应该由政府参与。而将基层治理理解为政府的单纯治理行为。因此，二者不具备关联性。此类观点以主流的农业经济学研究为代表。正如前文土地托管研究综述所揭示的那样，学术界目前研究主要局限于农业经济学学科的研究，即关注土地托管方式本身，将土地托管仅仅作为农业经营方式，重点关注土地托管的经济效益，而忽略了土地托管的非经济功能。

二是过渡性关系。该种理解强调二者存续时间的非一致性。土地托管作为一种农业经营方式和土地制度改革内容，具有一定的时限性。土地托管仅仅是土地流转的过渡阶段，土地托管的最终目的是实现土地流转，或者说是解决中国现阶段土地制度所出现问题的一种短暂性措施和临时性举措（赵鲲，2016）。而基层治理却一直是政府关注的重点。因此，基层治理具有永续性。此类观点存在于部分研究和一些基层干部认知中，但并没有否认土地托管与基层治理的关联性。例如，笔者在光明县作为政策咨询者向县乡干部提出自己的"以托管促治理"的方案设计时，一些基层干部会说，土地托管30年之后可以不存在了，但是基层治理问题却永远都会存在。

三是互涵性关系。土地托管与基层治理还存在第三种关系，即强调土地托管与基层治理存在互动统一的互涵性关联（豆书龙、叶敬忠，2019）。此类研究应以"农业治理"研究成果为典型代表。通过上文研究梳理可知，关于土地托管与基层治理的研究较少。其实，相关研究已经开始零星散见于土地托管的研究文献中了。具体而言，可以归纳为如下三个方面。（1）土地托管与基层治理具有契合性。土地托管可以作为实现村集体增收的手段，有利于增加村集体的权威。因此，土地托管与村庄治理具有契合性（孔祥智、钟真，2017）。而供销合作社依托村社共建开展土地托管，可以实现供销合作社、村集体和农民的三者共赢。据此，以土地托管为切入点的供销合作社综合改革与农村基层治理具备契合性（钟真、苏鹏，2019）。（2）供销合作社开展土地托管遭遇困境的机制分析。具体原因体现在供销部门与涉农部门之间的政绩之争以及县级供销合作社政治逻辑与基层供销合作社经济逻辑的分歧（孙新华，2017；陈义媛，2017）。（3）地方政府开展土地托管遭遇困境的机制分析。具体原因体现在政府角色的错位、越位、缺位和地方政府的规模依赖路径（李月，2011）。上述研究发现虽然零散地见于土地托管的研究文献中，但已经能够看到土地托管与基层治理的互动"踪迹"了。其实，在本研究看来，土地托管与基层治理的互涵性关系主要体现在如下两个层面。第一是主体的一致性。土地托管政策的执行涉及县级政府内部纵向上各层级政府组织和横向上各县直部门之间的关系协调，以及基层政府、村庄社会和市场企业等各方主体的整合。而基层治理关注县域场域内各相关主体的协作。因此，土地托管与基层治理具有主体的一致性。第二是作用的互构性。一方面，土地托管只有纳入基层治理体系中，才能够获得政府支持和推动。正因为如此，关于支持土地托管的政策文件和项目实施通知，均明确要求地方政府加强对土地托管重要性的认知，切实推动土地托管的开展。另一方面，土地托管的开展也有利于实现地方政府的治理需求，进而维护基层治理的良性运转。例如笔者在土地托管实地调研中发现，土地托管有利于实现基层政府的扶贫、社会稳定和村集体经济增收等多重治理目标。

四　文献述评

通过对上述土地托管、基层治理以及土地托管与基层治理二者关系研究的文献梳理,总体而言,相关研究已取得很大进展,具体表现在农经视角下的土地托管研究日趋成熟,基层治理的"块块研究"不断丰富,对土地托管与基层治理的关系认知也更加多元。但是仍然存在如下不足。

一是土地托管的公共管理视角研究亟待开拓。伴随着"土地托管"从"土地流转"概念中的逐渐独立,土地托管开始上升为一项重要的农业政策而受到广泛关注。作为与土地流转相对应的概念,土地托管的本质在于经营权共享。土地托管作为一种农业经营方式创新和土地制度改革内容,其实践势必对乡村基层治理产生综合性的影响,从而为本研究选择基层治理角度研究土地托管提供了合理性基础。而土地托管上升国家政策的过程中,主要经历了供销部门主导和政府职能部门大力推广两大阶段,这为本研究提供了具体的研究范围,即本研究主要探究供销部门主导和政府职能部门大力推广时期土地托管政策执行的基层治理逻辑。土地托管的多功能性,决定了土地托管研究需要多学科、多视角的介入。而从土地托管研究的内容来看,目前研究聚焦于土地托管政策实践和分配模式总结、土地托管在促进现代农业发展的作用分析以及土地托管在农民增收方面所发挥的功能。因此,当前学术界研究主要局限于农业经济学学科的分析,即将土地托管仅仅作为农业经营方式,考察其所带来的经济绩效。土地托管的农经视角研究在充分肯定土地托管所带来的经济绩效和保障粮食安全功能的同时,而对于土地托管的治理功能例如稳定社会秩序、实现村集体增收、改善基层治理等角度的研究却明显匮乏。而从土地托管的发展历程看,土地托管先后获得供销部门和农业农村部门的重点支持和大力推动。自2014年起,在农发部门的支持下,供销合作社开展土地托管项目试点。2015年,项目资金达到2014年试点资金的9倍(全国供销合作总社经济发展与改革部,2017)。2016—2017年国家农业综合资金支持供销部门开展土地托管项目资金就达到5.51亿元(财政部,2017)。2017—2022年国家共计花费265亿元中央财政资金来支持土地托管的发展（农业农村部，2022）。综前所述，土地托管的农经视角研究在不断确证土地托管所带来的经济绩效和保障粮食安全功能的同时，却也无法回避这样一个研究问题，即"这样一项受到国家重视的土地托管政策，是如何推进和实践的"。对这一问题的回答，本研究需要从公共管理视角来探究土地托管的基层治理逻辑。

二是基层治理的"条条研究"亟须探索。从研究单位角度来看，基层治理的内涵可以划分为村庄治理、镇域治理和县域治理三种类型。目前关于村庄治理和镇域治理研究，学术界已经从治理主体、治理规则和治理资源角度开展了大量研究。伴随着乡镇自主性的降低，越来越多学者开始重视以县域治理为主题的基层治理研究，探究县域内各类组织的治理。然而，由于当前主流的县域治理研究以县域政权这个"块"为着眼点，比较注重研究县级政府政治权力的微观运作和县级政府的治理能力（樊红敏，2008）。以县域治理为主题的基层治理研究在不断取得进展的同时，也存在县域治理由于过于注重"块块"的整体性视角探究而忽略基层社会复杂性的弊端。正如有的学者所指出的那样，"此类研究在最大限度展现县域政权运作机制的同时，也不可避免地因为无法平衡好科层制度与基层社会复杂性的关系而陷入困境"（姜利标，2017）。因此，为了平衡科层制度与基层社会复杂性的关系，本书着重研究基层治理在农业领域的应用，具体是试图通过"条条"部门化角度进行探究，即分别从供销系统和农业系统这两个条为切入点实现政府各层级的纵向联结与政府、社会和市场的横向关联。

三是以土地托管为研究对象的"农业治理研究 2.0 版本"需要丰富。农业治理作为基层治理在农业领域的应用，目前已取得较多的成果。然而，目前主流的农业治理研究文献是以土地流转为研究对象，探究在土地规模经营背景下，地方政府推动土地流转、培育新型经营主体的机制及其影响后果，可以称之为"农业治理研究的 1.0 版本"。随着国家治理农业政策的转变，小农农业现代化如何实现问题逐渐成为中国特色农业现代化发展的主要矛盾，土地托管作为实现小农户与现代农业发展的主推方式，理应得到公共管理学等多学科研究的关注。农业生产性服务业发展不充分是现代农业治理体系的突出短板（于善甫，2020），但是以土地托管为研究对象的农业治理研究成果却少之又少。虽然相关研究已经开始零散地见于土地托管的文献中，但是却难以解释复杂的土地托管政策实践。比如有研究指出，供销合作社开展土地托管遭遇困境的原因在于农业部门的不配合，但其实在山东省供销合作社改革期间，所有的涉农县级农业部门和供销合作社部门联合下发了支持土地托管等社会化服务的文件，农业部门与供销部门从政策文件制定方面，不可谓不配合不协作！而还有研究认为地方政府由于没有满足政绩冲动而对推进土地托管不重视，仅以丰收公社为例，已经有七个地方政府专门发布了支持丰收公社开展土地托管业务的红头文件，地方政府不可谓不重视和不支持等。这一系列看似悖论的事实决定了土地托管的基层治理研究的不充分和不完整。也许，由于研究者无法进入特定研究场景，无法看到地方政府推动土地托管的过程和结果，只能远距离推测和勾勒地方政府的行为逻辑（周雪光，2015）。土地托管的基层治理逻辑具有复杂性，必须进入实地，进行深入系统的调查研究和严肃谨慎的学术思考。因此，农业治理研究亟待进入以土地托管为研究对象的"农业治理研究的2.0版本"。

四是土地托管遭遇困境研究亟待从治理主体向治理规则开拓。梳理关于土地托管遭遇困境的研究，学术界主要集中于托管主体的研究视角，即侧重于从各个托管主体的角度展开分析。学术界虽取得一定进展，但在解释土地托管屡遇困境方面依然具备不完整性。首先，"农户理解困难论"充分关注农户作为托管需求方的重要性，将土地托管作为新生事物作为理解托管遭遇困境的前置条件，而实际上土地托管作为农民创造的新型农业经营方式早于改革开放初期就开始出现了，土地托管作为一项重要的公共政策始于供销社综合改革试点，至今也具有11年的发展历史了。据此，土地托管作为新生事物的假设并不十分成立。其次，"交易成本过高论"仅仅关注土地托管所具有的内在交易成本高昂的市场逻辑困境，却在某种程度上忽视了土地托管实践所蕴含的多重逻辑。实质上，土地托管作为一项重要的公共政策，不是由线性的市场逻辑所能完全解释的。再次，"村庄社会脱嵌论"在关注村社因素的同时，却在一定程度上忽略了地方政府所发挥的积极效能。最后，"政府支持力度不够论"和"供销社主体内生动能不足论"均充分关注政府职能部门和供销社部门所发挥的作用，将政府支持力度或供销社主体动能难以激发视为土地托管遭遇困境的原因。然而这一解释并不完全符合社会现实。因为从现实中看，土地托管获得了地方政府越来越多的政策扶持和项目支持，而对于供销部门开展土地托管来讲，供销部门为了激发其能动性，早已将其视为践行为农服务宗旨和提升部门合法性的着力点，给予其专属的政策和托管项目支持。一系列看似悖论的事实决定了土地托管遭遇困境研究的不充分和不完整。土地托管遭遇困境的主体研究范式关注"是谁导致了土地托管遭遇困境"，但没有深入分析"主体之间依据什么，如何导致土地托管遭遇困境"。研究范式亟待从治理主体向治理规则开拓。因此，本书主要从基层治理规则等公共管理视域角度研究土地托管遭遇困境的深层次原因。

第四节　概念界定

一　土地托管

关于"土地托管"概念的理解，存在三种学术论争。笔者在认可第三种理解的基础上认为，土地托管与土地流转的本质区别还主要体现在如下两点。一是农民主体地位的凸显。农民将土地托管给服务组织，由服务组织代为经营，土地托管充分保障了农户的利益，体现了农民主体地位。二是农地经营权共享方面。接受托管服务的农户享有土地收益剩余索取权。因此，本研究对"土地托管"

的概念界定为"农户等经营主体在坚持农户主体地位和土地收益剩余索取权持有的前提下,将农业生产的全部或大多数环节委托给托管服务组织,双方共享经营权的农业经营方式"。根据托管环节的多寡,土地托管模式一般分为土地全托管模式和土地半托管模式。然而由于本研究所调研的案例比较成熟,光明县供销部门和丰收公社土地托管实践基本上采取土地全托模式。土地全托管因发展模式的成熟性更蕴含着丰富的实践内容和基层治理逻辑,因此本研究所调研的土地托管案例为全托管模式。

二 基层治理

关于"基层治理"概念的界定,存在三种不同理解。由于县级政府职能越来越健全,县级政府成为政策执行的主体和面对农村基层的"一线指挥"。因此,本研究更加认可,以县域治理为主要内涵的基层治理概念。据此,本研究对"基层治理"概念界定为"为了实现公共利益,治理者与被治理者根据一定规则在互动的县域场域内对公共性资源进行配置,对基层秩序进行重构的过程"。

三 农业治理

中国特色农业现代化道路的探索实践成为地方政府的重点工作。因此,这推动着基层治理研究延伸到农业领域,形成"农业治理"的研究领域。具体而言,农业治理属于基层治理在农业领域的应用,强调多元主体参与农业生产的公共治理机制(王海娟、胡守庚,2019)。该种理解强调治理视角在农业领域中的应用,强调政府、社会和市场等多元主体的有机互动与有效协作。关于农业治理概念,目前学术界存在三种学术论争。本研究在更加认可第三种理解的基础上,对"农业治理"的内涵界定为"在农业政策执行过程中,治理者与被治理者根据一定规则在互动的县域场域内不断博弈与互动的过程",主要内涵包括农业治理主体(谁在治理)、农业治理规则（如何治理）以及农业治理对象（治理什么）三个基本要素。具体而言，农业治理主体包括各层级和各部门的地方政府以及基层自治组织和市场组织。农业治理规则包括农业治理的逻辑和规则。农业治理对象包括农业问题的治理、农业问题相关主体的治理以及农业问题社会影响的治理等。本书研究的重点是围绕着土地托管政策的执行，探究县乡村不同层级组织以及同一层级组织内不同相关主体的互动逻辑。

第五节 研究方法

一 研究方式确证

本研究在方法论上采用人文主义方法论，具体采用实地研究的方式来考察土地托管政策遭遇困境的基层治理逻辑。实地研究是一种深入研究对象生活世界和活动场域中，采取观察法和非结构访谈方式收集资料，并通过资料分析，深入理解和解释社会现象的研究方式（风笑天，2001）。笔者分别深入吉林省榆树市、四川省邻水县和山东省光明县进行深入的实地调研，整体了解土地托管政策在全国的执行概况，考察土地托管政策不同发展阶段的基层治理逻辑变迁过程及其社会和政治影响。其中吉林省榆树市调研重点关注以大川机械种植专业合作社为代表的统种统收分管模式和以田丰机械种植合作社为代表的农业全产业链托管模式，共计开展34天调研；四川省邻水县调研重点关注以邻水县盛世种植专业合作社为代表的"村社共建"土地全托管和"三次分红"模式，共计开展40天调研；山东省光明县调研重点关注光明县供销合作社的土地托管实践和光明县丰收公社土地托管模式，合计调研时间为140天。由于本研究重点关注"土地托管何以屡屡遭遇困境"问题，光明县案例更为典型。因此本研究重点梳理光明县调研的内容和时间（见表1—3）。

表1—3　　　　　山东省光明县调研时间和调研内容一览

调研形式	调研内容	调研时间
自上而下的实地调研阶段	跟随农业农村部原某司局领导调研和总结光明县丰收公社模式和光明县供销合作社土地托管实践，收集县级领导、县农业农村局局长、县供销合作社主任及相关乡镇干部对土地托管的看法	2017年12月2日至4日
自下而上的实地调研阶段	为了解土地托管真实实施情况，以"不知道下一顿饭在哪家吃，不知道晚上在哪张床上睡"的原则先后五次深入访谈农民群众、托管服务主体负责人、村两委干部、乡镇基层干部、乡镇供销合作社负责人等相关主体对土地托管政策制定和实施的看法和行为逻辑	2018年1月12日至22日、2018年7月3日至23日、2018年11月20日至30日、2019年4月16日至5月16日、2019年6月10日至30日
上下结合的行动研究阶段	受聘为光明县农业生产社会化服务和乡村治理专家，2019—2022年连续四年先后参与《光明县关于开展农业生产社会化服务规范化建设试点的实施意见》《2020年临沭县农业生产托管服务项目组织实施方案》《2021年农业生产社会化服务项目支出绩效报告》《2022年农业生产社会化服务项目报告》《2023年关于支持加快"双社联合"发展的实施意见（征求意见稿）》等政策和文件的起草和修改，上下结合，采取多种方式征求托管相关主体的意见	2019年6月16日至7月6日、2019年8月4日至24日、2020年10月8日至9日、2021年9月29日至30日、2022年12月22日至23日

资料来源：笔者自制。

二　资料收集方法

在资料收集上笔者主要采取访谈法、观察法和二手资料收集法等方法收集所需材料。具体而言，主要包括以下方法。

第一，采用结构性访谈、半结构访谈和无结构访谈等各种访谈形式。访谈的对象主要包括政府职能部门相关人员、供销部门相关人员、市场相关主体负责人、村庄社会层面的村两委成员和普通村民等。具体而言，包括如下人员。（1）政府职能部门主要访谈的人员包括光明县主管农业副县长、县委组织部副部长、县农业农村局局长、县农业农村局副局长、县农机局局长，县农机局副局长、县农业农村局农经中心主任、县农业农村局农技中心主任、镇党委书记、镇长、人大主席、镇组织委员、主管农业副镇长、镇农经站站长、镇农技站站长、镇农机站站长、管理区书记和管理区主任等，访谈的重点在于了解政府不同层级部门和同一层级不同部门对于土地托管政策制定和实施中的看法和行为逻辑。(2) 供销部门主要的访谈对象包括光明县主管供销工作县委副书记，县供销联社主任、副主任，县供销联社合作指导科科长，县供销合作社社属农业服务公司负责人，乡镇基层供销合作社主任、副主任等，访谈的重点在于了解不同层级供销部门推动土地托管的实践逻辑和行为策略。(3) 市场相关主体包括合作社、家庭农场等新型农业经营主体和以丰收公社为代表的不同层级的托管服务主体，具体包括相关合作社理事长、家庭农场负责人、全国丰收公社总社负责人、省级丰收公社负责人、县级丰收公社负责人。访谈的重点在于了解他们对于开展土地托管实践的态度和看法。(4) 村庄社会层面主要包括村两委成员和普通村民。毛泽东曾在《〈农村调查〉的序言和跋》一文中提出"没有满腔的热忱，没有眼睛向下的决心，没有求知的渴望，没有放下臭架子、甘当小学生的精神，是一定不能做，也一定做不好的。必须明白：群众是真正的英雄，而我们自己则往往幼稚可笑的，不了解这一点，就不能得到起码的知识"（毛泽东，2007）。笔者以了解基层真实情况为目的，本着偶然性和随机性原则，以"不知道下一顿饭在哪家吃，不知道明天晚上在哪家住，不知道明天和谁一起聊"的方式，在农村里与村民同吃同住同睡，深入交流，交互验证，与老百姓打成一片，积极向农民朋友学习。学习的重点在于了解村庄层面不同主体对土地托管政策的接受程度及其行为逻辑。

第二，采用参与式观察法。笔者以鲁南光明县农业生产社会化服务和乡村治理政策咨询者的身份参与到光明县土地托管政策的制定和省报项目试点实施方案的起草。在文件起草过程中，笔者与光明县农业农村局、县农机局、县供销联社等县直相关部门负责人和镇委书记、镇长和基层供销合作社法人等镇级人员以及各种托管服务主体以及村两委和村民都进行了深入交流，仔细观察和细致了解各类主体围绕着土地托管政策制定和实施所展开的互动和博弈，以及各类主体对土地托管政策制定和实施的不同看法和行为逻辑，形成了深入的观察记录资料。

第三，采用二手资料收集法。为了全面掌握土地托管政策的变迁过程，笔者在农业农村部、全国供销总社等相关网站搜集了300个相关土地托管政策文件。为了深入了解土地托管的地方实践历程，笔者在参与光明县土地托管相关政策制定过程，研读了大量文件资料。以下为笔者在光明县调研过程中所访谈的主要人员一览表（如表1—4所示）。

表1—4　　　　　　　本研究部分主要访谈人员一览

分类	层级	具体职务	访谈人员	具体职务	访谈人员
政府职能部门	县级部门	县政府分管农业副县长	胡县长	县农机局副局长	陈局长
		县委组织部副部长	刘部长	县农业农村局农技中心主任	王主任
		县农业农村局局长（原县农机局局长）	白局长	县农业农村局农技中心副主任	付主任
		县农业农村局副局长	马局长	县农业农村局农经中心主任	侯主任
		县农机局局长（原供销合作社主任）	豆局长	县农业农村局农经中心副主任	熊主任
	镇级部门	门石镇党委书记	文书记	东郭镇镇长	东镇长
		庄曹镇镇长	曹镇长	西郭镇党委书记	郭书记
		云青镇党委书记	青书记	张汪镇党委书记	汪书记
		岗西镇镇长	强镇长	级索镇镇长	级镇长
		官桥镇党委书记	官书记	龙阳镇党委书记	龙书记

续表

分类	层级	具体职务	访谈人员	具体职务	访谈人员
供销合作部门	县级部门	县供销联社主任	董主任	县供销联社合作指导科科长	吕科长
		县供销联社副主任	陈主任	县供销合作社农业服务公司负责人	叶总（县丰收公社负责人）
	镇级部门	门石镇供销合作社主任	杜主任	东郭镇供销合作社副主任	郭主任
		庄曹镇供销合作社副主任	庄主任	西郭镇供销合作社主任	乔主任
		云青镇供销合作社主任	云主任	张汪镇供销合作社副主任	汪主任
		岗西镇供销合作社副主任	岗主任	级索镇供销合作社主任	索主任
		官桥镇供销合作社主任	桥主任	龙阳镇供销合作社主任	阳主任

资料来源：笔者自制。

三　资料分析方法

在资料分析方法中主要采用个案研究法、"过程—事件"和行动者为导向的研究方法等分析方法。具体而言，包括如下方面。一是个案研究法。个案研究能够生动且充分展示案例的复杂性，增加对社会现象的理解程度。个案研究的方法论优势，也就是以个案来形象地展现影响一定社会内部之运动变化的因素、罅隙、机制与逻辑（吴毅，2007）。之所以选择鲁南光明县的土地托管政策实践作为研究个案，主要基于以下原因。（1）光明县是山东省供销合作社综合改革试点县，在支持供销合作社开展土地托管方面具有典型性。2014年5月，山东省政府批复同意和谐市光明县为供销合作社综合改革试点县。资料统计显示，2016年12月底光明县供销合作社综合改革试点验收时，光明县供销合作社开展的土地托管面积达到20万亩，占到全县土地面积的40%。因此，光明县供销合作社在开展土地托管方面具有典型性。（2）光明县成为山东省农业生产社会化服务试点示范县，在支持丰收公社等工商企业发展土地托管方面具有典型性。2017年，光明县政府支持中国民营化肥龙头企业丰收农资公司成立国内首家农业服务平台即丰收公社。2018年，光明县政府发布《关于支持丰收公社发展的实施意见》，政策目标是"力争把丰收公社培育发展成为全国新经济100强企业、农业服务领域最大的独角兽企业"。2019年光明县被列为"山东省农业生产社会化服务规范化建设首批试点县"。2022年丰收公社在光明县托管土地面积达到20万亩。因此，光明县在支持工商企业开展土地托管方面也具备典范性。（3）笔者以政策咨询者身份参与到光明县土地托管政策的制定，对开展土地托管政策遭遇困境的治理逻辑研究提供了非常便利的条件。然而个案研究又不得不面临着"特殊性与普遍性、微观性与宏观性"问题。对此，詹彼得罗·果博敏锐地指出，人们经常会混淆个案和个案特征的代表性。其实，研究者关注的是个案特征，而非研究个案本身（Giampietro Gobo，2004）。具体而言，在本研究中笔者以鲁南光明县土地托管政策实践为个案，分析土地托管政策遭遇困境的基层治理逻辑。这不仅有利于拓展农业治理领域的理论研究，而且为全国土地托管政策的实施提供经验镜鉴。本研究选择光明县作为典型个案探赜土地托管遭遇困境，需要注意如下两点：第一，本书对光明县土地托管政策10年历程的描述旨在总结和提炼土地托管遭遇困境的内在机制和普遍规律，其目的在于优化土地托管政策，促推土地托管高质量发展，并非否定光明县土地托管的地方实践。相反，光明县土地托管在全国土地托管模式探索方面具有一定的代表性和前瞻性，全国很多地方政府都去参观和学习便充分说明了这一点。第二，本书对于土地托管遭遇困境现象的描述，只是局部存在于全国某些地区的某些时期，并非意味着全国土地托管都遭遇了种种困境，这是需要澄清的。土地托管作为一种新生事物，其出现、落地和政策推广均需要一种过程，土地托管遭遇困境某种程度上具有历史的必然性和合理性。二是"过程—事件"的分析策略。而在分析策略方面，本研究主要采用"过程—事件"的分析策略，即将光明县土地托管政策10年的实践过程划分为供销部门主导时期、主体转型时期和工商企业主导时期三个阶段，并对其中发生的关键事件进行有效的分析。例如供销部门主导时期，本研究对基层供销合作社主任受伤和主体转型时期丰收公社成立等关键事件进行具体而生动的展现等。该研究策略关注、描述、分析事件及其过程，并对其中的逻辑进行动态的解释。这有利于本研究动态地展示每一个事件，并探求鲜活事件背后的深层逻辑。三是行动者为导向的研究方法。以行动者为导向的研究方法是国外发展社会学者诺曼·龙教授提出的用来分析外来发展干预过程的研究方法。该方法将社会行动描绘成隐含社会意义和社会实践的过程，强调各个相关行动者的能动性，并同时注重分析各相关行动者的互动界面（叶敬忠、李春艳，2009）。本研究运用以行动者为导向的研究方法来分析土地托管政策遭遇困境过程中不同社会行动者的角色和行为，具体而言，将会重点关注具体事件中县级政府职能部门、供销合作社系统、镇村组织和其他市场主体的能动性，并强调行动者之间互动过程以及在过程中形成的社会关系。

四 研究单位选择

农村田野研究单位的选择与研究主题具有密切的关联性。县级作为最基本的行政单位，拥有完整的职能。县域研究的优点在于可以实现制度结构性分析与制度运行能动性分析的有机结合（杨雪冬，2006），从而加深对某一现象研究的深度。土地托管作为一种重要的农业政策，其推动和发展必须放置在县域范围内，依赖县级负责同志的认可和落地。例如，农业农村部曾发文明确规定，让县级负责同志充分认识到土地托管政策和项目实施的重大意义，加强托管政策的切实落地（农业农村部办公厅，2018）。因此，研究土地托管政策遭遇困境的基层治理逻辑必须以县域为研究单位。但是县域研究的缺点是由于无法兼顾结构与过程、正式科层制度与基层社会复杂性的平衡而陷入困境（姜利标，2017）。笔者认为县域研究的这种困境不一定要通过研究县域这个块来切入，而是可以通过以县域某部门这个条为切入点实现政府各层级的纵向联结与国家、社会和市场的横向关联，从而实现正式科层制度与基层社会复杂性的勾连。因此，在研究单位的选择方面，本研究根据土地托管政策的不同发展阶段，分别以县级层面中的供销系统和农业系统为切入点，即分别以供销合作社和农业农村局这样一个条为单位来研究政府开展土地托管政策实践所遭遇的困境。本研究以供销合作社和农业局这个条为切入点，纵向上既可以联系供销部门和农业农村局这两个自上而下的系统，横向上又可以向镇、村及农户层面延伸。

第六节　田野概况

一　山东省土地托管发展概况

为使研究更具有典型性和代表性，本研究选取山东省光明县为调研地点。县级政府作为拥有完全职能的行政单位，托管实践的开展势必深受省级政府的影响，因此，梳理省级层面土地托管的发展概况非常有必要。之所以在省份上选取山东省，是因为山东省开展土地托管工作起步早，托管成效显著，非常典型。具体而言，山东省土地托管工作在如下两个阶段均取得明显成效。

一是供销合作社综合改革时期。2013年，山东省供销合作社积极探索土地托管为切入点推进服务规模化的总体改革思路。山东省土地托管于2015年被全国供销总社评为在全国供销系统内唯一的可复制推广经验。山东省供销合作社较早将土地托管带入国家政策视野，并且在推动土地托管发展方面走在了全国前列，非常典型。截至2016年年底，山东省土地托管面积已达2107万亩，占全省耕地面积的五分之一；2020年山东省供销合作社系统开展土地托管服务2900万亩。2021年2月，山东省人民政府办公厅下发《关于支持供销合作社深化土地托管服务增强为农服务能力的指导意见》，提出"试点推广'土地股份合作＋全程托管服务'新模式，以提升土地托管服务水平为着力点和突破口，支持供销合作社持续深化综合改革"。因此，山东省供销合作社在开展土地托管方面具有典型性。

二是政府职能部门大力推广时期。山东省委、省政府通过政策设计、项目推动和示范引导，大力推进以土地托管为代表的农业生产性服务。截至2017年年底，山东省土地托管面积达到3200多万亩。山东省工商企业开展土地托管的业务却发展迅猛。例如，在农业农村部举办的2019年全国农业社会化服务典型案例发布会中，20个典型案例，仅山东省就入选山东丰信农业服务连锁有限公司、山东高密市宏基农业发展有限公司和山东和谐丰收公社农业服务有限公司，3个公司土地托管面积总计可达到5500多万亩。因此，山东省工商企业在开展土地托管方面具有典型性。

二 光明县自然环境与农业发展

本研究重点考察光明县土地托管政策遭遇困境的基层治理逻辑。而土地托管政策的执行又深受光明县自然环境和农业发展的影响，因此本节主要介绍光明县自然环境和农业发展基本概况。光明县地处山东省南部，因濒临谐河而得名。全县辖10个镇，1个省级经济开发区，1个滨海高新技术产业区，236个行政村（居），64万人口，总面积1010平方千米。光明县地势北高南低，东高西洼，县境东部和北部为低山丘陵，西部谐河沿岸为冲积小平原，海拔高度均在60—400米，全县大小山峰44座，最高海拔394.70米。山地占土地总面积的3.82%，丘陵占72.82%，平原占23.36%。县境属于暖温带季风区半湿润大陆气候。历年平均气温13℃。年均降水量852毫米。光明县是典型的农业大县，全县耕地面积80万亩，其中小麦种植面积50万亩，花生30万亩。近年来，光明县始终保持粮油生产的持续增产势头，被列为全国新增千亿斤粮食产能县。目前光明县农用机械总动力90万千瓦，各类农机具保有量近10万台套，小麦、玉米等粮食作物耕种收全程机械化率达到88%，基本实现全程机械化。

三 光明县土地托管政策阶段划分

通过前文梳理可知，从土地托管政策形成和发展过程来看，具体可细分为三个阶段：一是土地托管政策探索时期（1983—2013年）；二是供销部门主导时期（2013—2016年）；三是政府职能部门大力推广时期（2017年至今）。由于本研究主要探讨土地托管政策执行的基层治理逻辑，对土地托管政策探索时期暂不考虑，所以本书研究范围主要包括供销部门主导和政府职能部门大力推广时期的土地托管政策实践历程。

在供销部门主导时期，土地托管深深嵌入供销合作社综合改革实践中，无论是从顶层设计、项目支持抑或是基层实践效果来看，供销部门在开展土地托管方面均占有主导地位。而在政府职能部门大力推广时期，供销合作社丧失了获得政策和项目扶持的垄断地位，供销合作社、工商公司、合作社和家庭农场等开展土地托管都可以获得项目扶持。其中，以农资公司为代表的工商企业大量涌入土地托管等农业生产性服务领域，托管主体在全国部分地区普遍存在供销部门到工商企业的转型。因此，为了深入分析政府职能部门大力推广时期土地托管政策遭遇困境的执行过程，本研究将该时期具体划分为主体转型时期和工商企业主导时期两大阶段。据此，本研究以山东省光明县为例，将光明县土地托管政策10年的实践过程划分为供销部门主导时期（2013—2016年）、主体转型时期（2016—2017年）和工商企业主导时期（2017年至今）三个阶段。本节将具体介绍光明县土地托管政策三个阶段的基本概况。

一是供销部门主导时期。（1）光明县供销合作社基本概况。光明县供销合作社现有27个单位，其中基层供销合作社10个，社属企业17个，干部职工4600人，总资产11.28亿元。近年来，光明县供销合作社大力实施"网络立社、项目兴社、富民强社"战略，不断推进经营创新、服务创新和组织创新。先后荣获全国供销合作社系统先进集体、百强县级社，被确定为山东省供销合作社综合改革试点单位。(2) 供销部门土地托管政策设计。供销部门土地托管政策已经形成了支持供销合作社发展为核心的政策体系，具体可以划分为供销合作社托管能力提升政策和供销合作社直接开展托管政策两大类。供销合作社托管能力提升政策具体包括以下政策。首先是以搭建为农服务平台，提高供销合作社为农服务能力为主旨的为农服务中心建设政策，该类政策可为土地托管开展提供物质基础。其次是以密切村两委与供销合作社联系，提高村集体收入为主要目的的村社共建政策，该类政策可为土地托管提供组织基础。再次是以创办领办合作社，建立农村合作经济组织体系为重点的供销合作社组织体系建设政策。该类政策可为土地托管的开展奠定经营载体基础。最后是以开展内部信用互助，满足社员分散金融需求为主要意旨的农村合作金融试点政策。该政策可为土地托管开展提供资金基础。前四项政策侧重提高供销合作社的服务能力、村两委的组织能力、合作社的经营能力与资金互助组织的资金供给能力，主要目标是为供销合作社开展土地托管奠定基础。而供销合作社直接开展托管政策则是指政府直接支持供销合作社社属企业或基层供销合作社，以为农服务中心为平台，为农户和新型经营主体提供农业生产全部或大多数环节托管服务的政策要求，该政策的明显特点是有明确的时间限制和托管面积约束，侧重对供销合作社开展土地托管政策实践的支持。(3) 供销部门土地托管政策目标。供销部门土地托管政策目标除了具备推动供销合作社发展外，还具备为农户和新型经营主体提供托管服务、扩大土地托管面积，提高合作社组织化程度和增加资金互助服务业务，增加村集体收入、改善村庄治理和打造综合性为农服务平台、为政府分忧以增强供销部门合法性等综合性目标。(4) 供销部门土地托管政策执行情况。光明县供销合作社综合改革取得如下进展。首先是实体性合作经济组织取得新进展。光明县供销合作社通过加强与村两委、种植大户、经纪人等的联系，采取股本联合、业务联结、服务带动等方式，领办参办规范农民合作社 156 家，培育各级示范社 9 家，组建农民合作社联合社 10

家,实现了镇级农民合作社联合社与基层供销合作社"两社合一"、融合发展,成立了县级农民合作社联合社,解决了单个农民合作社发展瓶颈问题,实现了资源共享。其次是农村合作金融创新取得新突破。围绕破解小农户融资难、融资贵问题,在16家农民合作社内部开展了信用互助业务,社员总数1429户,出资社员594户,互助金总额2298万元,探索出"相互担保、风险共担""信用合作、农资直供""库贷挂钩"等运作模式,确保了互助资金安全高效运行。再次是党建带社建社村共建工作取得新发展。供销合作社通过联合村两委共建农民合作社、生产服务队、城乡社区综合服务中心、人才队伍,通过股份合作、租赁合作、加盟合作等方式保障了多方共赢。目前社村共建村136个,共建项目272个,帮助农民户均增收300余元,村集体增收312万元,供销合作社增加收入165万元,实现了农民和村集体"双增收",促进了供销合作社基层组织向村居、经营服务向田间地头"两个"延伸。最后是土地托管取得新成效。牢固树立"农民外出打工、供销合作社给农民打工"的服务理念,加快建设为农服务中心,在土地托管、农机作业、农资直供、烘干仓储、统防统治、信用互助、农民培训等方面开展服务,打造"三公里"土地托管服务圈,打通为农服务"最后一公里"问题,解决了当前农民"打工顾不上种地,种地又耽误赚钱"的矛盾问题。截至2016年年底,光明县共建成为农服务中心10处,实现了涉农乡镇全覆盖。推进基层供销合作社、村"两委"、合作社、信用互助组织"四位一体",形成组织农民、提供土地托管服务的合作机制,土地托管服务面积达到20万亩,占全县大田种植面积的40%。

二是主体转型时期。为了更加深入研究和动态展现供销合作社最终退出土地托管市场和丰收公社开始成为托管市场主导力量的基层治理逻辑,本研究将光明县2016—2017年的土地托管政策实践视为"主体转型时期"。(1)主体转型基本概况。2017年年底,光明县供销合作社开展的土地托管面积更加缩小,几乎退出土地托管市场，而丰收公社土地托管面积则高达 5 万亩，丰收公社在成立后的一年时间后就占据了托管市场的主导地位，而光明县丰收公社的负责人同时也是光明县供销合作社农业服务的负责人。（2）主体转型时期土地托管政策目标。光明县供销合作社土地托管政策目标除了提高为农服务中心利用率，减少供销合作社债务负担，推动供销合作社发展外，也具备为小农户提供托管服务、扩大土地托管面积，消解土地托管政策执行不力影响，增加各方主体认可以增强供销部门合法性等多重目标。

三是工商企业主导时期。（1）丰收公社培育概况。光明县成为山东省农业生产社会化服务试点示范县，在支持丰收公社等工商企业发展土地托管方面具有典型性。2017 年，光明县政府支持中国民营化肥龙头企业丰收农资公司成立国内首家农业服务平台即丰收公社。2018 年，光明县人民政府下发《关于支持丰收公社等社会化服务组织助推现代农业发展的通知》要求"各级各部门高度重视农业社会化服务组织建设，全力支持丰收公社服务工作在全县的开展"。同年，中共光明县委、光明县人民政府下发《关于支持丰收公社发展的实施意见》，政策支持的目标是"力争把丰收公社培育发展成为全国新经济 100 强企业、农业服务领域最大的独角兽企业"。2019 年光明县被列为"山东省农业生产社会化服务规范化建设首批试点县"，并连续三年获得生产托管项目支持。同年，中共和谐县委农业农村委员会下发《关于开展农业生产社会化服务规范化建设试点的实施意见》，文件提出"力争用 3 年时间，重点培育以金丰公社为代表的农业生产社会化服务组织，力争在全国推广和复制"。2023 年《关于支持加快"双社联合"发展的实施意见》提出"打造成为全国农业社会化服务示范区、乡村振兴示范区、共同富裕示范区和农村改革试验区，力争将丰收公社培育成为全国新经济百强企业、农业服务领域最大的独角兽企业"。截至 2022 年 6 月底，在全国注册成立县级丰收公社 560 家，建立村级服务站 3.47 万个，组织 9.36 万名社长/农机师服务队伍，服务社员 876 万名，累计土地托管服务面积3963万亩。其中光明丰收公社托管服务已覆盖县域内9个镇街167余个村庄，托管服务耕地面积20万余亩，吸纳社员100000余名。由此可见，政策支持层面，光明县形成了以支持丰收公社开展土地托管为重点的政策体系。因此，光明县在支持工商企业开展土地托管方面也具备典范性。（2）工商企业主导时期土地托管政策设计。光明县已经形成了以支持丰收公社发展为核心的政策体系。具体而言，土地托管政策具体划分为如下两个层面：一是托管服务能力提高政策。具体包括四个方面。首先，总部园区建设政策。具体包括支持光明县丰收公社服务中心建设，支持800亩总部园区作物试验示范区建设等，主要意旨是增加丰收公社实力。其次，乡镇为农服务站和村级服务站建设政策。即在每个乡镇服务站修建一处不超过15亩的烘干晾晒场地，为丰收公社托管提供物质基础。再次，整村托管政策。即丰收公社依托村两委集约土地，实现整村托管，村集体可以获得托管服务费和相应财政专项补贴的政策，从而为丰收公社托管提供组织基础。最后，农地收益贷政策。即金融机构为丰收公社土地托管服务费筹集专门定制的优惠政策，从而为丰收公社托管服务的开展奠定了资金基础。上述四项政策设计有利于将丰收公社的服务和经营能力、村两委的组织能力与金融机构的资金供给能力相结合，共同推动土地托管的发展，上述四项政策设计统一可归纳为丰收公社托管能力提高政策。二是直接开展土地托管政策。直接开展托管政策则是指政府直接支持丰收公社，为小农户提供农业生产全部或大多数环节托管服务过程中所直接享受到的政策扶持和项目支持。综上所述，光明县丰收公社政策具体包括以总部园区建设政策、镇村服务站建设政策、整村托管政策和农地收益贷政策为主要内涵的托管服务能力提高政策和直接开展土地托管政策。（3）丰收公社土地托管政策目标。丰收公社土地托管政策除了具有促进丰收公社发展和转型外，同时具有为农户特别是小农户提供托管服务、推动土地托管面积扩大，改善村庄治理和为金融贷款下乡提供可行路径等目标。

第七节 研究创新

一是开辟了国内首篇系统研究土地托管问题的先河。从研究视角来看，土地托管作为一种农业经营方式创新，目前学术界大多从农业经济学的视角，研究土地托管对提高农业生产效率、促进粮食增产、实现农业绿色发展和实现农户增收等方面的影响。而本研究将从公共管理学的视角探究土地托管政策遭遇困境的基层治理逻辑。具体而言，本研究主要从治理视角探究土地托管政策遭遇困境的实践逻辑及其社会、政治影响。因此，研究视角具有一定创新性。

二是充实了县域治理研究的成果。从研究单位来看，目前土地托管的研究大多数以农户和村庄为研究单位，极少数研究以乡镇为研究单位，而以县为研究单位进行研究的几乎为空白。本研究在以县为研究单位的基础上，分别从县供销合作社和县农业农村局这个条为单位切入到土地托管相关主体，区分了供销合作社系统与政府职能部门系统，分析其指导土地托管实践的治理逻辑。故而，研究单位具有一定创新性。

三是丰富了中国特色基层治理理论。从分析框架来看，本研究建构了以科层治理理性和关系治理理性及其互动为主要内涵的复合型治理理性分析框架，用以分析土地托管政策遭遇困境的基层治理逻辑，以区别于单纯的市场视角分析。因而，分析框架也具有一定创新性。

四是开拓了农业治理研究领域。从研究内容来看，当前农业治理领域的研究主要聚焦于以土地流转为代表的土地规模化研究范畴，探究土地规模化的政治和治理逻辑，并将农民组织化视为研究核心问题。而本研究将治理视角延展到以土地托管为代表服务规模化领域，拓展了农业治理研究范畴。而且在研究核心问题层面上，更加侧重部门整合化问题。因为政府各职能部门和供销系统各部门同样需要提高组织化程度,需要加强各涉农部门的联系,统一将托管服务资源对接农户,从而丰富了研究内容。概言之,目前农业治理研究主要以土地流转为研究对象,探究在土地规模经营背景下,地方政府推动土地流转、培育新型经营主体的机制及其影响后果,可以称之为"农业治理研究1.0版本"。关于土地托管政策执行的基层治理逻辑研究却很少,农业治理研究亟待进入以土地托管为研究对象的"农业治理研究2.0版本",进而拓宽了农业治理的研究领域。

第 二 章

基础理论与分析框架

第一节 基础理论

一 公共治理理论

随着社会经济的发展和城镇化的推进,"谁来种地、如何种好地"逐渐成为时代之问。因此,"谁来种地、如何种好地"以及如何保障国家粮食安全始终是国家所关心的公共议题。而土地托管作为解决"谁来种地、如何种好地"和"如何保障国家粮食安全"等公共问题的重要经营方式创新,得到国家和社会的广泛关注。2013年12月23日,土地托管作为治理"谁来种地、如何种好地"问题的重要方式,受到国家最高领导人的肯定。相应地,国家也适时出台一系列支持土地托管的政策,土地托管逐渐上升为一项重要的公共政策。正是在这个意义上讲,土地托管应纳入公共事务管理和公共治理的范畴。

首先是关于治理内涵的学科厘定。20世纪90年代,在对传统公共行政理论和新公共管理理论继承和创新的基础上,治理理论开始成为学术界研究的"显学"。然而,"治理"甫一出场,便具备"概念内涵多元,多种用法包容"的特征。具体而言,学者对治理内涵的界定有如下几类。(1)"治理"被视为公共部门和市场部门持续不断地管理其各项事务的过程(全球治理委员会,1995)。因此,这更偏向于管理学的学科界定。(2)"治理"被视为运用权威维持公共秩序，处理政治事务的过程，这归属于政治学学科的概念建构（俞可平，1999）。（3）"治理"被视为为了实现公共利益之目的，强调利用权力来引导、规定和控制被治理者的相关行为，并提出"善治"是治理的最高目标（俞可平，2001），这归属于行政学的学科界定。（4）"治理"被视为为了实现对公共事务的管理，政府、市场、社会等多元相关主体的互动和博弈的过程（陈振明等，2011），这属于公共管理学角度的学科界定。"治理"内涵的学科厘定取决于各学科的侧重点，本身并无优劣之分。本研究更倾向于公共管理视角的概念界定。

其次是关于治理理论的研究路径。治理理论的研究路径可以划分为如下四种。（1）以强调市场配置资源、进行私人领域治理为核心内容的市场治理模式。此类路径将土地托管仅仅作为农业经营方式，侧重强调市场在土地托管发展过程中的作用。在此种研究路径看来，市场需要自我发育，政府不要干涉土地托管市场的运行。政府唯一需要做的就是通过政策和项目支持企业和资本开展土地托管。当前主流的农经视角的土地托管研究，则偏向于此类。但是该类研究对于政府如何支持土地托管发展的研究却很匮乏。（2）以强调政府在提供公共产品和公共服务过程应发挥关键作用为核心内容的政府治理模式，以土地流转为主要内容的农业治理研究则属于此类路径。但是如果片面强调政府在农业治理中的作用，则可能引发农业分利秩序困境、社会秩序裂解和社会稳定问题等一系列未曾意料到的后果。（3）以强调基层社会组织应在公共管理事务中发挥主动作用，从而进行自主治理的社会治理模式。自主治理模式应该在土地碎片化治理和小农农业现代化实现方面发挥重要效能（王海娟、胡守庚，2019）。但是伴随着农民自组织能力消解，农村社会呈现为"原子化"运作状态，社会治理模式的可行性值得怀疑。（4）以强调政府组织、社会组织和市场组织等多元主体合作治理为核心内容的公共治理模式。该路径强调从公共管理学的角度研究公共事务领域的治理，特别强调政府与非政府部门的合作治理过程，政府起着元治理作用（韩兆柱、翟文康，2016）。本研究对土地托管政策遭遇困境的基层治理逻辑研究便偏向于公共治理模式的研究路径。

最后是公共治理理论在本研究中的应用。在公共治理理论的视域下，土地托管政策实践过程实质上就是政府、社会和市场等多元相关主体的互动和博弈的过程。而分析土地托管相关主体的基层治理逻辑，便是要分析基层各层级政府和同层级不同政府部门之间以及相关市场主体和基层社会相关主体的治理逻辑与行为选择。因此，单纯地分析土地托管政策实践过程的政府治理逻辑，或是市场主体的治理逻辑，抑或是社会相关主体的治理逻辑，对于系统探究土地托管政策遭遇困境的基层治理逻辑，都是不全面的。据此，本研究必须要全面地、动态地展现土地托管政策遭遇困境的基层治理逻辑。因此，接下来，本研究将要构建复合型治理理性分析框架。复合型治理理性包括两方面内容：一方面，科层治理理性强调政府主体在土地托管政策实践过程中的地位和作用发挥；另一方面，关系治理理性则更加强调在社会关系的浸润下，市场、社会与政府组织的互动与博弈过程。据此，公共治理理论为复合型治理理性分析框架的构建提供了基础理论指导。本研究将土地托管视为公共治理的过程，主要从基层治理视角探究相关托管主体的治理逻辑，以展示土地托管政策复杂的实践机制。

二　科层制理论

自"Bureaucracy"一词于1745年被首次使用以来（王美龄，2012），便存在"官僚制"和"科层制"的中文译文论争，并在一定程度上造成了学术研究的混乱和日常理解的混淆。实质上，"官僚制"和"科层制"内涵具有一致性，"科层制"的译法在词义学上更具中性，可以规避理解混乱。因此，本研究统一使用"科层制"。科层制的实践虽然在中西古代时期早已存在，但是作为一种理论范式而定型和成熟则归功于马克斯·韦伯的学术贡献（张康之，2001）。

一是关于科层制的内涵确证。科层制理论建立之后，在不同学科和不同视角的观照下，科层制内涵呈现出不同的面貌。具体而言，有如下四种解释。第一，政治体制说。即将科层制作为一种与代议制政治体制相对应的仅对君主负责的政治类型，隶属于比较政治学的学科范畴（戴维·毕瑟姆，2005）。第二，非市场组织说。即将科层制视为一种与依靠产品销售获取经济利益的市场组织不同的，依靠上级组织拨款的组织类型，隶属于政治经济学的学科范畴（王春娟，2006）。第三，管理制度说。即将科层制视为体现社会理性化发展程度的主要制度创新，建立在法理型权威基础上，强调专业人员在既定规则要求下开展运作的管理行动。因此，科层制是对工业社会中大型组织进行高效率管理的方式（卡斯特、罗森茨韦克，1985）。科层制作为一种有效的管理和组织制度，不仅适用于政府组织，还适用于其他大多数组织，其中以韦伯的科层制理论为代表，隶属于组织社会学学科范畴（宇红，2005）。第四，政府管理说。即强调与私人组织中的行政管理体制不同的，以实现公共利益和体现公共价值为导向、具备法律强制性等特殊特征为代表的行政管理活动。韦伯的科层制研究，对公共管理体系进行了系统而全面的形式合理性设计，开拓了公共管理科学化和技术化的道路，自然属于公共管理的学科范畴（张云昊，2011）。本研究在认可韦伯关于科层制内涵界定的基础上，更加强调其在政府组织中的运用。

二是关于科层制的起源追溯。从历史的发展角度看，科层制产生的具体标志性案例已不可考，至少在中国和埃及等国就已经存在，按照时间顺序可以划分为非理性科层制和现代理性科层制时期（李德全，2004）。19世纪末20世纪初，伴随着西方国家科技和经济实力的发展，国家机构不断增加而行政效率有所下降，现代科层体制作为技术理性在政治领域的延伸得以产生（陆江兵，2005）。从管理理论的承继脉络来看，与泰勒科学管理理论以具体车间管理为研究对象，致力于提高企业绩效不同，法约尔的一般管理理论，则将研究重点扩大到高级组织的行政管理层面。而马克斯·韦伯则将整个社会组织发展纳入其研究范畴，进而提出了经典的科层制理论。而从政治和行政思想的延承脉络来看，19世纪以来欧洲理论家的相关思想也构成了马克斯·韦伯科层制理论的来源，集中体现在德国的行政理论影响。集中体现在科层制理论对莫斯卡和米歇尔斯有关科层制与民主制关系理论的借鉴和反思以及施莫勒关于行政组织发展进程研究的继承和创新（谭融，2013）。有所创新的是，韦伯不仅重构了科层制理论框架，而且使科层制概念偏向中性化。而从公共行政理论脉络来看，科层制理论则是在继承了政治—行政两分法理论基础之上，对政府组织模式进行规划设计，从而为两分法思想奠定了组织基础（刘中兰、师智峰，2006）。

三是关于合法权威的类型划分。韦伯对科层制的分析始于社会行动，正当性权威构成了支配社会行动者遵从规则，进而形成社会秩序的关键因素。具体而言，共存在如下三种权威类型。第一种是传统型权威。其合法性是建立在"遗传而来的制度和统治权力之上"即是对传统、习惯和经验绝对信仰的基础之上（马克斯·韦伯，1997），社会行动者需要严格依循惯例和传统。因此，社会行动者服从的是按照传统和惯习而成为领导者的权威者。在传统型权威下，社会行动者与权威者保留着一种人身依附关系。第二种是卡理斯玛型权威。其合法性建立在"一个人及由他所创立制度的神圣性或英雄气概之上"（马克斯·韦伯，1997），即是对超凡魅力型人格的权威者的崇拜和个人迷信基础上，社会行动者的自愿服从。在卡理斯玛型权威下，维系社会行动者与权威者关系的并不是理性，而是非理性的情感。第三种是法理型权威。其合法性是建立在"统治者的章程所规定的制度及指令之上"（马克斯·韦伯，1997），即是对非人格化的既定规则和法律的服从。在法理型权威下，社会行动者对权威的服从是因为有了依法而建立的等级体系。权威者只有通过在既定组织内担任一定的领导职权，按照法律规定，才能拥有对社会行动者一定的支配权。因此，社会行动者对权威的服从本质上是对组织规则的服务。社会行动者与权威者在法律上是平等性，二者均是自由的，不均在依附关系。概言之，传统型权威因固守传统，对应组织存在适应性和组织效率较差问题，而卡理斯玛型权威由于必须依赖情感维持运作，相应组织存在缺乏理性而稳定性较差问题。而只有法理型权威才能作为理想的科层制组织运作的基础。

　　四是关于科层制的基本预设。理想型科层制理论的建立，需要遵循如下三种假定。（1）规则的完全理性假定。即强调科层组织中行动者的行为规则必须在完全理性之下。科层组织的行动者必须以公共利益为目标，以规章制度为遵循。各种各种的理性规则设计用以规限行动者由于自主性所可能出现的越界行为，从而减少行动的不可预见性。伴随着科层组织任务复杂性的增强和所处环境的不断改变，理性的规则会越来越多地被制定出来，用以规定行动的边界。最后，行动者最终都会在完全理性规则的规范之下开展行动，进而提高科层组织的稳定性和运作效率。（2）权力的一元支配假定。即强调权力的合法性来源必是法律规则的赋予。科层组织中的权力行使务必遵循制度规则，由制度和规则来赋予其唯一的合法性。在非预期事件发展的情况下，权力的一元支配秩序有利于统一行动，进而提高科层组织的运作效率。（3）行动者的中立人假定。即假设行动者完全是不带有任何价值偏好的中立人。作为科层组织中的行动者，必须在预先规定好的理性化规则和一元化的权力配置秩序的前提下，能够不偏不倚地、不带有任何价值偏好地、摒弃个人主观意愿地完成组织任务，高效率地完成组织目标（张云昊，2011）。研究土地托管政策执行的基层治理逻辑需要将各托管相关主体放置在当前的管理体制下。而科层制是主导时期的组织制度，土地托管政策必须依赖科层制运作才能更好地落地和推广。因此，科层制理论为科层治理理性的构建奠定了理论基础。

三 "关系权"理论

"关系权"作为一种独立的中国特色政治社会学概念，最早由徐勇提出。"关系"概念的直接意涵是表示人们可以通过非正式的特殊关系获得影响力和支配力即权力的过程（徐勇，2017）。然而，具体梳理这一概念的内涵和外延，主要包括如下三个层面的内容。

一是"关系权"形成的文化和社会基础。（1）中国特色的"关系本位"文化构成了"关系权"形成的文化基础。追溯儒家文化和道家思想的经典，从哲学元理论层面，二者均被视为"共在存在论"，即强调"共在"优于"存在"的重要性。因为"共在"本质上是一种创造性的动态互动关系，人只有在共在状态中才是有意义的存在（赵汀阳，2009）。而作为中国传统文化核心思想的儒家文化，其建构以关系为核心的政治哲学思想，集中表现在以关系界定为主要标准的社会等级及政治秩序安排、以关系协调为重点的社会规范建设、以道德主导和矛盾调节为主要特征的社会和谐达成以及强调关系理顺在促进社会和政治稳定方面所发挥的巨大效能（秦亚青，2009）。因此，从纵向的历史传承来看，中国文化是一种伦理本位为主要内核的"关系本位"文化（梁漱溟，1987）。而从中西社会文化横向对比来看，与西方社会"普遍主义"的文化特质相比，以伦理关系和个人视角为基点，建基于传统农耕文化基础上的中国文化可以被归纳为"特殊主义"（马克斯·韦伯，2004）。据此，中国传统文化模式的特征可以归纳为"人与人之前在心理、情感及价值观等诸方面上的相互依赖，以及人们在关系中寻找自身的安全感"（方朝晖，2013）。相应地，中国社会已经孵育了以关系为社会最具价值和意义内容的"关系本位"特征。（2）"关系社会"的基本现实形塑了"关系权"形成的社会基础。"关系社会"构成了中国独特的社会底色。在"关系社会"背景下，中国社会结构呈现为一种具有鲜明"差序格局"特征的"关系结构"（费孝通，2007）。"差序格局"是以从属于家庭的社会个体为中心的，体现了儒家差序性的社会伦理模式，以教化权力为维系纽带，规范了乡村社会的秩序（卜长莉，2003）。因此，中国"差序格局"的社会结构及人际交往模式则由于关系的延展性和灵活性而导致公域与私域难以公私分明的权责边界。为此，中国传统社会形成了由统一最高权威规范秩序、明晰权责的一元化治理应然模式（宣晓伟，2015）。然而在实际运作中，一元化治理模式难以抵制私人关系的侵染和影响。据此，中国特色的"关系本位"文化形塑了中国"关系社会"的结构现实，而以"差序格局"为特征的关系社会结构则暗含着中国公私域之间关系的复杂性、重叠性和模糊性。因此，这也为建构权力与关系之间的互动关系即"关系权"概念奠定了社会和文化基础。

二是关系就是权力即消解正式规则的约束，借助特殊关系影响权力运作或者获得特殊权力。在差序格局的社会结构影响下，公私领域的关系相互重叠，呈现出"家国同构"的杂糅格局（徐勇，2017）。在此背景下，人情等非正式关系仍然发挥着重要作用（梁幸枝、邢婷，2003）。非正式的特殊关系可以广泛渗透到社会各个方面的正式组织和科层体系之中，社会中大量存在利用非正式关系影响和俘获权力或资源的现象（纪莺莺，2012；边燕杰、缪晓雷，2020）。具体而言，例如非正式关系与政府间关系协调有重大关系。官员个人关系因素可以影响到实际的政府运作（胡伟，1998），而地方官员之间的非正式关系则是协调不同层级政府和同一层级政府不同职能部门间关系的重要因素（张紧跟，2006），甚至已经成为除科层制和市场制能够影响到政府间关系调整的第三种力量（齐杏发，2008）。除此之外，非正式关系对官员干部晋升也具有非常重大的作用。在当代中国官场中，由于关系机制强势介入到科层制的选人和用人过程中，引发了科层失灵，进而在一定程度上导致逆淘汰现象的产生（袁超，2017）。而内嵌于差序格局社会关系中的基层政府无法将公共规则一般化，也产生了基层乡镇干部晋升过程中的非正式关系运作现象（欧阳静，2012）。权力的非正式关系运作具有正负双重功能，一方面应该看到"关系权"在消解科层制正式规则、引发资源和分配的不公平甚至可能引发腐败问题等负功能；另一方面也应该客观地看到"关系权"所具有弥合科层制不足等正向功能。

三是权力在关系中，即从动态的角度强调权力在互动的关系中运行。一方面，权力是由特定的关系中形成，权力本质上就是一个互相影响、不断运作的动态过程；另一方面，在实践过程中，关系的多层次性和各种关系的叠加性，为权力的复杂性运作奠定了基础。非正式关系与科层制存在"漩涡空间"等复杂的动态关系（朱媛媛，2017）。从实际的运作过程来看，土地托管政策执行本质上就是一种公共意志和公共权力的行使过程。除了依托科层制运作外，具体实践还涉及不同层级政府、同一层级不同类型职能部门以及市场和社会等多个相关主体，多个相关主体存在复杂的互动关系，从而演绎出复杂的权力运作逻辑和丰富的基层治理实践。

最后是"关系权"理论在本研究中的应用。土地托管政策除了依靠科层制运作之外，还深深嵌入中国特色的"关系本位"文化和关系社会中。"家国同构"的杂糅格局决定了非正式的特殊关系广泛渗透到科层体系之中，并在不同的主体和不同层次的关系中，演绎着动态的、复杂的基层治理实践逻辑。因此，土地托管政策执行的基层实践逻辑除了依托科层制而体现出科层治理理性以外，还嵌入关系社会中，而彰显关系治理理性的特征。合言之，"关系权"理论为关系治理理性的构建奠定了理论基础。

第二节 基层治理的科层理性

土地托管与基层治理存在主体一致性和作用互构性为主要特征的互涵性关系，因此，土地托管本身就属于基层治理的研究内容。因此，研究土地托管政策执行的基层治理逻辑需要将其放置在当前的管理体制下。而科层制是主导时期的组织制度，土地托管政策必须依赖科层制运作才能更好地落地和推广。"理性"含义具有多重性理解，例如理性是主客体联系的中介，是一种从特殊到一般，从抽象到具象的能力，或者是人类改造自然和社会获得的发展能力（闫娜，2018）。本研究对"理性"的概念界定为"以清晰的目标导向以及明确的实现手段为基础的思维和行为方式"（殷浩栋等，2017）。本研究采用"理性"的概念用来分析和归纳土地托管政策遭遇困境的基层治理逻辑，主要有如下两点原因。一是研究契合性。本研究主要探究土地托管政策屡遭困境的原因，由于"理性"是指思维对事物作具体同一的考察时所表现出的形式和规律，侧重于具体的、辩证思维的逻辑，比较契合分析土地托管政策遭遇困境的治理逻辑，则更能深入揭示土地托管政策遭遇困境的原因。二是研究创新性。本研究采用"理性"分析基层治理逻辑，还有一个目的是沿承学界既有的关于基层政府治理理性的讨论。科层治理理性体现在组织结构被制度化或者被法律化。因此，土地托管政策的执行势必要遵循科层治理理性。因此构建科层治理理性分析框架对于探究土地托管政策遭遇困境的基层治理逻辑，意义重大。随着科技的迅猛发展，以强调通过技术就可以使科层制达到完善程度的形式合理性构成了科层制的理论精髓（彭国甫等，2005）。因此，以形式合理性为内核的理性科层制满足了现代社会分工不断细化和效率不断提高的诉求，具体呈现为如下理性规则。

一 专业分工

为了适应社会分工不断细化的趋势，提高组织效率，科层组织进行了如下专业分工。首先，是职能分工，即将实现科层组织目标所需的工作任务，以正式的职责和职能分配到每个部门和相应岗位（马克斯·韦伯，2004）。其次，是劳动分工。每个岗位都需要经过专门技能训练和掌握专业知识的人来从事，每个人都能够履行岗位赋予的职责。最后，在科层组织中职能和劳动分工不仅可以提高人的能力，也可以充分发挥个人专长，实现组织目标。在政府职能部门大力支持土地托管时期,从纵向的科层等级来看,农业农村部制定支持土地托管总体政策,省和市农业农村部门结合本省和本市的实际情况制定关于支持土地托管的实施意见,县级农业农村部门则根据县域内的实际情况,在县委、县政府的支持下制定关于支持土地托管的具体实施方案,镇(乡)村两级则具体执行推广土地托管的实施方案。而从横向的科层部门来看,为了争取更多部门的注意力分配和资源、政策倾斜,县级以上农业农村部门都会尽可能地协调其他与土地托管相关的职能部门联合下文予以支持,例如在政策支持方面,农业农村部、财政部和国家发改委联合下文支持土地托管的政策。在项目支持方面,农业农村部、财政部下发关于开展土地托管项目的实施意见。基层政府层面,县级农业农村局能否整合其他县直职能部门的支持,合力推进土地托管政策的执行则尤为关键。由于土地托管涉及农业农村的方方面面,需要光明县农业农村局整合县农机局、县供销联社、县国土局、县财政局等21个相关县直部门。然而由于农业农村局与其他县直部门都是正科级的单位,仅仅凭借农业农村局的力量很难整合其他部门,共同协作,支持土地托管的发展。因此,专业分工在提高组织效率的同时,也可能导致多个横向部门协调成本的提高(Williamson, O. E, 1971)。在供销部门主导土地托管时期,供销部门与农业农村局存在职能重叠,而又同属于县级正科级单位,因此,供销部门与农业农村部门的不协调构成了供销合作社开展土地托管遭遇困境的重要原因。

二 规章制度

完善的规章制度构成了科层制运作的管理基础。在科层制运作过程中,纵向科层部门之间和横向职能部门之间以及同一部门不同科室之间的协作与沟通都有相应的规章、制度和规则支配,并且社会行动人员必须遵守相关规定。具有完善规章制度的科层制严格限制社会行动者的行动边界,确保了科层运作的稳定性、可预期性和连续性。规章制度的严格遵循,有利于减少内部交易和外部寻租的可能性（史普原，2015）。例如在供销部门主导土地托管时期，无论是土地托管作为供销合作社综合改革的重要内容写入中共中央关于深化供销合作社综合改革的文件中，还是土地托管写入各省、市和县供销合作社综合改革文件内，抑或是各级供销合作社部门与各涉农县直部门如农业农村局和国土局等联合下文支持开展土地托管的文件或者支持为农服务中心建设的实施意见，都体现出了制度规章在协调部门关系，协力推进土地托管落地的重要性。而在政府职能部门大力支持土地托管时期，在支持土地托管方面，从中央一号文件、政府工作报告到农业农村部和其他相关部门联合下发的实施意见，以及到省、市、县、镇（乡），甚至村级层面都需要制定相应的实施方法细则。完善的制度规定在减少内部交易和外部寻租可能性的同时，也可能消解相关人员的积极性。例如在供销合作社部门开展为农服务项目建设时，上级部门制定项目实施和验收规则时，要求项目自批复后限期完成，所有采购均要求招投标程序以及必须要求正规发票等财务规定，虽然保障了程序的合规性与合法性，但"一刀切"的做法在某种程度上并不完全符合当地实际情况，而极大耗散了其参与项目建设的积极性和主动性。

三　等级权威

科层制实行层级负责的等级秩序原则，有利于减少交易成本，提高组织效率。具体内涵包括如下三点：一是不同层级和不同岗位权威的获得不是依赖于传统或超凡魅力，而是依赖于法律规定。因此，不同层级、不同岗位的权责都被明确规定。二是科层组织中层级森严，下级服务上级。依照法律规定，上一级岗位代理人均对下级岗位代理人具有管理、控制、监督和考核的权限。三是在上下级层级的关系中，上级不仅对下级具有管理和考核权力，下级也具有依法向上级提出意见、表达申诉的权力。例如在供销部门主导土地托管时期，时任副总理汪洋和全国供销总社副主任骆琳均对山东省供销合作社开展土地托管提出了重点期待和明确要求。因此，山东省供销合作社在上级政府的压力下，提出 2000 万亩土地托管 5 年规划。截至 2016 年年底，山东省供销合作社土地托管面积达到 2107 万亩，实现了五年目标三年完成。由此可见，山东省供销合作社作为省级正厅级科层单位，积极贯彻和落实国务院和全国总社的决策和部署，探索了以土地托管为切入点的服务规模化改革路径。而以顺利完成综合改革试点验收工作为主要意旨的供销合作社综合改革试点评估通气会于 2016 年 9 月的顺利召开，则显示了上下层级供销合作社的沟通与协调的存在。

四 非人格化

非人格化是现代社会理性化管理的显要特征。科层制官员在处理公务时要严格按照法律规章办事，彻底排除个人情感的影响（马克斯·韦伯，2004）。科层职位集中体现了地位和角色的内涵，排除个人情感影响，是保障公平和效率的必要条件。因此，在处理公务时，要特别注重私人关系与公务关系的区隔。然而《中共光明县委光明县人民政府关于支持丰收公社发展的实施意见》明确规定"在农机补贴方面，除享受国家农机补贴外，对光明县丰收公社 2018—2020 年购置的大型农机具，由光明县财政给予 20% 的累加补助。而在土地深耕深松、秸秆还田等政策项目方面，农机局应该优先安排给丰收公社操作实施"。因此，农机局局长从他的职位要求上看，他必须抛弃私人价值观判断，按照农机局局长职位的要求，严格遵从县、委县政府的文件要求，积极支持丰收公社开展土地托管。具体而言，一是积极与县财政局会商，制定专门支持光明县丰收公社发展的农机额外补贴实施方案；二是按照文件要求，在项目安排方面优先安排给丰收公社实施。

综上所述，经典的科层制理论为科层治理理性的建构奠定了理论基础。本研究将韦伯对科层制预设的理性规则定义为科层治理理性，科层治理理性的内涵具体包括专业分工、规章制度、等级权威和非人格化四个方面，主要代表组织管理体制的刚性规则，侧重分析土地托管政策执行中基层治理各类主体特别是基层政府正式制度和规则的功能和作用。

第三节 基层治理的关系理性

由前文分析可知,"关系权"理论为关系治理理性的构建奠定了理论基础,可以称之为关系治理理性建构的理论逻辑。而从"关系权"理论的内涵梳理可知,"家国同构"的杂糅格局决定了非正式的特殊关系一直以来就渗透到科层体系之中,对基层治理产生了深远影响。实际上,新中国成立以来中国就存在科层制与非正式关系的互动。因此,梳理和总结新中国成立以来基层治理的关系运作研究有利于基层治理关系治理理性的构建,这构成了关系治理理性建构的历史逻辑。而具体到本研究关注的农业治理中的关系治理理性构建,梳理总结当前农业治理的关系运作研究成果,显得十分有必要,因此,这形塑了关系治理理性建构的现实实践逻辑。

一 关系治理理性建构的历史逻辑

学者们基于"特殊主义和普遍主义"的分析框架,主要提炼出"庇护主义"这一概念用以解释科层体系中存在的非正式关系。所谓的"庇护主义"指的是"庇护者利用其影响力和资源向社会经济地位较低的被庇护者提供保护和利益,被庇护者提供一般性的支持和帮助作为回报的工具型交换行为"(Scott, James C., 1972)。具体可以划分为三个阶段。(1)新中国成立以来至1966年基层治理的"庇护主义"研究。伴随着社会主义社会的转型,整个社会的各方面活动均被纳入科层制度中,中国科层体系由此经历了明显发展和扩张过程(Whyte, Martin, 1989)。然而,即使在科层体系急速发展的时期,中国城市单位中也存在工人与领导之间和工人与工人之间的庇护等现象(Walder, Andrew, 1986)。(2)1966年至改革开放之前基层治理的"庇护主义"研究。伴随着国家政治策略的改变，科层制的结构遭遇严重破坏，依赖于科层制组织中的非正式关系的现象大量存在。受制于计划经济时期社会经济和资源的匮乏，科层制上下级在某种程度上形成了施恩回报的体系即庇护关系；在农村则体现为人民公社时期乡村基层干部与上级干部之间以及乡村基层干部与普通社员之间两个层面上所形成的理性"共谋"（Oi, Jean Chun, 1989）。前者体现为基层干部是为了获得更多的集体截留，后者体现出基层干部获取的则是政治忠诚与声望，明显体现出基层干部在处理上下级关系上的庇护主义逻辑差异。(3) 改革开放后基层治理的"庇护主义"研究。伴随着市场经济改革的深入，庇护主义并没有消失，而是在庇护形态上演化为不稳定的多重庇护关系网路。庇护双方逐渐形成了基于市场经济的庇护关系，双方的地位趋向于平等，政府官员反而越来越依赖于商业阶层及其资源（Wank, David, 1999）。学术界除了继续开展"庇护主义"的研究外，基于各自关注领域的不同，归纳出多元的概念来阐释基层治理在相应领域内的关系运作机制，取得了大量的研究成果。从研究重点来看，具体可分为两类：一是着眼于政府内部权力的关系运作机制研究。作为代理人的下一层级政府并不会单线条地执行上级政府的命令和政策，而是存在多种谈判策略予以应对（周雪光、练宏，2011；艾云，2011），这些策略包括监督方联合代理人采取策略应付委托方的"共谋"行为和基层政府意欲软化制度风险的"申诉"行动等（周雪光，2008）。二是侧重于从国家与社会互动层面角度考察关系的运作机制。例如在"征粮"事件中基层政府会采取正式权力的非正式运作机制与群众打交道，具体便是采用软硬兼施的工作方式来开展定购粮征收工作（孙立平、郭于华，2000）。而在法律执行过程中，相关执法主体运用剩余执法权实现多种结果的"选择性执法"活动（戴治勇，2008），以及在精准扶贫政策和征地拆违实践过程中，相关基层政府往往会采取"选择性治理"方式来呈现基层治理中的关系运作机制（朱天义、高莉娟，2017）。

二 关系治理理性建构的实践逻辑

由上述分析可知，在基层治理实践中，除了受科层治理理性影响外，关系等非正式关系对基层治理和权力运作的影响可谓相伴始终。农业治理作为基层治理在农业领域的体现，特别是2008年以后国家对现代农业的大力支持。基层政府治理农业的速度不断加快，干预程度不断加深。在农业政策执行过程中，正式的科层治理理性在发挥作用的同时，自然也缺少不了关系等非正式规则的影响，集中体现在"亲大户，远小户"的直接结果和可能出现的农业治理的"分利秩序"等结构性困境。主要包括以下三方面内容。

（1）基层政府在土地规模化政策执行过程的逻辑探究。基层政府之所以扶持规模经营主体而疏离小农户，首先是因为小农户由于其弱质性特质而无法与农业项目或规模农业任务相对接，故而基层政府基于"完成任务"的逻辑不得不这样选择支持对象。而针对某些地方存在的规模大户亮点和现代农业示范区工程，即使地方政府明知其不可持续的情况下仍然投入了大量的配套资金予以支持，则主要是基于"追求政绩"的逻辑使然（王海娟，2015）。

（2）基层政府在服务规模化政策执行过程中的逻辑研究。农业社会化服务政策提出以来，各部门基于各自利益，在实践层面已然形成了由职能部门提出政策、分配项目、落实政策以及自建服务体系的"部门化"路径（仝志辉，2016），进而造成了服务主体供给的碎片化困境。这也就是作为规模化社会化服务的土地托管经营方式遭遇困境的深层次体制原因。供销部门主导土地托管时期，供销部门作为计划经济时代就存在的部门，"服务三农"一直是其坚持的工作宗旨。积极开展土地托管，打造以为农服务中心为主要内容的为农服务综合平台，是供销合作社在新时代履行为农服务职能的重要体现。因此，土地托管政策实践的开展不仅是供销部门进行合法性建构的举措，同时也是其践行价值型理性的体现。然而，供销部门开展托管实践，由于和农业农村部门存在政绩和完成任务之争，因此，供销合作社土地托管遭遇困境。

（3）基层政府在小农户与现代农业政策执行过程中仍然偏向大户的实践逻辑研究。由于基层政府存在规模依赖信任而仍然主要支持大户开始土地流转，这是惯性的作用逻辑使然，因此并不利于小农户与现代农业发展衔接政策的贯彻（周雪光，2015）。因为基层政府开展土地流转培育新型经营主体，不仅有利于减少交易成本对接自上而下的治理任务，降低政策执行的风险；而且有利于政府的管理和控制，打造政绩和亮点。换言之，基层政府之所以依旧偏好支持大户的逻辑在于其满足了降低执行风险、完成农业任务和追求亮点政绩的多重逻辑诉求。而不采取支持小农户的行动则是无法满足上述诉求。

三　基层治理的关系治理理性内涵建构

综上所述，"关系权"理论构成了关系治理理性建构的理论逻辑，"家国同构"的杂糅格局决定了非正式的关系深深渗入科层体系之中，新中国成立以来基层治理的关系运作研究则证实了这一点，从而构成了关系治理理性建构的历史逻辑。而从现实逻辑上看，基层政府治理农业的实践逻辑呈现出多元化的面貌。据此，本研究将关系等非正式规则作用于基层治理而形成的不同于科层治理理性的治理逻辑统称为关系治理理性。结构化是关系存在的基本方式，关系治理理性的实质体现为两点，即既坚持明确的关系价值及其实现手段，又在既定的关系框架内界定利益、确定其实现方式。具体来看，一方面，人们在共在关系框架中追求最大利益，而不盲目追求并不现实的个人利益；另一方面，人们主动创造最优共在关系，以求改善自己所处的共在关系结构和利益实现环境（高尚涛，2010）。而马克斯·韦伯基于稳定社会关系的四种共识，分别建构了社会行动理论的四种理想类型，即价值理性行动、工具理性行动、情感行动和传统行动。情感行动由于强调行为依据是当下的情感和感觉状态，具有一定的不确定性，而本研究重点研究基层政府的理性行为，"理性"是指以清晰目标和实现手段为基础的思维和行为方式（殷浩栋等，2017）。因此，在本研究中，情感行动并不纳入本研究的分析范围。而传统行动强调行为依据来自已被接受的传统，由根深蒂固的习惯所决定。由于传统行动和习惯的联系在不同程度下可以被有意识地加以维持，此时该种类型便接近于价值理性类型（詹恂、彭涛，2008）。因此，该种类型可以作为"惯习依赖"纳入价值型关系治理理性的维度。据此，基层治理的关系治理理性可以划分为价值型关系治理理性和工具型关系治理理性两大类型。接下来，将以此建构价值型关系治理理性和工具型关系治理理性的具体内涵。

一是价值型关系治理理性的内涵构建。价值理性是指"有意识地对一个特有价值的纯粹信仰"（马克斯·韦伯，1997）。因此，价值型关系治理理性本质上是以追求特定规范性理念为基本导向的，旨在创造最优共在关系为目的的思维和行为方式。其行为方式并不符合"理性人"假定，个体并不是追求个人利益最大化，而是嵌入已有的关系序列中做出选择，保护现有的价值资源（李芊蕾、秦琴，2008）。具体而言，价值型关系治理理性的维度可以归纳为如下几点。

（1）"惯习依赖"是价值型关系治理理性的第一个维度。"惯习"作为一组后天获得的思想、行为和趣味模式，能产生所有合乎规范的和符合常识的行为（Bourdieu，1990）。在本研究中，"惯习依赖"指的是，基层政府依赖于过去已经形成的传统，并且形成思维定式和行为习惯的，并为科层制内部人员所默认的合理行动。在宏观政策的引导和上级科层制部门的指导下，基层政府就如何执行和落实某种政策的措施会进行自我建构，形成相对稳定的行为图式。例如，自2008年以来，中央政府不断加大对推动土地流转、发展现代农业的政府支持力度，在"土地流转规模越大越好"的意识浸染下，基层政府采取综合措施，不断加大治理农业的力度，培育新型经营主体，推动土地的大规模流转，因此，基层政府已经形成了推动规模农业发展的惯习。

（2）面向上的价值型关系治理理性为价值型关系治理理性的第二个维度。面向上的价值型关系治理理性是指科层体系内层级较低者借助其所拥有的权力和资源来建构与层级较高者之间的私人关联，维持其在科层体系中的共存关系。供销部门作为一种特殊的政府组织部门，需要充分发挥其为农服务职能才能向科层制上级领导彰显供销部门存在的合理性与合法性。这就是笔者与县级供销合作社领导访谈，谈到供销合作社部门的未来发展方向，供销合作社主任经常提到"有为才有位"。所以土地托管作为供销部门"有为"的重要体现，必须积极开展土地托管，为老百姓解决种地难题，为国家解决粮食安全问题，才能凸显供销合作社存在的价值。

（3）面向下的价值型关系治理理性为价值型关系治理理性的第三个维度。面向下的价值型关系治理理性是指科层体系内层级较高者借助其所拥有的权力和资源来建构与层级较低者之间的私人关联，维持其在科层体系中的共存关系。供销合作社综合改革期间，土地托管作为山东省供销系统的重要名片，在全国率先提出"5年全省土地托管达到2000万亩"的目标。土地托管作为供销合作社的重要"政治任务"，光明县供销合作社一开始并没有强制要求每一个乡镇基层社都直接开展土地托管业务，而是通过建设为农服务中心项目来解决基层社存在的农业机械不足、晾晒场所不够等问题。县级供销合作社领导为了平衡各基层社之间的关系，采用公平分配的"大锅饭"方式，争取每个乡镇基层社都修建为农服务中心，从而实现县级供销合作社主任与各乡镇基层社主任的私人关系的建构。

（4）面向同级部门的价值型关系治理理性为价值型关系治理理性的第四个维度。面向同级部门的价值型关系治理理性是指科层体系内层级相同者借助其所拥有的权力和资源来建构与同级别者之间的私人关联，维持其在科层体系中的共存关系。土地托管的发展，涉及农业农村的方方面面，需要相关涉农部门的密切配合。因此，在山东省供销合作社综合改革期间，山东省供销合作社的发展得到了山东省农业农村厅和山东省国土资源厅的大力配合。两部门分别寄予供销合作社在土地托管政策制定和为农服务中心项目用地方面的支持。虽然两部门并没有开展土地托管的政绩冲动，但是为了协调好供销部门的关系，共同加入供销部门所号称的"为农服务协调机制"。综上所述，价值型关系治理理性包括四个维度，即惯习依赖、面向上、面向下、面向同级部门的价值型关系治理理性。

二是工具型关系治理理性的内涵建构。工具理性是指"通过利用对外界事物和其他人举止的期待作为'手段'，以实现合乎理性所争取的目的"（马克斯·韦伯，1997）。因此，工具型关系治理理性本质上是一种以特定的功利目标为基本导向，旨在追求个人利益最大化的思维和行为方式。在此理性指导下，个体主动构建对自己有用的关系，并将关系视为自身寻找、选择和获取额外价值资源的手段，以求改善个体在关系结构中的地位（林南，2005）。在前述有关基层政府关系运作逻辑研究的基础上，结合本研究主题，工具型关系治理理性可以划分为如下维度。(1) 规避风险。政策执行过程中，可能面临各种各样的风险。作为政策执行主体的基层政府，总是会从风险规避的角度来决定执行怎么样的政策。(2) 完成任务。服从和执行上级科层组织的命令，是基层政府必须完成的任务。不论是土地托管政策执行还是土地托管项目的落地，基层政府都必须满足上级政府所规定的最低要求。(3) 追求政绩。在地方政府绩效考核评价体系下，基层政府往往会通过打造亮点的方式，向上级政府显示完成任务的绩效。(4) 寻求庇护。庇护是指上级科层组织利用其影响力和资源与下级科层组织或其他组织互相利用的工具型交换行为，庇护者与被庇护者各自都有明确的功利目的。(5) 推卸责任。上级科层组织将本属于自己的责任以属地管理名义等多种方式推卸给下级科层组织，从而完成责任推卸的目的。综上所述，工具型关系治理理性包括五个维度，分别是规避风险、完成任务、追求政绩、寻求庇护和推卸责任。

第四节 复合型治理理性的构建及其契合性

一 复合型治理理性内涵的构建

当前学术界关于基层政府的运作逻辑的研究，只是局限在基于各自研究领域和研究发现的阐述中，各自建构可以解释各自研究困惑的研究概念，处于零散化和碎片化的研究状态，尚未对基层政府的治理逻辑进行系统、全面而深入的总结。本研究在公共治理理论、科层制理论和"关系权"理论的指导下，结合学术界已有的研究成果和个人调研发现，构建了复合型治理理性分析框架。所谓的复合型治理理性，是指以强调科层治理理性和关系治理理性及其互动关系为主要内涵的治理理性。质言之，复合型治理理性的具体内容，可以分为如下三层含义：一是以专业分工、规章制度、等级权威和非人格化为主要内容的科层治理理性；二是以价值型关系治理理性和工具型关系治理理性为主要内容的关系治理理性；三是强调科层治理理性和关系治理理性存在有机互动关系。一方面，科层治理理性规制了关系治理理性的行动和范畴，关系治理理性必须在科层治理理性所划定的边界内行动；另一方面，关系治理理性也在不断消解着甚至在一定程度上会突破科层治理理性的束缚。而从影响后果来看，关系治理理性对科层治理理性的消解存在正负双重功能，既有可能弥补和润滑科层治理理性由于太过强调正式制度而带来思维僵化和效率低下等弊端，也有可能产生资源的非公平性分配和分利秩序等后果。复合型治理理性分析框架的主要内容如图2—1所示。

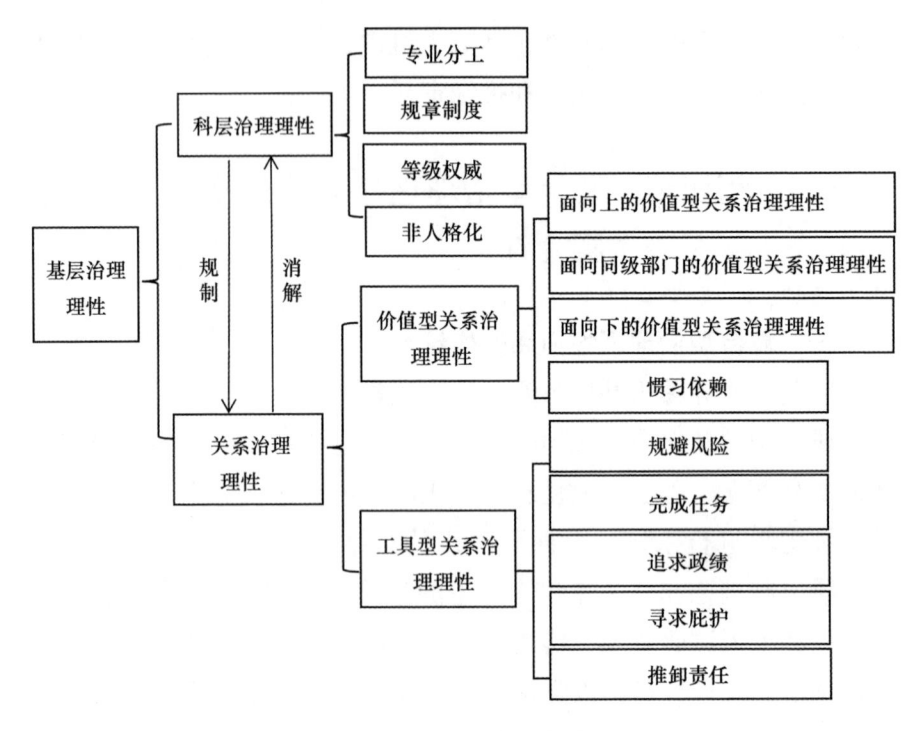

图 2—1　复合型治理理性分析框架

二　分析框架与本研究的契合性分析

复合型治理理性分析框架与本研究具有契合性，即可以用以分析土地托管政策遭遇困境的基层实践逻辑。具体而言，分析框架与本研究的契合性可以体现为如下三点。

一是科层治理理性与本研究具有契合性。科层治理理性是建立在韦伯的经典科层制理论上，主要强调科层组织管理的正式规则，具体包括专业分工、规章制度、等级权威和非人格化四个维度。由此可知，科层治理理性侧重从静态结构的视角探究基层政府的行为，它规定了基层政府所必须遵循的正式制度和相关规定，因此主要适用于在政府内部不同层级部门的治理逻辑分析。而土地托管政策必须依赖于科层制来落地，因此，科层治理理性分析框架可以被用作分析土地托管政策遭遇困境的基层治理逻辑，两者之间具有契合性。

二是关系治理理性与本研究具有契合性。关系治理理性是结合中国独特的"关系社会"情境，在韦伯的"价值理性—工具理性"分析框架基础上，建构出价值型关系治理理性和工具型关系治理理性两大维度。价值型关系治理理性以追求特定规范性理念、创造最优共在关系为基本导向的，具体包括惯习依赖、面向上的价值型关系治理理性、面向下的价值型关系治理理性、面向同级部门的价值型关系治理理性四种维度。工具型关系治理理性则以特定功利目标为基本导向的思维和行为方式，具体包括规避风险、完成任务、追求政绩、寻求庇护和推卸责任五个维度。由此可知，关系治理理性则侧重从动态和行动视角研究基层政府的策略性行为，它强调了关系等非正式规则对基层政府治理行为的影响。因此，关系治理理性可以应用于政府内部不同层级部门、市场组织和基层社会组织等各类主体。土地托管政策作为基层群众的创造性实践，经由山东省供销合作社创造与总结，而后进入国家政策视野，发展历程具有鲜明的中国特色。而且土地托管政策的执行和落地必须要进入中国独特的"关系社会"场域，因此，关系治理理性可以用以分析土地托管政策遭遇困境的基层治理逻辑，二者之间具有契合性。

三是科层治理理性与关系治理理性的有机互动与本研究具有契合性。科层治理理性与关系治理理性并不是相互独立的两个变量，而是存在有机互动的关联性。不论是共时性抑或是历时性角度，土地托管政策的执行不仅涉及政府内部各层级部门以及同一层级各职能部门，还关涉市场组织、基层社会组织和村民等多元主体及其互动关系。因此，科层治理理性与关系治理理性的有机互动关系可以更为深入地揭示土地托管政策遭遇困境的治理逻辑。

综上所述，以强调科层治理理性和关系治理理性及其互动关系为内涵的复合型治理理性融构了正式制度和非正式制度、静态与动态、行动和结构以及政府、市场与社会等多元因素，具有较强的解释和分析复杂社会问题的能力。因此，本研究框架可以用于分析土地托管政策遭遇困境的基层治理逻辑。

第三章

供销部门主导时期土地托管遭遇困境的治理理性

自2013年以来，土地托管最早经过山东省供销合作社的探索实践和观念阐释，将其作为与土地流转相对比概念、实现服务规模化的主要形式和山东省供销合作社综合改革的切入点而进入国家政策视野。自此之后，土地托管与供销合作社综合改革试点便紧密结合起来。因此，笔者将该时期的土地托管政策视为"供销部门主导的土地托管时期"。

"供销部门主导地位"主要体现在如下四个方面。（1）顶层设计层面。土地托管作为供销合作社综合改革突破点的重要地位不断在政策上予以明确。2014年中央一号文件和2014年政府工作报告相继提出"推行托管式等服务模式，积极稳妥开展供销合作社综合改革试点"。2015年中共中央关于深化供销合作社综合改革的政策文件，更是明确提出"供销合作社要由流通服务向土地托管服务延伸"。由此可见，中央政府对供销合作社开展土地托管工作寄予厚望。（2）项目支持层面。供销合作社获得托管项目申请的"唯一性"资格，即只有供销系统开展的土地托管项目才可以得到国家财政的支持。自2014年国家开始支持供销合作社开展以为农服务中心建设为核心的土地托管项目以来，仅2016年和2017年两年，国家农业综合开发土地托管项目资金总额就达到5.51亿元。（3）标准制定层面。2014年，山东省在总结供销合作社土地托管政策实践经验的基础上，率先发布土地托管服务规范地方标准，为山东省土地托管服务的复制和推广创造了条件。而为了使中国土地托管推广工作更加便捷，2017年国家相关部门在总结供销合作社土地托管经验基础上，发布了土地托管服务规范国家标准。（4）基层实践层面。供销系统开展土地托管的面积占全国总托管面积的一半以上。供销合作社在各级政府的支持下，积极践行为农服务宗旨，大力发展土地托管，截至2016年年底，全国土地托管服务总面积达到1.76亿亩，其中供销系统土地托管面积达到1亿亩，占全国土地托管总面积的56.8%。

综上所述，土地托管作为供销合作社综合改革的着力点，无论是从顶层设计、项目支持抑或是基层实践效果来看，供销部门在开展土地托管方面都具有主导地位。供销合作社开展土地托管得到了政府如此高度的重视，土地托管政策实践却遭遇了困境。例如在2019年12月5日播放《问政山东》大型问政节目中，供销合作社土地托管开展困难，为农服务中心利用率不高等问题凸显截至2019年12月，山东省供销合作社修建的为农服务中心中，仅有44%的服务中心作用发挥较好，56%的为农服务中心发挥作用较小，甚至没有运营起来。不同于经济学视角解释，本章致力于从基层治理的角度探究供销合作社开展土地托管遭遇困境的深层次原因。

而在该阶段，县供销合作社作为开展供销合作社改革和土地托管的运作主体，发挥着重大作用。光明县供销合作社作为山东省供销合作社综合改革试点和新型农村合作金融专项改革试点单位，在开展土地托管政策实践方面取得了巨大进展，具有一定的典型性。因此，本章对于供销部门主导时期土地托管政策遭遇困境的基层治理理性探究，主要以光明县供销合作社开展土地托管为案例，利用复合型治理理性分析框架探究土地托管政策实践遭遇困境的基层治理逻辑。本章涉及的行动者主要包括光明县供销合作社和乡镇供销合作社、县级政府、县农业农村局、县农机局、乡镇政府、村委会等相关负责人、村民和其他市场主体法人等，重点探究供销部门主导土地托管政策场域下不同主体的科层治理理性与关系治理理性及其互动过程（如图3—1所示）。

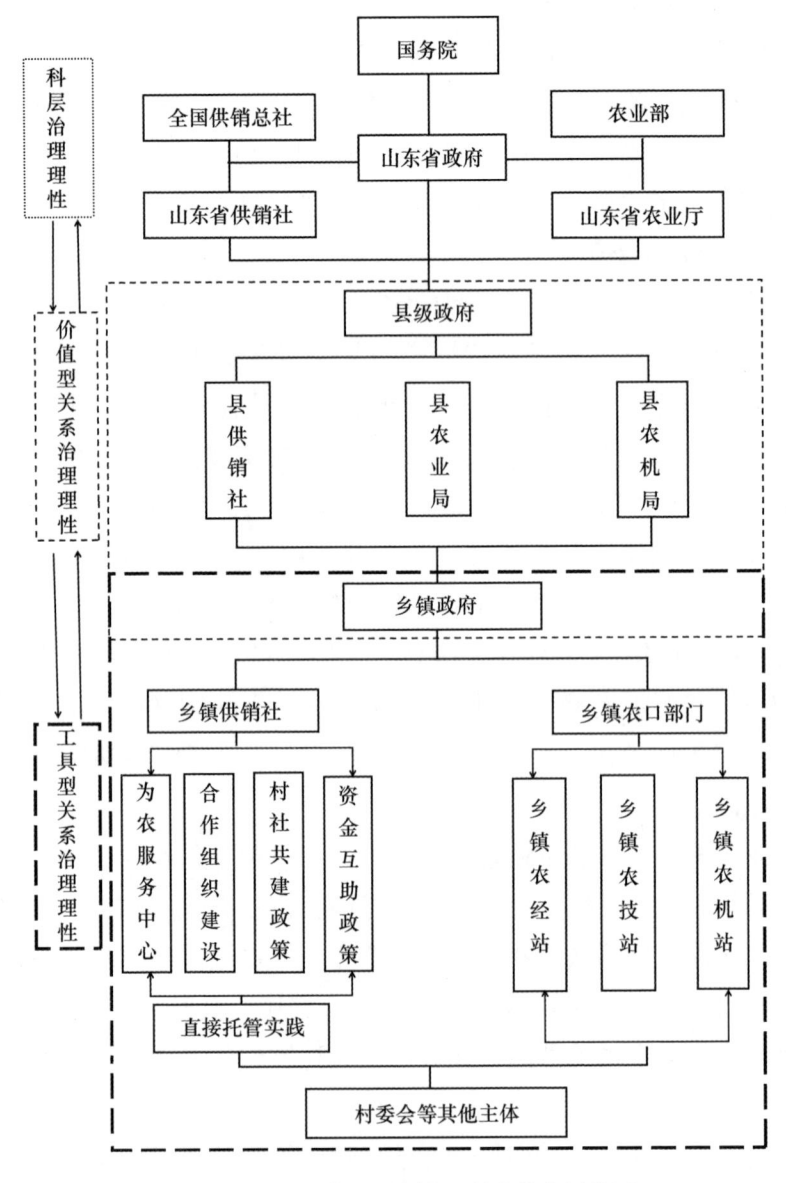

图3—1 供销部门土地托管相关主体作用范围

第一节 供销部门主导时期土地托管中的科层治理理性

供销合作社是中国共产党领导下的为农服务的综合性合作经济组织，是国家推进"三农"工作、推进中国式农业农村现代化、助推农业强国的重要载体，具有悠久的历史、光荣的传统、完善的组织体系等独特优势（王军等，2023）。面对"谁来种地""怎样种地"等社会问题，国家首先想到的是，将在计划经济时期做出突出贡献的供销部门改造成为"为农服务的综合性组织"，进而成为各级政府开展"三农"工作的重要抓手。为此，首先将供销合作社改造成为具备提供托管服务能力的经营主体，实现供销合作社自身结构和职能的转变；然后再由具备托管服务能力的供销合作社来为农户提供土地托管服务，践行为农服务宗旨。因此，该阶段的土地托管政策是深深嵌入供销合作社综合改革政策体系中来的。具体来看，政策的目的有两个：一是如何提高供销合作社的为农服务水平，让其具备提供托管服务的能力；二是如何实现供销合作社职能的真正转变，即由农资提供商转型到托管服务提供商，供销合作社职工真正能够下地，开展土地托管政策实践。因此，土地托管政策体系大致可以分为供销合作社托管服务能力提升政策和供销合作社直接开展托管政策两部分。而上述问题的解决和政策的出台，均离不开各级政府的大力支持。因此，本节将从科层治理理性的角度探究供销合作社综合改革初期，供销合作社开展土地托管的实践逻辑。具体来看，供销合作社开展土地托管的科层治理理性主要体现为如下三点。

一 托管政策的体系化设计

供销合作社土地托管的开展和改革的推进需要政府出台的政策文件作为行为依据，这是由科层治理理性中规章制度特性所决定的。梳理土地托管的相关政策，可以发现，土地托管深深嵌入供销合作社综合改革政策体系中。纵向来看，土地托管自上而下越来越呈现出体系化政策设计的特点。作为党中央和国务院领导对供销合作社改革及土地托管工作权威话语最高表达和集中体现的则是《中共中央 国务院关于深化供销合作社综合改革的决定》文件的出台，主要表现在如下方面。一是在政策内容方面。该文件明确支持"土地托管作为'拓展供销合作社经营服务领域'的四大内容之一"。二是在供销合作社改革领导层面。一方面要求各级政府从深化改革全局的角度高度重视供销合作社综合改革工作；另一方面则从领导机构设置上要求"中央农村工作领导小组统筹协调把关供销合作社综合改革工作"。因此，供销合作社综合改革构成了全面深化改革的重要组成部分。三是在项目支持层面。文件要求，有关部门要加强对供销合作社改革和土地托管项目资金的倾斜和投入。从中可以看出，党中央和国务院对供销合作社改革及土地托管工作高度重视。

而在 2015 年 9 月，山东省委、省政府率先颁布了供销合作社综合改革实施意见，高度重视供销合作社改革和土地托管工作。主要体现在如下方面。一是在文件内容层面。政策文件明确将建设为农服务中心、开展农村合作金融服务与开展土地托管三项内容紧密结合起来，共同作为综合性为农服务体系的重要内容。二是在供销合作社改革领导层面。山东省委、省政府成立了由省委副书记和副省长分别担任组长和副组长的山东省供销合作社综合改革领导小组，负责领导全省供销合作社改革与土地托管工作。2014 年 5 月，山东省供销合作社综合改革试点领导小组第一次会议召开，省委农村工作领导小组加挂山东省供销合作社综合改革试点领导小组，体现了山东省政府对中央有关领导机构设置的遵循。三是在项目支持层面。该文件明确提出加大新型农业社会化服务体系建设、供销合作社领办创办农民专业合作社等方面的项目支持力度。四是在督促检查方面。山东省以"督查制"推动市县文件出台的"全覆盖"。

2016年4月,山东省委、省政府组成4个督导组,对贯彻供销合作社改革文件的贯彻落实进行了专项督查,专项督查的报告呈报省委、省政府主要领导。截至2016年4月底,市级层面政府文件已经实现全部下发。2016年9月,依据省委、省政府督查要求,省供销合作社下发专门通知,一周一调度,督促协调未出台文件的县尽快下发。截至2016年9月底,通过督查落实,县级政府实现全部发文。至此,山东省委、省政府通过督查的方式在1年时间内实现了省市县政府发文全覆盖,体现了山东省委、省政府对供销合作社改革和土地托管工作的高度重视。

为了推动各相关部门形成改革合力,作为具体负责领导和实施的山东省供销合作社,则更加明确提出构建供销合作社、村两委、合作社、资金互助组织"四位一体"的为农服务新机制。具体而言,则是将供销合作社的服务能力、村两委的组织能力、合作社的经营能力与资金互助组织的资金供给能力相结合,共同推动土地托管的发展。由此看来,土地托管愈来愈深度嵌入供销合作社综合改革中,成为供销合作社综合改革的切入点,土地托管呈现出体系化政策设计的特征。根据前文对供销合作社土地托管政策的分类,有关提高供销合作社的服务能力、村两委的组织能力、合作社的经营能力与资金互助组织的资金供给能力的政策设计应该归纳为供销合作社托管能力提升政策。具体而言,主要包含以下政策。

(1)以搭建为农服务平台,提高供销合作社为农服务能力为主旨的为农服务中心建设政策。为农服务中心建设是土地托管政策执行的物质基础和核心内容。政府支持供销合作社在涉农乡镇建设由各个涉农部门参与的,可以提供农业全产业链等各个环节服务的综合为农服务平台,打造"三公里土地托管服务圈",为农户提供托管服务。

(2)以密切村两委与供销合作社联系,提高村集体收入为主要目的的村社共建政策。基层供销合作社要与村党组织密切联合,双方通过开展服务型党组织、农民合作社、生产服务队、农村社区服务中心、人才队伍和利益链接机制等共建内容，密切村两委与供销合作社联系，为土地托管开展奠定组织基础。

（3）以创办领办合作社，建立农村合作经济组织体系为重点的供销合作社组织体系建设政策。该政策以明确合作经济组织的功能定位为目的，通过领办或创办农民合作社或联合社，加快联合社组织改造和创新联合合作机制等方式推动供销合作社体制机制改革。供销合作社领办创办的合作社或联合社可为土地托管的开展奠定经营载体基础。

（4）以开展内部信用互助，满足社员分散金融需求为主要意旨的农村合作金融试点政策。该政策强调依照社员制和封闭性原则，开展农民专业合作社的内部资金互助。前四项政策侧重提高供销合作社的托管服务能力，主要目标是为供销合作社开展土地托管奠定基础。而供销合作社直接开展托管政策则是指政府直接支持供销合作社社属企业或基层供销合作社，以为农服务中心为平台，为农户和新型经营主体提供托管服务的政策要求，该政策的明显特点是有明确的时间限制和托管面积约束，侧重对供销合作社开展土地托管政策实践的支持。例如，在土地托管发展目标上，山东省政府决定实施 2000 万亩土地托管 5 年规划，努力将供销合作社打造成为土地托管服务的生力军。由此可见，供销部门主导时期的土地托管政策不是针对简单的农业生产的财政补助，而是着眼于供销合作社综合改革整体性角度的体系化和综合性政策。因此，土地托管政策体系化设计的目的是通过将供销合作社改造成为综合性的为农服务平台，为农户和新型经营主体提供土地托管服务，本质上是供销合作社"改造自我，服务农民"改革原则的体现。

最后在市县级层面。（1）地市级政策制定层面。和谐市①委、市政府于 2016 年 4 月出台了《关于深化供销合作社综合改革的实

---

① 和谐市即光明县所在地级市，为保障学术严谨性，和谐市已进行学术化处理，特此说明。余同。

施意见》。和谐市委、市政府对供销合作社改革和土地托管工作重视程度，可以从如下方面得以体现。一是在文件内容上。该政策文件明确要求在完善供销合作社组织体系的基础上，将土地托管与为农服务中心建设、村社共建和农村合作金融等政策内容组合在一起，践行了山东省供销合作社所提出的"四位一体"为农服务政策体系。二是在供销合作社改革领导层面。和谐市委、市政府成立了由市委副书记和副市长分别担任组长和副组长的供销合作社综合改革小组，统筹协调供销合作社综合改革工作。三是在项目支持层面。该文件明确提出，加大项目支持力度，各级政府统筹安排好改革发展资金。（2）县级政府政策制定层面。光明县委、县政府于2016年9月出台了《关于深化供销合作社综合改革的实施意见》，光明县委、县政府高度重视供销合作社改革和土地托管工作，主要体现在如下方面。

一是在文件内容上。该政策文件明确要求在完善供销合作社组织体系的基础上，将土地托管与为农服务中心建设、村社共建和农村合作金融等政策内容组合在一起，延承了市委、市政府提出的政策文件。二是在组织机构层面。成立了由县委副书记和县长分别为组长和副组长的供销合作社综合改革领导小组，领导小组先后召开10余次会议专题研究供销合作社综合改革工作。三是在项目支持层面。供销合作社改革试点工作特别是为农服务中心建设实现"四进"，即进全市经济工作要点、进市政府工作报告、进十件为民办实事和进全县重点项目，并研究制定了帮扶措施，每建一处服务中心支持50万元，并给予连续三年每年200万元的贴息贷款。四是督查机制方面。供销合作社综合改革已被列入全县经济社会任务目标进行月调度，党建带社建村社共建纳入乡镇党委抓基层党建工作述职内容，考核结果作为评价工作实绩的重要依据。县供销合作社推行工作"日清周促月提高"工作法。成员分工帮包，每周制定工作台账，到社属企业和基层社进行实地督导。各基层单位以数字化总结形式按月报送工作进展和供销合作社改革情况。据此，供销合作社改革和土地托管工作得到了光明县政府的高度重视和大力支持，形成了"政府领导、供销合作社主导、乡镇支持"的工作格局。

综上所述，供销合作社土地托管的开展和改革的推进需要政府出台的政策文件作为行为依据，这是由科层治理理性中规章制度特性所决定的。供销部门主导时期的土地托管政策不是针对简单的农业生产的财政补助，而是着眼于供销合作社综合改革整体性角度的体系化和综合性政策。作为体系化的土地托管政策，必须得到各级政府的大力支持才可以执行和落地。

二 权威话语的严格化贯彻

追溯供销合作社改革和土地托管的政策形成历程，可以发现国家领导人的"重要讲话"所发挥的权威作用。党的十八大以来，国家领导人对"供销合作社"作出一系列重要讲话。2013年12月，习近平总书记在中央农村工作会议上提到"我国千家万户的小规模农业生产，光靠看是看不住的，要把农民组织起来，通过供销合作社等新的经营组织形式和农业社会化服务，再加上政策引导，把一家一户的生产纳入标准化轨道"（习近平，2013）。2014年5月，习近平总书记在听取供销总社汇报后指出，"供销合作社是各级政府主导的、以合作经济组织形式推动'三农'工作的重要阵地"（宗义，2017），这是新时代党中央对供销合作社的最新定位。2014年7月，习近平总书记强调"在新的历史条件下，要继续办好供销合作社，发挥其独特优势和重要作用，加快建成适应中国特色农业现代化需要的组织体系和服务机制，努力成为服务农民生产生活的生力军和综合平台"（习近平，2022）。2016年4月，习近平总书记在农村改革座谈会上进一步提出"推进供销合作社综合改革，按照为农服务宗旨和政事分开、社企分开方向，把供销合作社打造成为同农民利益联结更紧密、为农服务功能更完备、市场运作更有效的合作经营组织体系"（王侠，2017）。2017年12月，习近平总书记在中央农村工作会议上提出"'三农'内部改革也要'扩面',深入推进供销社综合改革等各项改革,为乡村振兴提供全方位制度性供给"(习近平,2018)。2020年9月,习近平总书记作出了"继续办好供销合作社,供销合作社要牢记为农服务根本宗旨,持续深化综合改革,完善体制机制,拓展服务领域,加快成为服务农民生产生活的综合平台"的重要指示(习近平,2020)。2022年中央一号文件提出"支持基层供销合作社等各类主体大力发展单环节、多环节、全程生产托管服务"。

党和国家领导人对供销合作社作出的一系列重要指示批示,不仅显示了国家对供销合作社发展的高度重视和重要期待,更是为将供销合作社改革纳入全面深化改革总体框架、深化供销合作社综合改革指明了方向。最后,将土地托管与供销合作社综合改革紧密结合起来,较早得到时任国务院副总理汪洋的支持。2014年3月,汪洋指出,"供销合作社搞土地托管服务是个三赢的格局。农民是增收的,村集体是增收的,供销社也是增收的。……做得好了,供销合作社就是中国特色的农村工作的一个主力军,就是农口的'国企'"(汪洋,2014)。而后汪洋副总理在视察全国供销总社时更强调指出,供销部门的保留对于开展土地托管等服务规模化所具有的重要意义,他说道,"幸亏保留了供销合作社,使我们在服务规模化的问题上可以不再费周折,只要加以改造,就可以让供销合作社成为国家可以掌握的、在服务规模化上发挥作用的一种组织形式和重要力量"(侯成君,2013)。从中可以看出,国务院领导非常重视通过土地托管推动供销合作社改革的设计思路。

2014年4月,国务院批复了包括山东省在内的四个供销合作社综合改革试点省份,并进行了批复,复函中明确要求"供销合作总社要加强对改革工作的领导"。

首先,作为领导全国供销事业的正部级单位即中华全国供销合作总社部门,高度认可开展土地托管对于供销合作社发展所具备的重大意义。时任中华全国供销合作总社理事会副主任李春生表示,

"我们现在大力推广这种模式，土地托管、半托管，包括经济作物、农作物，这可以解决农民得到附加值最高的问题，它是一种途径。……供销社我们做的这些事情，跟一般的经济组织相比，确实有它自己独到的特点，这就是开始说的为农服务宗旨是我们一条红线，一条底线"（国务院新闻办公室，2015）。而且在行动上全国供销总社大力支持山东省供销合作社等省级供销系统将供销合作社改革与土地托管结合起来，积极贯彻党中央和国务院重要讲话精神。正如时任中华全国供销合作总社书记和主任王侠在山东调研所做出的"供销合作社要在推进现代农业发展特别是农业社会化服务中担当重任"的重要指示（孟闽，2013）。而时任中华全国供销合作总社副主任骆琳更是直接在山东省供销合作社综合改革启动会上指出，"从中央要求的重中之重和山东现有基础看，尤其期望山东供销合作社系统能够在打造土地托管服务新体系和新机制方面取得更大突破，为全国提供更多的宝贵经验"（侯成君，2014）。因此，山东省供销合作社不负众望，积极探索土地托管运作机制和实现方式。中华全国供销合作总社为表彰山东省供销合作社的做法，于2015年2月将山东省开展土地托管的做法视为总社推广的唯一经验而在全国供销合作社系统中进行推广，山东省供销合作社也由此荣获2014年度全国综合业绩考核省级优胜单位特等奖第一名。

其次，作为供销合作社综合改革试点省份，山东省委、省政府积极贯彻党中央、国务院和中华全国供销合作总社对山东省供销合作社与土地托管的重要讲话精神，2014年山东省政府工作报告，更是直接提出了"以土地托管、领办合作社为切入点深化供销合作社改革"的要求（郭树清，2014）。时任山东省委书记姜异康对供销合作社综合改革，提出了"永不满足、永不停步"的明确要求。2015年1月，时任山东省省长郭树清在参加山东省农村工作会议上表示，"一定不能辜负党中央、国务院和总社对我们的期望，我们一定要搞好试点工作"（鲁讯，2015）。

最后，山东省供销合作社作为省级正厅级科层单位，积极贯彻和落实党中央、国务院和全国总社的决策和部署，在山东省委、省政府的领导下，积极探索以土地托管为切入点的供销合作社综合改革路径。正如时任山东省供销合作社理事会主任侯成君所言，"各级县级供销合作社，要牢固树立'控'地谋变的理念，这是推进综合改革的总抓手，要牢牢抓住这一点"（山东省供销合作社，2015）。

综上所述，各级政府积极贯彻供销合作社改革和土地托管发展的讲话精神，开始重视供销合作社改革与土地托管发展工作，这是由科层理性中的"等级权威"特征所决定的。

三 体制机制的协同化打造

土地托管政策作为一项复杂的体系化政策，不仅需要依赖供销部门的实施，更需要相关涉农部门的协作配合。因此，亟须构建为农服务的协同机制，助推土地托管政策实践的开展。从国家政策梳理来看，党中央和国务院制定的中发11号文件明确提出了"有关部门按照职能分工，要支持供销合作社改革发展，形成推进综合改革的合力"，并明文规定财政部支持供销合作社开展土地托管，并在山东省首次试点国家综合开发供销总社土地托管项目。而鲁发16号文件则明文指出"建立供销合作社系统具体落实、有关部门密切配合的推进机制"，并明文规定各级财政部门和金融机构要加强对供销合作社改革与土地托管的支持。时任山东省供销合作社综合改革领导小组副组长赵润田要求"各涉农部门要从大局出发，按照改革的要求给予支持和配合，形成整体推进的强大合力"（鲁讯，2014）。作为具体负责领导和实施的山东省供销合作社，在遵循上级文件的基础上，最早提出要构建供销合作社、村两委、合作社、资金互助组织"四位一体"的为农服务协同机制。

为农服务协同机制的打造除了依赖政府各层级供销合作社综合改革小组的统筹配合外，还体现为其他涉农部门对供销合作社开展土地托管工作的支持和配合力度。而支持和配合力度的最鲜明特征则是体现在各部门的"联合下文"上，主要体现在以下四点。

(1) 土地托管方面。山东省供销合作社与山东省农业厅联合下发关于支持土地托管等农业社会化服务发展的实施意见,体现出山东省农业部门对供销合作社开展土地托管等社会化服务的认同和支持。(2) 为农服务中心建设方面。山东省供销合作社与山东省国土厅及山东省财政厅联合下发为农服务中心建设资金扶持和用地管理等3个文件;仅2016年一年,山东省财政扶持为农服务中心建设资金达到1.79亿元,则明显体现出山东省国土部门和财政部门对供销合作社为农服务中心建设的支持。(3) "村社共建"方面。"村社共建"连续两年进入山东省委一号文件,全省所有市和涉农县党委或组织部门均已出台相关文件,得到组织部门的大力支持。(4) 农村内部金融试点方面。山东省供销合作社抓住信用互助试点办公室设在省社的契机,参与试点方案和管理暂行办法的起草和制定,体现出山东省金融办对供销合作社工作的支持。

综上所述,在支持土地托管发展方面,山东省层面已经基本形成了"政府领导、供销合作社主导、各涉农部门密切配合"的工作推进机制,这是由科层理性中的"专业分工"特征所决定的。各涉农部门都应该按照政策要求支持供销合作社发展,这是由科层理性中的"非人格化"特征所决定的。

第二节 供销部门主导时期土地托管中的关系治理理性

供销合作社改革试点初期,供销合作社改革和土地托管受到政府的高度关注,出台了大量的政策措施。光明县供销合作社在各级政府的支持下开始突破既有的"惯习依赖",积极参与到土地托管政策实践中来。从理论上讲,土地托管作为深化供销合作社综合改革的突破口被党和政府寄予厚望,同时也对供销合作社部门给予了大力的政策支持,应该取得很大的成就。但是实际上,相关改革亦遭遇了很大困境,从改革结果上看,突出表现在基层供销合作社不担当和不作为问题凸显、为农服务中心建设的闲置率高和土地托管开展遭遇困境等方面。因此，对于供销合作社的土地托管政策实践逻辑研究，仅仅从科层治理理性来分析还远远不够，必须深入供销合作社土地托管的基层实践，从关系治理理性的角度分析相关主体的行为逻辑。

一　供销部门主导时期土地托管相关主体的关系协调

（一）土地托管相关主体的惯习表征

在供销合作社土地托管政策执行期间，相关托管主体遵循着"惯习依赖"的价值型关系理性，具体而言，体现为如下方面。

第一，作为对供销合作社改革和土地托管工作负有领导职能的光明县县级供销合作社，普遍存在"仅维持部门运转，不想替农民种地"的惯习依赖。这可以从光明县供销合作社工作人员的态度中体现出来。正如县供销联社合作指导科科长所说，"不管供销合作社部门的性质和地位多么特殊，供销合作社需要有效益，维持运转才是第一要务"[①]。原光明县供销合作社主任更是直言，"供销合作社部门是一个有着60多年发展历史的老系统，表面上清澈见底，实则暗涛汹涌，能维持部门运转就不错了，供销合作社部门不要瞎折腾！"[②] 县级供销合作社存在这一"惯习依赖"，具有深厚的历史和经济原因。一是历史包袱因素。由于供销合作社建设时间长，养老金欠缴、银行老贷款等历史遗留包袱沉重。据调查，光明县供销合作社职工养老金欠缴总额达到六千万元，系统银行欠款达到两千万元，负债共计八千万元。二是经济实力因素。为了应对市场带来的冲击，20世纪90年代，光明县供销合作社实行"租壳卖瓢"改革，即由集体经营改成承租经营，供销合作社职工承租商铺，开展农资等多种经营，而基层供销合作社只是向承租职工收

---

① 资料来源：县供销联社合作指导科吕科长访谈，2018年。
② 资料来源：光明县原县供销合作社豆主任访谈，2019年。

取店铺租金和服务费。供销合作社资产创效水平较低，为农服务水平有待提高。再加上供销合作社人员负担严重，给职工发齐工资成为每年最大的问题。据调查，光明县供销合作社共有27个单位，其中基层供销合作社10个，县属企业17个，干部职工4600人，其中只有县社20个人有事业单位编制，享受财政全额拨款，其余4580人，均需要参与市场经营，自负盈亏，经营压力较大。因此，光明县供销合作社的运作可谓"负重前行"，为"仅维持部门运转，不想替农民种地"惯习依赖的产生奠定了深厚的历史和经济基础。

第二，光明县政府作为职能完整的基层政府，却存在"对供销合作社工作不太重视"的惯习依赖。这一惯习依赖产生的原因如下所述。（1）供销合作社的性质模糊性导致了政治地位的边缘化。伴随着市场经济发展和政府机构改革，各级供销合作社虽然于1995年在名义上退出政府行政机构序列，然而现实中供销合作社依然是一个内部极为复杂的、特殊的为农服务组织。主要体现为如下方面：一是供销合作社系统保留完整，即全国、省、市、县四级体系完整，截至2020年年底，全系统有县及县以上供销合作社机关2789个。二是四级部门保留着行政级别，如中华全国供销总社是由国务院领导的正部级单位，省级、市级、县级供销合作社为相应的正厅级、正处级和正科级单位。其中，省及新疆生产建设兵团供销合作社32个，省辖市供销合作社344个，县供销合作社2412个。三是四级部门大部分由财政拨款。财政全额拨款的2517个，占90.2%；差额拨款的93个，占3.3%，均为县社机关；财政定额补贴的44个，占1.6%，均为县社机关；实行自收自支的135个，仅占4.8%。四是供销机关领导的乡镇基层社和社属企业从事市场经营活动，自负盈亏。据统计，截至2020年年底，全供销系统有基层社37652个，比上年增加5187个（中华全国供销合作总社，2023）。不仅如此，供销部门的特殊性质也得到学者的认同，新中国成立以来至1981年，供销合作社体制属于国营商业和准政府职能部门的混合体制（肖俊彦，1988），供销部门依然存在较为严重的行政化倾向（徐旭初、黄祖辉，2006）。虽然光明县供销合作社为县政府的正科级单位，然而由于供销合作社"无职无权"和性质模糊性而在县领导眼中处于"边缘性"位置，政府领导对供销合作社工作不重视，突出表现在光明县供销合作社机关20年来县里面没有补充过一个人员编制。（2）光明县供销合作社历史负担严重，"维持供销合作社系统稳定"成为县级政府的重点期待。供销合作社部门由于带有沉重的历史负担，拖欠职工养老金达到6000万元，涉及4000多名职工的利益。正如光明县副县长所言，"供销合作社作为计划经济时期拥有职工最多的农村部门，能够自我安排就业，没有给国家添麻烦，维持系统稳定就是最大的功绩了！"[①]（3）供销合作社部门成为"最冷门的县直部门"或者成为干部调整的"过渡平台"。这一点在山东省县级政府中具有一定普遍性。例如时任山东省供销合作社主任侯成君曾毫不讳言地指出"县级供销合作社主要领导配备不强、更换频繁，有的甚至成为调整干部的过渡平台，影响和制约了供销事业的改革发展"（侯成君，2013）。

第三，在县级层面，除了前文提到的基层政府存在"对供销合作社工作不太重视"的惯习依赖外，县级涉农部门尤其是县农业农村局同样存在"对供销合作社不太支持"的惯习依赖。因此，光明县农业农村局会对供销合作社开展土地托管并不是很配合。县农业农村局之所以形成这样的惯习依赖，主要有如下三点原因。

（1）供销合作社边缘化的政治地位。供销部门由于职能弱化和性质模糊等原因造成了政治地位的边缘化，甚至"供销合作社"部门的存在会被一些人当作畸形的存在而不被人理解。所以其他涉农部门并不认为供销合作社能够开展好土地托管，供销合作社土地托管政策设计是不符合农村实际的，势必遭遇失败。所以农业农村局对供销合作社工作并不是太配合。

[①] 资料来源：县政府分管农业副县长胡县长访谈，2019年。

(2) 涉农部门之间尤其是农业农村局与供销合作社之间职能有重叠,部门利益有冲突。中国农业社会化服务的供给存在"九龙治水"的碎片化问题。比如在国家层面上,2014年国务院关于农业社会化服务任务的部门分工,包括国家供销总社和农业部等11个部委参与(国务院,2014)。而从2015年国务院关于"积极发展多种形式农业适度规模经营,发展土地托管"的部门分工中,就需要农业部和供销合作总社等7个部委参加(国务院,2015)。由此可见,在国家政策规定上,国家供销总社和农业部在开展土地托管工作方面都具有合法性。表现在县级层面,光明县供销合作社合作指导科负责土地托管等农业社会化服务的指导工作,而光明县农业农村局的农经中心部门也负有指导农业社会化服务的职能。职能的重叠导致部门的冲突,因此,在光明县县直部门中,供销合作社与农业农村局关系很难处理。正如曾经在2000—2013年担任光明县供销合作社主任的豆主任所说,"这些年来,农业局和供销合作社始终是配合不好,供销合作社就是干的农业局的活。农业局认为这个活该是我干的,你给我抢走了,我为什么支持你,配合你呢"[①]。

(3) 历史因素。光明县供销合作社与农业农村局在职能划分问题上产生了很大矛盾,有着很深刻的历史原因。涉农部门之间尤其是农业农村局与供销合作社之间职能有重叠,部门利益有冲突。由于供销合作社有进驻到最前沿农村阵地的优势,非常熟悉合作经营组织的运作和管理,再加上当时供销合作社主动作为,积极参加农村调研,为县委、县政府提供了很多切实参考意见,所以县委、县政府就把农村经营管理职能交给供销合作社了。然而光明县农业农村局表达了强烈的不满,他们的理由是,供销合作社作为非政府行政部门,不应该具备行政职能。最后,在上级部门的协调下,光明县供销合作社农村经营管理职能履行主体实现了由供销合作社到农业农村局的转移。

[①] 资料来源:光明县原供销合作社豆主任访谈,2018年。

第四，大多数乡镇基层供销合作社依然保持着"仅维持部门运转，不想替农民种地"的惯习依赖。乡镇基层社这一"惯习依赖"形成的原因有如下几点。一是经济实力较差。20世纪90年代，光明县供销合作社实行"租壳卖瓢"改革。乡镇基层供销合作社仅仅依赖于供销资产和经营门店的租赁收入。"大院子，黑屋子，土孩子，里面蹲着几个穷小子"成为当时乡镇基层社普遍面临的困境。基层社虽经几次改革，得到了迅速发展，但是仅仅具备较低的经济实力，与开展土地托管所需要的实力还存在较大差距。二是社会心理调整难。供销合作社在计划经济时期具有辉煌的历史，曾经是农村中最有资源和最有实力的部门，而在供销合作社工作的职工也有着辉煌的历史记忆和强烈的自尊心，可能难以适应角色的改变，难以完全投入土地托管政策实践中。这也就是光明县供销合作社主任经常提到的"这些人的思想不行，土地托管要想成功，必须要换一批新时代的供销人"的原因所在。三是人员年龄结构偏高，创新服务能力不足。因为乡镇及乡镇以下比较艰苦的工作环境和相对较低的工资待遇，很难吸引优秀年轻人才加入基层供销合作社队伍中来，所以就全省基层供销合作社队伍来说，40岁以下供销合作社主任仅占6%，50岁以上的占44%，基层社职工平均年龄更高。光明县基层社人员老化问题更为突出，大多数的基层社主任都是快退休了，工作动能难以激发，均保持着"做一天和尚，敲一天钟"的消极心态。四是乡镇基层社历史负担沉重。根据调查，由于受历史遗留问题的影响，光明县所有的乡镇基层社都有债务负担。综合上述原因，基层社员工认为供销合作社土地托管政策设计是不符合供销合作社实际的，必然遭遇失败。因此，大多数基层社"惯习依赖"的价值型关系治理理性在消解着"权威话语的严格化贯彻"，土地托管难以在大多数基层社中获得开展。

第五，大多数乡镇政府存在"对供销合作社工作不太重视"的惯习依赖。因此，乡镇政府对基层供销合作社开展土地托管并不是很配合。乡镇政府之所以形成这样的惯习依赖，主要有如下两点原因。一是供销合作社综合实力不足,难以承担起土地托管政策实践的重任。由于历史的原因,供销合作社历史负担严重,不具备开展托管的经济基础。而从人员配置上讲,供销合作社系统多年未进新人,不具备开展托管的人才基础。在许多乡镇政府领导看来,供销合作社开展土地托管,根本就不具备那样的实力。因此,供销合作社土地托管政策设计是不符合供销合作社实际状况和农村实际的,势必遭遇困境。二是供销合作社系统的特殊性,乡镇供销合作社主要接受"条条"管理,与作为"块块"的乡镇政府打交道较少。虽然乡镇基层社已经开始作为一个独立的法人来进行市场化运作,但是基层社主任的选拔、工资收入和资产监督都要接受县级供销合作社管理,因此,乡镇基层社是一个"条条"的部门。虽然依据"属地管理"的原则,各乡镇基层社都要接受当地乡镇政府的领导,但实际上工作联系却很少。乡镇基层社主任普遍反映,除了"个人党员关系在乡镇管理以及在乡镇会议上开会之外,并没有与乡镇政府和党委有太多的联系"①。据此,大多数乡镇政府对基层供销合作社开展土地托管并不是积极配合。

第六,大多数农民群众存在"对供销合作社土地托管服务不愿意接受"的惯习依赖。大多数农民群众并不相信基层供销合作社能够帮助他们托管好土地,因此对供销合作社开展土地托管并不是很配合。大多数农民群众之所以形成这样的惯习依赖,主要有如下四点原因。一是供销合作社经济实力不足,缺乏开展土地托管的实力。在光明县当地农民看来,供销合作社已经是计划经济的产物,现在的供销合作社门店都已经分给私人了,每个乡镇基层社只留下那么几个人看着,供销合作社根本没有那个实力托管土地。二是供销部门特殊的性质和地位,使农民群众很难相信"供销合作社是他们农民自己的组织"。三是农民群众对土地托管服务的认识程度有

---

① 资料来源:云青镇供销合作社云主任访谈,2017年;庄曹镇供销合作社副主任庄主任访谈,2018年。

限,将"土地托管等同于土地流转"。他们认为供销合作社托管土地,就是"流转他们的土地",就是和他们"抢地种",就会"抢了他们的饭碗"。四是大多数农民群众保持着政策应该公平支持多元主体发展的认知,村集体、合作社、家庭农场和社会化服务组织等多元主体开展土地托管,均应该同等享受政策扶持和项目支持。然而供销部门土地托管政策设计却使得农民群众感到困惑,"为什么只能支持供销部门一个主体开展土地托管,而不支持其他主体开展土地托管"。

(二) 土地托管中的县直部门及基层社间关系

土地托管作为一种创新性事物,对新生事物的认知和理解都有一个过程。因此,在实践中,获得同级部门的理解和支持非常关键。在托管实践过程中,光明县供销合作社与光明县农业农村局等县直部门关系以及同级乡镇基层社之间关系的处理也非常重要。因此,光明县供销合作社基于面向同级部门的价值型关系治理理性积极处理与其他县直部门的关系,而已经开展托管的乡镇基层社也基于面向同级部门的价值型关系治理理性积极处理与其他基层社之间的关系。具体表述如下。

一方面体现在县直部门关系处理层面上。为了处理好与县农业农村局等涉农部门的关系,县供销合作社通过提出"南托管、北流转"战略设计积极协调与农业农村局的关系,进而尝试理顺部门之间的职能范围。另一方面体现在乡镇基层社关系的处理上。围绕着土地托管的开展,各基层社之间应该形成"比学赶帮"的良性竞争势头,然而实践上不仅加剧了"不想开展托管"的惯习,而且形成了"不希望有其他基层社开展土地托管"的不良风气。正如上文分析可知,土地托管政策实践中,大多数基层社"惯习依赖"的价值型关系治理理性在消解着科层治理理性。但同时有一个资金实力雄厚,且主任是年纪较小、热爱农业、想要有所作为的基层供销合作社主任在县级供销合作社奖惩机制的引导下,积极开展土地托管业务,然而,土地托管开展不到一年便主动选择退出,最终以失败告终。考究其失败原因，不仅仅在于其自身没有开展土地托管的意愿和能力，而且在于其没有处理好与同级基层社之间的关系。基层社主任在开展土地托管前，积极与其他了解农村现状的老供销合作社主任进行请教和沟通，并尽力争取他们的理解和支持。然而，其他基层供销合作社主任在表面上非常支持他的行动，但实质上，大多数基层社主任对该基层社的做法抱以质疑态度，形成了"有组织的不担当"，而且也不希望其他基层社开展土地托管。

（三）土地托管中的供销部门与下级部门关系

土地托管政策实践的开展，主要依靠基层供销合作社和乡镇政府来配合和执行，因此，县级供销合作社基于面向下的价值型关系治理理性积极处理好与下一级各相关主体的关系，主要分为如下层面。

（1）在县级供销合作社与乡镇基层社关系处理方面。为了平衡各乡镇基层社的关系，县级供销合作社主要采取如下措施。一是给予每个乡镇基层社一定的项目支持，支持每个乡镇建设一处为农服务中心，从而达到盘活供销合作社资产，为供销合作社未来发展创造更加多样的可能性。正如县供销合作社主任所讲，"'控地谋变'不是必须理解为要求你们开展土地托管从而谋取改变，而是要求你们通过为农服务中心建设盘活供销合作社资产，即使修建好了暂时托管不了，也可以让其他主体来经营，从而增加租金收入"[①]。二是针对上述基层供销合作社开展土地托管遭遇其他基层社排挤事件，县级供销合作社采取"分类治理"的方式平衡各方利益。对于大多数不积极开展土地托管的基层社，县级供销合作社为了不打击基层社开展土地托管的积极性，建构大多数基层社法人的私人关联，宣布2014年奖惩机制暂不执行。而对于县级供销合作社对平时比较支持县社工作的基层供销合作社，并没有按照其他基层社所反馈的那样，对积极开展土地托管产生问题的基层社法人给予处理，而是

---

① 资料来源：光明县原供销合作社豆主任访谈，2018年。

基于建构与岗西镇基层社法人的关系，给予更多的项目和资源支持。

（2）在县级供销合作社与乡镇政府关系处理方面。具体而言，县级供销合作社主要采取如下两个措施协调与乡镇政府关系。一是为平衡各乡镇与县供销合作社的关系，县级供销合作社给予每个乡镇都至少一个项目投入。二是县级供销合作社采取了"差异化奖励"方式，即为了奖励平时比较支持县供销合作社开展工作的乡镇政府，县级供销合作社给予更多的村社共建项目支持，因为村社共建项目的重要目标之一是增加村集体收入，这也是乡镇比较愿意接受的。

县级供销合作社在开展土地托管政策实践中，需要得到县级政府主要领导的支持。县级社主任为了得到县级政府主要领导的支持，基于面向上的价值型关系理性，积极建构与县级主要领导的私人关系。

二 供销部门主导时期土地托管相关主体的策略选择

（一）土地托管中的相关主体风险规避行为

对基层社主任年龄偏大，担当作为意识欠缺的现状，刚上任的县级供销合作社主任意识到只有提拔中敢于创业的中青年人来担任基层社负责人才能从根本上激发基层社开展土地托管的主动性。为此，县级社主任要从外部引入和内部调剂两种途径选拔人才。一是外部引入途径。外来人才只要符合"承认供销合作社章程，带领社员干事，群众认可"三个条件，经过县供销合作社代表大会通过就可以。但是为了规避盲目引进外部中青年人才所可能带来的系统稳定风险，县级供销合作社再也没有引进过外部人才。二是内外结合方式。县供销社提出的"本地推荐+外来人才相结合"方案，即坚持乡镇领导推荐与外来人才引进相结合的政策，在乡镇领导同意推荐后，经县供销社代表大会通过方可录用。但是最后，县级供销合作社处于"规避风险"的考虑，不得不放弃此种人才引进方式。三是在内部选拔层面上。县级供销社在系统内部全面提拔具有干事创业热情，开拓供销合作社经营领域的中青年人担任基层社主任，来替换那些思想保守的基层社老主任。但是由于供销合作社系统历史遗留问题较多，基层社的老主任虽然不具备创新意识，带动供销合作社发展，但是由于他们在基层社经营多年，在处理信访问题、保持基层社稳定方面，非常有经验，威望也较高。所以县级供销合作社出于减少信访风险、维护供销合作社系统稳定的角度，而放弃了全面提拔中青年基层社主任计划，而只是谨慎地提拔了几名中青年人在经济基础较好的基层社担任基层社主任。因此，在"规避风险"逻辑的导向下，县级供销合作社只是实现了基层社主任有限的更新。

（二）土地托管中的相关主体庇护抵制行为

土地托管政策的最终实践地是乡村社会，供销合作社通过土地托管实现转型，意义重大，可以用"控地谋变"来概括。转型成功后的供销合作社可以从两个层面获益。一是涉农政策和项目的变化。通过为农服务平台的打造来开展土地托管，垄断性政策性资源得到发展，供销合作社由此真正成为政府开展"三农"工作的重要抓手，这一点可以从为农服务中心建设所具备的诸多功能中体现出来，该为农服务中心不仅具备关涉农业全产业链的功能，而且要求涉农部门在为农服务中心建设服务窗口。二是主营业务的变化。传统供销合作社主要依赖农资经营等流通环节盈利，然后随着农资市场竞争的日趋激烈，供销合作社开展土地托管的政策设计便是通过提供服务来实现农资销售，同时还可以提高产业链条中的其他环节收益，即从传统的流通环节获益到农业全产业链条获益。因此，供销合作社土地托管开展关系农村社会多方主体利益，重塑乡村利益格局。然而相关主体已经形成了庇护关系，阻碍着为农服务中心的打造和土地托管的开展。具体表现在如下方面。

（1）县农口部门、乡镇政府与"示范经营主体"形成一定的庇护关系。在每个乡镇调研，都会发现一两家当地最大的、做得"最好"的，也深得政府"器重"的明星大户。一方面，县农口部门政策落地和项目实施等农业治理任务和农业政绩需要依靠这些明星大户来完成；另一方面，明星大户也从政策实施和项目落地中获取了大量的政策性资源，从而形成庇护关系。(2)镇上农资店与镇上农业"三站"即种子站、农技站和农机站人员具有千丝万缕的联系。为农服务中心服务窗口设置本意是想集中乡镇各农口部门，集中为农户提供服务，实现为农服务中心的实体化运作。但是在实践过程中，乡镇各农口基于庇护关系的考虑并不配合供销合作社的工作，只是在上级领导检查的时候，各乡镇农口部门才会到为农服务中心应付检查。

(三) 土地托管中的相关主体政绩追求行为

土地托管作为深化供销合作社综合改革的切入点，应该审慎思考，稳妥实践，以达成通过推动土地托管实现供销合作社转型之目的。然而，供销合作社主任在经过人才振兴、绩效考核等内部管理外以及在协调与上级、同级、下级部门关系依然无法调动起供销合作社相关主体的积极性之后，县级供销合作社开始以追求政绩为导向的土地托管方案设计，具体是以通过引起全国总社或国家领导人视察为目标导向的方案规划，与市县级主要领导实现了"政绩共容体"，真正调动了县级政府的积极性（王清，2018）。因此，在实践中呈现为基于政绩导向的激进改革和运动型治理状态。方案规划主要思想是包括县级供销合作社和以庄曹镇、云青镇和门石镇三个基础最好的乡镇基层社为重点，分别在规划好的路线上建设以土地托管为切入点的供销合作社改革成果"观景点"和"展览台"。

(1) 在县级供销合作社改革成绩展示层面，主要体现在县级供销合作社大楼的修建和县属农业服务公司的成立。首先，在县编制办的同意下，县级供销合作社加挂县级农民合作社联合社牌子，并拆迁重建了县级供销合作社大楼，县级供销合作社大楼规划为11

层,对外宣称县级供销合作社顺应中共中央的决定,中共中央、国务院于 2015 年出台了 11 号文,县级供销合作社大楼就定在 11 层,盘活了资产,改善了供销合作社形象,提高了县级供销合作社领导综合改革的能力。其次,为了彰显基层社的联合和合作,提高供销合作社开展土地托管等社会化服务的统筹能力,县级供销合作社联合 10 个基层社共同投资建立了丰源农业服务公司。

(2) 在乡镇供销合作社改革成绩展演层面。具体表述如下。

一是庄曹镇改革"观景点"。庄曹镇供销合作社在国家领导人视察的曹庄村领办创办了全省首家农民合作社联合社,开展了专业合作社资金互助试点,彰显供销合作社改革的体制机制改革成果和资金互助试点成绩,从而为土地托管开展提供了经营基础和资金基础。在合作社联合社创建方面,据调查,自 2014 年 8 月 15 日晚上供销合作社主任向领导汇报"创建省级第一家合作社联合社"设想以来,光明县县长第二天上午便将工商局局长和供销合作社主任叫到县长办公室里,现场督办合作社联合社营业执照事宜。2014 年 8 月 16 日 12:00 之前,庄曹镇供销合作社就获得了合作社联合社的营业执照,并于三天后正式营业,体现了联合社成立的高速度。在资金互助方面,庄曹镇供销合作社积极在领办和创办合作社内部积极开展资金互助试点,资金互助业务开展后 3 天内就依托于供销合作社职工的动员吸纳了 500 万元的存款。在此基础上,庄曹镇供销合作社依托合作社联合社和资金互助试点,在为农服务中心的平台上开展了 2000 亩地的土地托管。

二是云青镇改革"观景点"。云青镇供销合作社在供销合作社主任挂职第一书记的白石村联合建设了全县第一家"村社共建"点,开展了专业合作社资金互助试点,彰显村社共建改革成果和资金互助试点成绩,从而为土地托管开展提供了组织基础和资金基础。云青镇供销合作社与白石村村委会联合成立党支部,双方各自派一名干部担任各自组织的副主任和副书记,双方共同建设农村社区服务中心、共同组建西王村供销土地股份合作社,共同组建农业生产服务队，依托云青镇为农服务中心，将全村1020亩土地全部集约起来，由土地股份合作社为农户提供股份式托管服务。而在资金互助方面，云青镇供销合作社积极在领办和创办合作社内部积极开展资金互助试点，资金互助业务开展后3天内就依托于供销合作社职工的动员吸纳了400万元的存款。

三是门石镇供销合作社改革"观景点"。县级供销合作社在门石镇白石村投资2000万元建设了门石镇为农服务中心，开展托管土地业务，彰显为农服务中心建设成果和土地托管初步开展成绩，从而为土地托管开展奠定了坚实的物质基础。在为农服务中心建设层面，在省社副主任拍板确定建设选址（交通便利，以利于建成后领导参与）、县级政府划拨20亩建设用地、县级供销合作社投入1500万元资金建设了功能齐全的门石镇为农服务中心。而在土地托管方面，县级社组织5个经济基础较差的基层社同门石镇基层社，在县级农业服务公司的带领下，以村社共建的方式，合作开展土地托管业务，用以托管周边2个村庄共计2000亩的耕地。正如县供销合作社主任所说"经济基础较差基层社既然不想做，没有能力开展土地托管，那就把他们集合在一块做就行了，搞合作经营"①。

而在农业农村局、农机局等农口部门层面，农业农村局、农机局和供销合作社部门存在为农服务的政绩之争。三者均作为涉农部门，在指导各行业领域发展合作社、推进土地托管等社会化服务都有相同的职能。例如农业农村局负责指导农业种植专业合作社，农机局负责指导农机合作社发展，供销合作社则负责指导供销系统内的合作社指导发展。而在土地托管发展方面，农业农村局负责指导农业生产社会化服务的职能，尤其是近年来倡导农业全程社会化服务发展，农机局近年来重视创新农机社会化服务，建立"全程机械化＋综合农事服务中心"，供销合作社则提倡开展以为农服务中心

---

① 资料来源：光明县原供销合作社豆主任访谈，2017年。

为物质基础和载体的土地托管服务。因此，供销部门发展的合作社越多，开展土地托管面积越多，就越能显示县农业农村局和农机局的无能。正如光明县农业农村局局长说，"尤其是上级农口系统领导来考察的时候，上级领导都很不高兴，会把供销合作社开展的工作与农业农村局的工作进行对比，让我感到压力"①。而光明县农机局局长则说，"我们农机部门辛辛苦苦发展起来的农机合作社，都让供销合作社挂了牌，做了政绩"②。

（四）土地托管中的乡镇基层社任务完成行为

供销合作社综合改革的成果不仅需要从制造亮点方面向上级领导展示成绩和发展质量，也需要从整体发展方面向上级领导提交报告总结改革的进展和发展数量，以彰显综合改革成绩。因此，围绕着基层社领办创办合作社、村社共建、内部金融互助、为农服务中心建设以及土地托管发展等方面，县级社均制定了数量化的考核标准，考核标准与基层社主任及工作人员绩效挂钩。因此，乡镇基层社基于"完成任务"的工具型关系理性展开了如下行动。

（1）在领办创办合作社方面。首先是合作社的成立。由于合作社注册需要农民的身份证及其复印件，而农民多外出打工，身份证携带到务工地点，所以如何获得农民身份证到工商局注册合作社便成为基层社所要解决的难题。为了完成合作社成立的任务，基层社主任需要与村干部搞好关系，请村干部将身份证收集起来以供基层社注册使用。其次是合作社联合社的成立，按照上级政策的要求，每个乡镇都要成立一个以基层社为牵头，由镇上各合作社、家庭农场等种植大户组成的合作社联合社，镇为农服务中心提供统一农资供应和机械使用，提高合作社组织能力。因此，基层社需要组织起镇上的发展较好的合作社和家庭农场，联合社的成立也需要合作社和家庭农场的印章才可注册。但是种地方面，基层社与各种植大户

---

① 资料来源：光明县农业农村局白局长访谈，2019年。
② 资料来源：光明县农机局豆局长访谈，2019年。

同属于"种田大户俱乐部"中的一员，都属于平等的市场经营主体。所以，基层社很难动员和组织起他们。作为地方政权的乡镇政府，基于打造政绩的考虑会组织种田大户开会，由基层社主任负责宣传联合社政策和优势好处。而参会的种田大户即使明确知道供销合作社完全没有能力整合他们，但还是会看在乡镇政府领导的面子即面向上的价值型关系治理理性，同意由基层社牵头组建合作社联合社。

（2）在村社共建方面。村两委之所以会和供销合作社共建合作社，开展托管服务，除了基于政绩的考虑外，最重要的是村两委基于面向下的价值型关系治理理性和规避风险的考虑，例如西王庄村之所以将全村土地交由供销合作社托管，是由于之前流转土地的大户跑路，而村两委经营土地又面临着较大的风险，因此将土地托管给供销合作社是一个规避风险的措施。村两委认为供销合作社具有单位背景，不存在跑路和拖欠土地租金的风险。而东王庄村则通过强制手段将以较低租金流转的"中坚农民"托管给供销合作社，则体现了政绩考虑和面向下价值关系治理理性即为大多数村民增加租金收入的考虑。

（3）在内部金融互助方面。在互助资金的筹集方面，县供销合作社选择的3家基层社，经济基础较好，业务能力较强，本身就可以投入100万—200万元的资金储量。然后为了体现农民对资金互助试点的支持，以备领导查阅，基层社主任往往会通过关系动员村民将闲散资金临时集中起来，前提是基层社要承诺给村民以更高的利益收入，从而形成一定的庇护关系。

（4）在为农服务中心建设方面。每个乡镇基层社都要按照要求建设一处为农服务中心。大多数基层社基于盘活供销资产的考虑，往往利用政府大力支持的契机，选择属于供销合作社但被村民侵占的资产改造成为崭新的为农服务中心，改善供销合作社形象。由于供销合作社原来在乡村都有经营门店，所属店铺和土地均属于供销合作社所有，但是随着供销合作社经营衰败，供销合作社原有分布在村中的资产往往会被村民和村干部私人占有。供销合作社即使打官司打赢了，也不一定能够要回所属土地。供销合作社以县里出台"支持建立10个为农服务中心"文件为依据，将土地划给供销合作社建设为农服务中心，完成了服务中心的建设任务。

（5）供销合作社直接开展土地托管方面。土地托管统计范畴除了统计供销合作社系统内专业合作社和农业服务公司的面积，更主要依赖于供销合作社已经挂牌合作社的面积计算。据调查，基层社为了完成土地托管面积，对于镇域内经营业务开展较好、土地流转或托管面积较大的合作社均进行"挂牌"，以彰显供销合作社的政绩。供销合作社为了让这些大户挂上牌，往往建立在一定的利益交换之上即供销合作社要有优先将供销项目发包给挂牌的合作社，因此，形成了一定的庇护关系。

（五）土地托管中的县级供销合作社责任推卸行为

供销合作社系统主要依靠行业指导体系和市场经营体系双线运营机制运行。但是在土地托管政策实践上却往往出现，县级供销合作社经常出现行业指导角色缺位的现象，其主要基于推卸责任的工具型关系理性考量，主要表现在如下层面。

（1）在不同基层社之间管理人员工资调整方面。受基层社所处区位和历史遗留问题的多寡，基层社收入之间存在两极分化。情况较好的基层社有三家，一年店铺租金收入达到50万元以上，租金收入使用不了，管理人员不仅可以获得较高年薪，而且还有绩效收入。而情况较差的基层社有五家，一年店铺租金收入达到10万元以下，基层社的运作维持困难，甚至管理人员的工资也很难发齐。而造成基层社经济发展两极分化的主要原因不在于基层社主任后天的主观意愿，而更多地与基层社区位条件优劣和历史遗留问题负担等先赋因素有关。基层社间发展的差距特别是占据绝大多数比例基础较差的基层社很难愿意去开展土地托管等新型经营活动。用基础较差的基层社主任的话说，"县级社应该给协调基层社发展的差距，至少应该让我们管理人员的基本工资能够发得起，这样我们才有可能有积极性去开展风险很大的土地托管工作"①。因此，作为基层社主管部门的县级供销合作社，应该有职责建立内部调剂金制度来协调供销合作社管理人员收入的不平衡。但是县级供销合作社却以"基层社是独立法人单位，不应该干涉"为由，拒绝协调基层社之间存在的收入差距。

（2）在基层社与社属公司关系调节方面。基层社和社属公司应该成为密切合作的伙伴，共同开展土地托管工作。但是两者在协作开展土地托管时，却存在如下问题。首先，社属公司投资建立的为农服务中心，宁愿闲置也不愿意租赁给基层社开展土地托管使用。因为两者在机械使用费用、租赁人员费用，以及风险承担等涉及合作的责权利方面以及开展的工作属于谁的政绩等方面难以达成有效的合作，而县级供销合作社作为县属企业和基层社的主管部门，应该协调二者关系，促进二者的有效合作，但是县级供销合作社却以"行业指导不能干涉市场经营"为由，拒绝协调社属企业和基层社之间的关系。即使现任山东省供销联社主任也不得不承认，目前供销合作社缺乏合作，真正有产权资本业务的联合合作很少，表现为层级之间不联合、纵向不合作。

（3）在协调基层社主任与基层社副主任关系方面。县级供销合作社为了提高乡镇基层社管理人员的积极性，只是提高了基层社主任的基本月薪即由原来的每月1800元基本工资提高到每月2600元基本工资，但是却并没有规定基层社副主任的工资。基层社副主任的工资由基层社主任自行决定。而对于正在开展土地托管业务的基层社来讲，急需要加强基层社的内部团结和工作合力，县级社只提高基层社主任工资而不管基层社副主任的做法，名义上赋予基层社主任更大的决策权，其实却增加了基层社主任的协调困难。最终，

---

① 资料来源：东郭镇供销合作社郭主任访谈，2019年；西郭镇供销合作社乔主任访谈，2019年。

县级供销合作社"推卸责任"的做法对土地托管的开展生产了不利影响。

第三节 供销部门主导时期土地托管遭遇困境的治理理性

由上述分析可知,在供销部门主导时期,相关主体既遵循着科层治理理性,同时也遵循着以价值型关系治理理性与工具型关系治理理性为主要内容的关系治理理性。根据《问政山东》栏目对山东省供销联社的"问政",发现全省大多数为农服务中心效能发挥不明显,土地托管政策实践遭遇困境,供销合作社"土地保姆"的角色尚未真正践行[①]。而光明县供销合作社的土地托管政策实践也不例外,同时遭遇了诸多困境。本节将从基层治理角度考察供销部门主导时期土地托管政策遭遇困境的治理逻辑。研究表明,综合改革试点期间光明县供销部门土地托管的实践表明,正是以科层治理理性与关系治理理性及其互动为主要内容的复合型治理理性才是导致供销部门土地托管遭遇困境的深层次原因。

一 供销部门土地托管遭遇困境的首要原因

科层治理理性制约关系治理理性是导致供销部门土地托管遭遇困境的首要原因。具体分析如下。

(一) 相关主体行动边界得以规定

光明县政府积极贯彻国务院和中华全国供销合作总社领导讲话精神,积极推动以土地托管为核心的供销社综合改革,这是由科层治理理性中的"等级权威"特征决定的。供销社土地托管的开展需要政府出台的政策文件作为行为依据,这是由科层治理理性中"规章制度"特性决定的。自党中央和国务院提出供销合作社土地托管政策设计以来,山东省供销合作社积极开展以土地托管为切入点的综合改革,山东省供销合作社重点开展以下四种任务,即体制机制改革、服务规模化、流通现代化和农村合作金融。其中，与土地托管密切相关的改革就占据了三种，分别是服务规模化、体制机制改革和农村合作金融这三个方面。在政策体系建构中，具体形成了以为农服务中心建设、村社共建、合作社建设和资金互助政策为重点的供销合作社托管能力提升政策和供销合作社直接开展土地托管政策。因此，无论是价值型关系治理理性抑或是工具型关系治理理性诸种策略行为的选择都被限定在为农服务中心建设、村社共建开展、合作社建设、资金互助试点和供销合作社直接开展土地托管政策实践范围内。据此，科层治理理性为关系治理理性的运作划定了行为边界。

（二）相关主体政策支持的形式化

根据相关主体的关系治理理性分析可知，供销部门存在"仅维持部门运转，不想替农民种地"的惯习依赖，基层政府存在"对供销合作社工作不太重视"的惯习依赖，而县直各部门存在"对供销合作社不太支持"的惯习依赖。在科层治理理性规制下，相关主体的惯习依赖开始得以突破，各相关主体开始重视和支持供销合作社开展土地托管。具体而言，体现出如下三点。

首先，科层治理理性推动着县级供销部门"惯习依赖"的转变。在党和国家领导人作出这么多关于供销合作社改革的重要讲话和批示之前，作为下一科层层级的光明县供销合作社，必须要贯彻上级各级领导的讲话精神，积极开展供销合作社综合改革与土地托管工作，这是由科层治理理性中的"等级权威"所决定的。党和国家领导人对供销合作社与土地托管的高度重视，让光明县供销合作社职工感到"大有可为"，极大地提高了县级供销合作社的积极性和主动性。正如光明县供销合作社主任在曾经召开关于学习和贯彻国家领导人供销合作社改革讲话精神的座谈会上所谈的那样，"党和国家领导人接连对供销合作社工作发布重要讲话，这是多年来不曾有过的，重要讲话振奋了我们供销合作社人的精神，给了我们很大的改革动力。我们一定要克服困难，严格贯彻上级领导的讲话精神，积极探索以土地托管为切入点的供销合作社综合改革"[①]。在科层治理理性的规制下，光明县供销合作社存在的惯习依赖开始得以突破，即由原来的"农资经销商"到"托管服务商"进行角色转变，积极开展土地托管服务，推动供销合作社部门的转型。

其次，科层治理理性在一定程度上推动着县级政府"惯习依赖"的转变。由上文可知，为了提高县级政府对供销合作社改革和土地托管的重视程度，山东省委、省政府先后于2016年6月和9月两次对县级政府出台供销合作社改革文件进行专项督查。在山东省委、省政府的督促下，光明县委、县政府才最终于2016年9月6日出台文件，全力支持供销合作社开展土地托管工作。光明县供销合作社主任也坦言"如果没有上级政府的督导，光明县委县政府很难出台这么高规格的支持供销合作社改革的文件"[②]。因此，在科层治理理性的规制下，光明县政府的惯习依赖开始得以突破，发布红头文件，全力支持供销合作社改革和土地托管工作。用光明县原供销合作社主任的话讲"光明县政府对供销合作社和土地托管工作如此重视，给予供销合作社如此力度的支持，我们一定会严格按照政府文件去开展工作，不辜负各级政府的厚望"[③]。

最后，科层治理理性在一定程度上推动着光明县相关涉农部门"惯习依赖"的改变。相关涉农部门开始支持供销合作社主导的为农服务协同机制建设，显著表现在与供销合作社部门的联合行文或政策支持上。一是在为农服务中心建设层面，作为土地托管政策体系的核心内容，光明县国土局与光明县供销合作社联合下发的《关于加快供销合作社为农服务中心建设的意见》文件得以出台，为农服务中心建设纳入地方政府科学发展考核。并且为农服务中心建设实现了"四进"，即进全县经济工作要点、进县政府工作报告、进

---

① 资料来源：光明县供销合作社董主任访谈，2018年。
② 资料来源：光明县供销合作社董主任访谈，2018年。
③ 资料来源：光明县原供销合作社豆主任访谈，2017年。

十件为民办实事和进全县重点项目,得到了光明县委、县政府的高度重视。二是在村社共建层面,光明县委组织部和光明县供销联社联合下发《关于做好新形势下农村基层"党建带社建、村社共建"工作的实施方案》,村社共建工作纳入乡镇党委抓基层党建工作述职内容,考核结果作为评价工作实绩的重要依据。三是在供销合作社组织体系政策层面,《光明县政府关于加强供销合作社组织体系建设的意见》已经出台,要求各部门大力解决供销合作社组织体系建设遇到的困难和问题。四是在农村合作金融政策层面,2014年光明县供销合作社成为新型农村合作金融专项改革试点单位,在遵循试点政策框架内,在创办领办的农民合作社内部开展了信用互助业务,互助资金总额达到1000万元。综上所述,作为规模化社会服务的土地托管,需要相关涉农部门的共同参与。基于职能和专业分工的县直部门,在党和政府的高度重视下,以供销合作社系统负责具体落实、有关部门密切配合的为农服务协同机制已经初步建立起来,并且获得政策和文件的支持。之所以为农服务协调机制可以建立,这是由科层治理理性中的"非人格化"特征所决定的,即各涉农部门无论存在什么样的利益和矛盾,都应该按照上级政府的要求,构建为农服务协调机制,形成强大合力。尽管各涉农部门均与光明县供销社联合下发了文件,却只是保持了形式上的政策支持,各涉农部门并不会真正支持供销社开展土地托管。

(三)供销部门与农业部门的职能重叠

2016年《国务院关于落实〈政府工作报告〉重点工作部门分工的意见》中,将"开展土地股份合作、联合或土地托管"职能明确赋予农业部和供销合作总社等7个部委。具体到县直部门层面,光明县供销社合作指导科负责土地托管指导工作,而光明县农业局农经中心也负有指导土地托管服务的职能。职能重叠导致部门的冲突。因此,尽管供销社主任通过提出"南托管、北流转"战略设计积极协调与县农业局的关系,供销社开展土地托管依然难以获得农业局的支持。

二　供销部门土地托管遭遇困境的主要原因

关系治理理性消解科层治理理性是导致供销部门土地托管遭遇困境的主要原因，具体分析如下。

（一）供销部门土地托管遭遇困境的外部原因

土地托管作为一项综合性的农业政策，供销合作社土地托管的开展需要得到各相关主体的支持。从主体关系处理层面看，光明县供销合作社积极处理与各方主体的关系，但是依然无法真正突破既有的"惯习依赖"，无法真正地支持供销合作社开展土地托管业务。具体而言，主要包括以下几点。

一是乡镇供销合作社"惯习依赖"并未得以真正转变。县级供销合作社的"惯习依赖"在科层治理理性规制下得以突破，但作为其管理下属的乡镇基层供销社来讲，它们才是真正的土地托管政策实践主体。因为县级供销合作社和乡镇基层社不是单向度的领导与被领导关系，而是指导与被指导关系，双方都是独立的法人单位。因此，在供销合作社主导时期土地托管政策实践中，乡镇基层社开展土地托管的积极性，能否被调动才最为关键。具体而言，县级供销合作社采取了如下策略。第一，为鼓励乡镇基层社积极参与土地托管政策实践，严格贯彻有关土地托管的权威话语，光明县供销合作社制定和实施了光明县经营性收入奖励办法和供销合作社综合改革创新创优奖励政策等正向激励措施。前者是对基层社开展土地托管、资金互助等经营性收入，给予一定比例的绩效奖励。后者则是对在为农服务中心项目建设和村社共建等方面工作突出、成效明显的乡镇基层社，给予供销合作社综合改革创新荣誉称号和一次性奖励法人代表及班子成员2万元的奖金鼓励。然而，令人吊诡的是，大多数乡镇基层供销合作社却依然保持着"仅维持部门运转，不想替农民种地"的惯习依赖，从而消解了县级供销合作社激励基层社开展土地托管的政策意图。第二，由于在不同基层社之间管理人员工资调整方面、在基层社与社属公司关系调节方面、在协调基层社主任与基层社副主任关系方面，县级供销合作社基于推卸责任的工具型价值理性考量，经常出现行业指导角色缺位的现象，因此并没有动员起基层社开展土地托管的积极性和主动性。第三，在面临着大多数不积极开展土地托管的基层社，县级供销合作社基于面向下的价值型关系治理理性考虑，为了不打击基层社开展土地托管的积极性，宣布2014年奖惩机制暂不执行，反而进一步助长了基层社不愿意开展土地托管的惯习依赖。第四，面向同级乡镇基层社价值型关系治理理性的建构并不能改变基层供销合作社的"惯习依赖"，反而形成了"既不愿意自己开展土地托管，也不希望别人开展土地托管"的不良风气。因此，想要有所作为的基层社主任土地托管主动性得以消解。

二是乡镇政府"惯习依赖"并未得以真正转变。从县级供销合作社与乡镇政府关系处理上看。一方面，县级供销合作社采用"项目平均分配"大锅饭方式，即支持每个乡镇建设一处为农服务中心，处理与各乡镇政府的关系；另一方面，县级供销合作社采取了"差异化奖励"方式，即为了奖励平时比较支持县供销合作社开展工作的乡镇政府，给予更多的村社共建项目支持。但无论是为农服务中心建设项目还是村社共建项目，都属于"发展型项目"，都会面临很多不确定性因素，并不能调动起乡镇政府的积极性。因此，面向下的价值型关系治理理性无法突破乡镇政府的"惯习依赖"，乡镇政府支持供销合作社开展土地托管的积极性依然没有得到调动。

三是县直部门"惯习依赖"并未得以真正转变。在县级供销合作社与县级农业农村局关系处理层面，县级供销合作社主任通过与农业农村局等为代表的涉农部门主要领导人的关系建构，涉农部门负责人才同意与供销合作社联合发文。所以从运作实践来看，光明县供销合作社主任通过面向同级部门关系治理理性的建构，处理好了部门间关系，推动土地托管政策实践。因此，从实质上讲，县级供销合作社通过同级部门价值型关系治理理性的建构并不能引起涉农部门对供销合作社开展土地托管工作的真正重视和配合，从而进一步消解了科层治理理性。

四是县级政府"惯习依赖"并未得以真正转变。在县级政府与县级供销合作社关系处理层面，县级社主任为了得到县级政府主要领导的支持，基于面向上的价值型关系治理理性，通过采取积极"工作能力展示""项目资金投入"和"建设项目选址"三种策略积极建构和谐关系，但依然难以得到县级政府的真正重视。用县级原供销合作社主任的话讲"县政府名义上支持供销合作社，但实际上却一毛不拔，希望我们供销事业兴旺发达，怎么可能呢？"[①] 因此，从托管主体关系层面看，供销合作社开展土地托管并未得到相关主体的真正支持，从而为供销合作社土地托管政策实践遭遇困境奠定了基础。相关主体支持供销部门开展土地托管的积极性和主动性难以激发，更多依据规避风险和推卸责任的逻辑参与供销部门土地托管实践，同时与农村社会主体形成利益共同体，共同抵制供销社土地托管的开展。这是导致供销部门土地托管遭遇困境的外部原因。

（二）供销部门土地托管遭遇困境的内部原因

历史地看，由于供销社历史遗留包袱沉重、经济实力较差、供销社职工社会心态调整困难等原因，乡镇基层社依然保留着"仅维持部门运转，不想替农民种地"的惯习依赖。因此，尽管县供销社制定了经营性收入奖励办法和供销社综合改革创新创优奖励等正向激励政策，乡镇基层社负责人的思想观念仍然难以改变。供销部门内部关系并未理顺和协调、开展土地托管的积极性和主动性难以激发，供销部门负责人更多地基于个人利益最大化的目的，依据"规避风险""推卸责任""表面完成任务"的逻辑开展土地托管实践，导致供销部门难以把握土地托管政策的发展机遇，这是供销部门土地托管遭遇困境的内部原因。具体表现在如下几个方面。

---

① 资料来源：光明县原供销合作社豆主任访谈，2019 年。

1. 村社共建工作进展缓慢

在追求政绩的导向下，村社共建工作在极少数特定村庄实现了落地。例如云青镇供销合作社与白石村村委会联合成立党支部，共同组建白石村供销土地股份合作社，共同组建农业生产服务队，将全村1020亩土地全部集约起来，统一提供托管服务。从村委会层面上来，除了主要基于政绩的考虑外，也与两委基于面向下的价值型关系治理理性和规避风险的考虑有关。例如西王庄村之所以将全村土地交由供销合作社托管是由于之前流转土地的大户跑路，而村两委经营土地又面临着较大的风险，因此将土地托管给供销合作社是一个规避风险的措施。因为西王庄村村两委认为供销合作社具有单位背景，不存在跑路和拖欠土地租金的风险。东王庄村则通过强制手段将以较低租金流转的"中坚农民"托管给供销合作社，则体现了政绩考虑和面向下价值关系治理理性即为大多数村民增加租金收入的考虑。综上所述，村社共建在极少数村庄得以开展。然而，从总体上看，对于大多数村庄来说，村社共建工作进展缓慢，其主要基于规避风险的逻辑。具体表现在如下三个层面。

一是乡镇政府层面。对于乡镇政府而言，支持村集体增加收入，村集体经济增长有利于乡镇政府工作的开展。但是乡镇政府并没有积极支持供销合作社开展村社共建活动。乡镇政府基于规避风险的考虑，不愿意积极支持供销合作社开展村社共建活动。因为"村社共建"涉及多元主体，非常复杂。村民、村委会和供销合作社三者中有一方出现问题，就会可能导致失败，甚至引发村民上访风险。因此，乡镇政府并不积极协调。

二是乡镇基层社层面。对基层社主任年龄偏大，担当作为意识欠缺的现状，县级供销合作社主任通过外部引入和内部调剂两种途径选拔敢于创业的中青年人来担任基层社负责人才能从根本上激发工作积极性。但是县级社主任基于规避风险的逻辑只是提拔了几名中青年人在经济基础较好的基层社担任主任，因此大多数基层社主任思想较为保守，并没有积极地开展村社共建工作。正如东郭镇基层社副主任所说,"村社共建工作风险很高,村两委都不相信我们,这项工作很难开展"①。

　　三是村两委层面。对于大多数村庄来看,村社共建工作进展缓慢。通过开展村社共建,推动土地托管,可以在保障农户利益(至少不比当地同等地块土地流转租金低)、供销合作社和合作社正常运营经费以外,还会给村集体每亩50—100元/年的协调费用。因此,"村社共建"工作对于增加大多数村民利益和增加村集体经济都有很大作用,作为村庄当家人的村干部理应协助支持。然而,大多数村干部主要基于"推卸责任"和"规避风险"的逻辑,不愿意开展村社共建,甚至将"村社共建"视为"给他们添麻烦"的事情。"推卸责任"的原因在于,对于村干部来说,测量土地,组织农民是一个"工作量"很大的事情,而所获得收益有限,因为不论对乡镇政府抑或是村民来讲,村干部是村庄的当家人,理应为村民和村集体增收服务,这是其职责所在,不应该再额外获得工资。而在村干部每月只有1000—2000元务工补贴的光明县,村干部更愿意自己从事经营活动,提升生活水平,也不愿意为了公共利益的事情而额外付出时间和精力。而追溯村干部不想开展村社共建工作的主要原因,则是基于"规避风险"的考量。主要原因在于,即使市场经营风险完全由供销合作社承担,村干部仍然面临着潜在的政治风险,土地托管的开展必然会重塑村内利益格局,抬高村内土地流转价格,影响村内农资经营者和土地流转者的利益,甚至可能导致多年来基于人情礼俗而形成的"中坚农民"经营土地的被剥夺,正如笔者在调研门石镇石门村中坚农民对土地托管的态度时,他说"村社共建,土地托管很好,提高了村民租金和村集体收入!但是不能在我们村开展,因为我不让他们车过我家种的地"②。因此,村干部支持土地托管,不仅可能得罪某些既得利益者、引发社会矛

---

① 资料来源:东郭镇基层社郭主任访谈,2019年。
② 资料来源:门石镇石门村村民访谈,2019年。

盾,而且极易被村内反对派势力利用,影响现任村干部的连任。因此,村社共建作为土地托管的组织基础,村社共建工作的难以开展,导致村级组织和动员能力的难以发挥,从而制约了土地托管的顺利开展。

2. 服务中心难以有效运营

供销合作社为农服务中心作为土地托管的物质支撑,却存在闲置率较高,未能得到有效利用的问题。分析其原因,既与为农服务中心建设过程中的基层治理理性有关,也与后续运营过程中相关主体的基层治理理性相关。

一方面,为农服务中心建设过程中存在"追求政绩"的工具型价值治理理性和"面向下"的价值型关系治理理性,突出表现在建设数量过于庞大和选址不合理等问题。第一,从建设数量上看,每个乡镇都必须建设一个为农服务中心,建设数量庞大,供销部门没有时间和精力考虑运营的问题。用光明县供销合作社主任的话讲"当时只是考虑建设为农服务中心,哪有时间考虑运营问题"①。之所以追求建设数量的全覆盖,首先是由于县级供销合作社基于"面向下"的价值型关系治理理性的考虑,维持各基层社及各乡镇政府之间的关系平衡;其次也是县级政府和县级供销合作社"追求政绩"的表现,为农服务中心建设的全覆盖有利于向上级政府和领导展现供销合作社改革的成绩。在追求政绩的逻辑导向下,大多数基层社基于盘活供销资产的考虑,往往利用政府大力支持的契机,选择属于供销合作社但被村民侵占的资产改造成为崭新的为农服务中心,改善供销合作社形象。例如官桥镇为农服务中心的建设,就是利用政策改革契机将原本属于供销合作社资产但被车站村村民侵占的资产"争取"过来,顺利实现了供销合作社资产的盘活。因此,基层社为农服务中心建设最终得以建设完成。第二,建设选址存在不合理问题。有些为农服务中心建设的选址,是以方便领导参观、

---

① 资料来源:光明县原供销合作社豆主任访谈,2019年。

打造政绩为目的。

另一方面，为农服务中心后续运营过程中存在基层社开展土地托管难以突破基层社会的"庇护"等工具型价值治理理性。集中体现在如下方面。一是县农口部门和乡镇政府与"示范经营主体"所形成的庇护关系，并不愿意将项目资金支持供销合作社开展为农服务中心建设。二是乡镇农业三站人员与土地流转大户和农资经销商也形成一定庇护关系，主要体现在乡镇相关技术人员并不愿意配合为农服务中心运营，而只是在领导视察的时候临时性去为农服务中心服务窗口开展工作。而在农村社会层面，这些潜在利益受损的经营者和大户会依托内生性经营资本的优势，在农民群众产生负面影响。因此，为农服务中心作为土地托管的物质基础，虽然建设数量庞大，但是有效运营得却很少，从而制约了土地托管的开展。因此，大多数基层社为农服务中心运营难以突破基层社会的"庇护"等工具型价值治理理性，而没有开展起来。综上所述，无论建设过程还是后期的运营过程中，由于关系治理理性对科层治理理性的消解，虽然为农服务中心全部建设起来了，但是其运营遭遇困境，资产闲置率较高。

3. 合作组织未能有效合作

供销合作社领办创办合作社和成立合作社联社的目的是密切供销合作社与农民的利益联结，提高农民的组织化程度，为土地托管的开展提供经营组织基础。然而在实践过程中合作组织成立主要依据追求政绩导向的逻辑，因此，便出现了合作组织建设"合而未合"的实然状态。具体而言，体现在如下方面。

一是县级主体层面。首先，在县级政府层面。县级供销合作社开始以追求政绩逻辑导向的土地托管方案设计，具体是以通过引起全国总社或国家领导人视察为目标导向的方案规划，真正调动了县级政府的积极性。具体体现在如下方面。第一，县级农民合作社联合社牌子的加挂。在县编制办的同意下，县级供销合作社迅速加挂县级农民合作社联合社牌子。第二，为了彰显基层社的联合和合作，提高供销合作社开展土地托管等社会化服务的统筹能力，县级供销合作社以行政命令方式要求10个基层社共同投资建立了丰源农业服务公司。其次，在县直部门层面。由于政府部门职能分工不明确，在县级部门层面，县农业农村局、县农机局和县级供销合作社都具有发展土地托管的职能，因此存在一定的职能重叠。

二是镇级主体层面。第一，全省首家农民合作社联合社得以成立。庄曹镇供销合作社在国家领导人视察的曹庄村领办创办了全省首家农民合作社联合社，彰显供销合作社改革的体制机制改革成果，从而为土地托管开展提供了经营基础。据调查，自2014年8月15日晚上供销合作社主任向领导汇报"创建省级第一家合作社联合社"设想以来，光明县县长第二天上午便将工商局局长和供销合作社主任叫到县长办公室里，现场督办合作社联合社营业执照事宜。2014年8月16日12:00之前，庄曹镇供销合作社就获得了合作社联合社的营业执照，并于三天后正式营业，体现了联合社成立的高速度。第二，镇级合作社联合社的成立。围绕着基层社领办创办合作社，县级社均制定了数量化的考核标准，考核标准与基层社主任及工作人员绩效挂钩。因此，在完成任务逻辑的导向下，乡镇供销合作社必须完成合作社成立和联合社成立的任务。而在联合社成立方面，农业经营主体在"面向上"价值型关系治理理性制约下，同意组建以乡镇基层社为领办单位的合作社联社。然而实践中大多数合作社联合社都没有真正运作，其原因有两方面，一是基层社与经营大户都具有明显的规避风险倾向而无法实现合作。据了解，由于农资市场于20世纪90年代早已放开，每个大户都有相对固定的农资供应渠道和农资品种，已经形成了各自适宜的种植经验和种植习惯，贸然地使用供销合作社提供的农资具有潜在风险。二是基层社为大户开展托管服务时，基于风险规避的考量要求大户享受托管服务套餐时必须提前交付托管服务费。据调查，供销合作社之所以对大户做出"先收取托管费"的要求，很大程度上是之前遭受损失的结果。由于之前供销合作社开展托管过程中，允许大户将农资在内的托管服务费秋后结算，然而 2018 年三位大户却因为经营失败、户主病亡等各种原因，造成了共计 20 万元托管服务费的损失。因此，供销合作社基于规避风险的需要，要求大户必须提前支付托管服务费。根据笔者调研，20 万元托管服务费损失由三家各拖欠 6 万元、6 万元和 8 万元服务费计算所得，之所以受托方不能处置产品，原因在于大户已经将产品处置完毕后跑路或者大户突然病逝，产品由所在村民（大户拖欠务工费和土地承包费）进行处置用以偿付其损失，作为"国"字头的供销合作社自然不能争夺产品处置权。当笔者调研种植大户为什么不选择供销合作社提供的农资？种植大户最为普遍的回答是"供销合作社也是要赚钱的！"① 可见，种植大户对供销合作社提供的托管服务并不认同。综上所述，合作社及合作社联社作为组织农民，开展土地托管的经营组织，由于其存在"假大空"问题，而无法实现对农民和新型经营主体的真正动员。

4. 资金互助业务难以开展

资金互助业务试点的开展，可以为土地托管的开展提供资金基础。然而，在政绩逻辑导向下，只选择极少数基层社开展资金互助业务，大多数基层社资金互助业务并没有开展。

一方面，从县级供销合作社层面来看。县级供销合作社处于规避风险和追求政绩的需要，谨慎地选择了庄曹镇供销合作社和云青镇供销合作社等经济基础较好的供销合作社来开展内部资金互助试点。例如在亮点制造方面。庄曹镇供销合作社积极在领办和创办合作社内部积极开展资金互助试点，资金互助业务开展后 3 天内就依托于供销合作社职工的动员吸纳了 500 万元的存款。而云青镇供销合作社积极在领办和创办合作社内部积极开展资金互助试点，资金互助业务开展后 3 天内就依托于供销合作社职工的动员吸纳了 400

---

① 资料来源：岗西镇种植大户访谈，2018 年。

万元的存款。因此，大多数基层社因难以开展资金互助业务而被排除在外。

另一方面，从乡镇供销合作社层面来看。在已经开展资金互助试点的基层社中，资金筹集阶段，基层社为了体现农民对资金互助试点的支持，以备领导查阅，基层社主任往往会通过关系动员村民将闲散资金临时集中起来，前提是基层社要承诺给村民以更高的利益收入，从而形成一定的庇护关系。而在业务开展阶段。资金互助社与土地托管业务的关联性很差。资金互助社建立的目的，其中重要的原因之一便是为土地托管提供资金支持，然而，在基层社主任看来，"土地托管业务风险极高，而资金互助只要运营规范，给内部社员以高于同期银行存款利率，便可以运营起来"①。因此，供销合作社基层社主任基于规避风险逻辑，没有开展土地托管，更愿意将资金互助业务作为一项单向度的经营业务。因此，实践中并没有发挥资金互助对土地托管的资金支持作用。

5. 土地托管面积数量虚增

由于关系治理理性对于科层治理理性的消解，供销合作社托管服务能力即组织能力、经营能力、物质基础能力和资金供给能力等并没有得到实质性的提高，从而构成了供销合作社托管实践遭遇困境。虽然极少数基层社例如庄曹镇供销合作社、云青镇供销合作社和头店镇供销合作社开展了5020亩的土地托管政策实践，但是依然满足不了供销合作社追求政绩所需达到的土地托管面积数量。为了扩大供销合作社土地托管的面积，一方面基层社基于完成任务的逻辑，通过泛化"土地托管"的定义实现了土地托管面积的虚报。正如县供销合作社主任所讲"基层社为了夸大土地托管面积数量，一点都不严格，一是把土地流转面积计算在内；二是就连基层社仅

---

① 资料来源：庄曹镇供销合作社庄主任访谈，2019年；云青镇供销合作社云主任访谈，2018年。

仅卖给农户化肥等也计算在土地托管面积之内"①。另一方面基层社在完成逻辑导向下，通过给镇域内经营业务开展较好、土地流转或托管面积较大等经营绩效较好的合作社进行"挂牌"，将其他合作社经营土地的面积数量也纳入供销合作社托管面积统计之内。为了实现供销合作社需要达成的土地托管数量目标，基层社为了让这些大户挂上牌，往往建立在一定的利益交换之上即供销合作社要优先将项目发包给挂牌的合作社，因此，形成了一定的庇护关系。据此，供销合作社上报的土地托管统计面积可达到20万亩，占全县大田种植面积的40%，而实际上土地托管面积只有5020亩。综上所述，不论从托管主体处理层面还是从具体的托管实践过程来看，供销合作社开展土地托管均遭遇困境。

综上所述，供销部门主导时期土地托管的实践表明，正是以科层治理理性与关系治理理性及其互动为主要内涵的复合型治理理性才是导致供销部门主导时期土地托管政策遭遇困境的实践逻辑。科层治理理性规制关系治理理性，为供销部门土地托管遭遇困境奠定了前提和基础。主要体现为以下几个方面。

一是相关主体行动边界得以规定。科层治理理性规定了关系治理理性的行动范围，为关系治理理性的运作提供政策依据。无论是价值型关系治理理性抑或是工具型关系治理理性诸种策略行为的选择都被限定在为农服务中心建设、村社共建开展、合作社建设、资金互助试点和直接托管实践范围内。二是相关主体的"惯习依赖"得以突破，但依然呈现出"政策支持形式化"特征。在科层治理理性规制下，相关主体的惯习依赖开始得以突破，从而在一定程度上提高了县级政府、县直部门特别是县供销合作社部门开展土地托管的积极性、主动性和创造性。但科层治理理性仅动员起来县级供销合作社的积极性，其他相关主体积极性调动程度有限，仅限于政策文件发布上，保证了形式合理性。三是供销部门与农业部门存在职

---

① 资料来源：光明县原供销合作社豆主任访谈，2017年。

能重叠。光明县供销社合作指导科负责土地托管指导工作,而光明县农业局农经中心也负有指导土地托管服务的职能。职能重叠导致部门的冲突,尽管供销合作社采取各种措施协调同农业局的关系,但是供销社与农业局关系仍然难以协调。因此,科层治理理性并没有从根本上动员起各相关主体的积极性和主动性,从而为供销部门土地托管政策实践遭遇困境奠定了前提和基础。

关系治理理性对科层治理理性的消解则构成了供销部门土地托管政策实践遭遇困境的主要原因。这主要表现在如下两个层面。一是供销部门土地托管遭遇困境的内部原因。历史因素积累使乡镇基层社的惯习依赖不断强化,供销部门内部关系没有理顺,开展土地托管的积极性和主动性难以激发,导致供销部门难以把握土地托管政策的发展机遇。无论是在村社共建、合作组织建设、资金互助实践、为农服务中心建设等托管能力提高政策实践中,还是在供销合作社直接开展托管实践中,由于关系治理理性对科层治理理性的消解,供销部门托管实践均遭遇困境。这些是供销部门土地托管遭遇困境的内部原因。二是供销部门土地托管遭遇困境的外部原因。供销部门与相关主体的外部关系难以理顺,相关主体更多地基于个人利益最大化的目的,与农村社会主体形成利益共同体,共同抵制供销部门的土地托管实践,这些是供销部门土地托管遭遇困境的外部原因。

第四节　供销部门主导时期土地托管遭遇困境的影响后果

供销部门主导时期的土地托管政策不是针对简单的农业生产的财政补助,而是着眼于供销合作社综合改革整体性角度的体系化和综合性政策。供销部门土地托管政策已经形成了支持供销合作社发展为核心的政策体系,具体建立了供销合作社、村两委、合作社、资金互助组织"四位一体"的为农服务新机制,即将供销合作社的服务能力、村两委的组织能力、合作社的经营能力与资金互助组织的资金供给能力相结合，共同推动土地托管的发展。因此，供销部门土地托管政策目标除了具备推动供销合作社发展外，还具备为农户和新型经营主体提供托管服务、扩大土地托管面积，提高合作社组织化程度和增加资金互助服务业务，增加村集体收入、改善村庄治理和打造综合性为农服务平台、为政府分忧以增强供销部门合法性等综合性目标。供销部门土地托管政策遭遇困境，产生了如下一系列影响后果。

一　为农服务职责难以履行

土地托管作为凸显供销合作社为农服务的重要突破点，其开展不仅为农户和新型经营主体提供托管服务，提高合作社组织化程度和增加资金互助服务业务，而且有利于增加村集体收入，改善村庄治理。然而供销部门土地托管政策遭遇困境，供销合作社为农服务职责难以履行。具体而言，有如下表现。一是村庄治理影响有限。由于村社共建只是在有限的几个村庄进行开展，村社共建工作进展缓慢，所以对于村庄治理影响有限。二是合作组织未能有效合作，难以提高合作社组织化程度。三是资金互助业务难以开展，合作社资金互助业务难以有效运营。四是土地托管直接开展遭遇困境，为农服务中心难以有效运营，难以为农户和新型经营主体提供托管服务。

二　供销部门债务负担严重

以土地托管为切入点的供销合作社综合改革本意是要赋予供销合作社以改革活力，增强供销合作社经济实力，从而减少供销合作社的债务负担。然而，实际上却出现了悖反现象，即供销合作社债务负担非但没有减轻，反而更为严重。

一方面，县级供销合作社债务负担严重。在科层治理理性的规制下，光明县政府的惯习依赖开始得以突破，发布红头文件，全力支持供销合作社改革和土地托管工作。然而在实际支持方面，光明县政府"对供销合作社工作不太重视"的惯习依赖依然无法突破，主要体现在如下方面。（1）在领导诺言兑现方面，支持资金并没有得到落实。在供销合作社综合改革初期，供销合作社主任提出每年获得100万元财政支持的需求。然而，县委书记为了表示对供销合作社改革的重视，说"支持力度太少了，每年支持供销合作社200万元"①，并被写入了县政府文件，但是资金最终并没有落实。供销合作社主任并不会强制要求领导兑现承诺，因为他能充分理解领导做政治表态可以，但是作为下属不应该找领导要兑现承诺。（2）供销合作社综合改革试点部分资金的被剥夺。为了筹集供销合作社综合改革试点资金，光明县供销合作社主要进行了两次征地拆迁。第一次是家属院旧房改造工程，县供销合作社通过将光明县地段较好、市场价值较高，但还没有开发的30亩破落家属院进行改造，一共盈利2800万元，但县政府最终只给了2063万元，县财政还拖欠县供销合作社资金737万元。因此，在后来的土地托管项目建设中，县供销合作社通过银行贷款737万元完成项目，加重了县供销合作社的债务负担。第二次是学校附近家属院改造工程。县供销合作社通过将位于光明县小学附近的12.4亩土地进行拆迁，在改善供销合作社职工民生的同时，增加县供销合作社对为农服务中心建设的资金支持。但是却遭遇了如下困境：一是可开发土地面积缩减到1/3。县政府支持学校占了7.2亩地扩建学校，导致县供销合作社用以商业开发的土地面积缩小到5.3亩地。二是可开发资金缩减到1/10。按照土地出让价格，一亩土地收入在200多万元，然而县政府却按照土地划拨价格即20万/亩进行补偿，导致县供销合作社可投入开发资金减少了9/10。最终，供销合作社搞房地产开发并没有盈利，反而亏损了100万元。因此，在上述两次征地拆迁时，由于县级政府仍然存在"对供销工作不太重视"的惯习依赖，但是县

---

① 资料来源：光明县原供销合作社豆主任访谈，2018年。

级供销合作社又必须支持为农服务中心建设，所以不得不贷款，加重了县级供销合作社的负担。因此，县级供销合作社为此负担了837万元的债务。

另一方面，乡镇供销合作社债务负担严重。主要体现在如下两个层面。(1)在追求政绩的逻辑下，每个乡镇供销合作社都必须建设一处为农服务中心，根据项目要求，每处为农服务中心建设投资不低于500万元，项目自筹资金不低于申请财政资金总额。因此，对于承担项目的基层社来讲，自筹资金额要达到总投资的50%。根据表3—1可知，光明县基层社自筹的资金至少要达到3750万元以上。对于历史负担较重的基层供销合作社来说，仅能够维持部门的运转，根本没有资金进行投入。因此，基层社为了修建为农服务中心，不得不向银行进行借贷，从而加剧了基层供销合作社的负担。因此，乡镇供销合作社为此负担了3750万元的债务负担。和谐市委第八巡视组对光明县供销总社党组进行巡察，巡查结果发现，为农服务项目的开展，加重了基层社债务，在职工群众中造成不良影响。(2)供销合作社改革亮点的基层社负担严重。在政绩逻辑导向下，具体形成了以庄曹镇供销合作社、云青镇供销合作社和头店镇供销合作社为代表的土地托管政策实践亮点。亮点的打造吸引了全国供销合作社系统内的各级供销合作社领导的参与和学习，极大地增加了基层社的接待费用，从而加重了基层社的负担。

表3—1　　　　光明县供销合作社为农服务中心建设一览

乡镇名称	具体位置	占地面积（亩）	投资额（含地价）（万元）
门石镇	镇驻地	20	1500
庄曹镇	镇驻地	15	1000
云青镇	镇驻地	15	1000
岗西镇	镇驻地	10	600
官桥镇	龙庄村	10	500
东郭镇	镇驻地	13	800

续表

乡镇名称	具体位置	占地面积（亩）	投资额（含地价）（万元）
西郭镇	西郭村	10	500
张汪镇	镇驻地	15	500
级索镇	镇驻地	15	500
龙阳镇	镇驻地	10	600
合计	10处	133	7500

资料来源：根据实地调研所得。

三 供销合作社认同感遭到侵蚀

供销合作社开展土地托管的目的是实现合法性建构，获得政府部门和农民群众的认可，不仅要在政策上得到支持，更要在社会心理上得到各方的认可。供销部门主导的土地托管政策主要通过提高供销合作社托管服务能力，让供销合作社再为农户和新型经营主体提供土地托管服务，从而推动供销部门的转型。因此，建设为农服务中心，提高供销合作社托管服务能力只是手段，而让供销合作社开展土地托管则是最终目的。然而，供销合作社的土地托管政策实践总体上处于为农服务中心建设基本完成，而土地托管政策实践较少开展的尴尬位置。供销合作社非但没有践行为农户和新型经营主体提供托管服务的为农服务宗旨，反而因为农服务中心闲置率较高、合作社牌子乱挂和土地托管政策实践困难等现象塑造了各方主体对供销合作社不务实和单纯追求政绩的认知。具体而言，有如下表现。

第一，农户对供销部门的不认可。首先，为农服务中心的闲置或者出租给经营大户使用，在农户看来，就是供销部门不作为的典型表现，它们就是为了套取国家的政策和资金，形成供销合作社部门的固定资产，从而继续保持获得固定资产租金的特权，而不是想着真正为农民提供托管服务。其次，基层社与某些村干部基于庇护关系而成立的诸多"假大空"合作社，冒用了诸多农民群众的身份证信息，侵犯了农户的隐私权。最后，基层社在开展土地托管的合作社中的"挂牌"行为更是直接加深了农民群众对供销合作社不务实，只是谋取政绩的认知。

第二，供销部门职工对供销部门的不认可。对于县级供销合作社夸大为农服务中心建设项目绩效，虚报土地托管面积，要求每个乡镇基层供销合作社都必须建设一处供销合作社为农服务中心，而加剧了基层供销合作社的债务负担等问题，供销部门职工也非常不认可。因为在光明县供销合作社，在供销合作社职工养老费负担都还没有解决的前提下，县级供销合作社投资了那么多资金，修建了诸多为农服务中心，都没有利用起来。据统计，在供销合作社改革试点期间，光明县供销合作社一共获得了上级财政 2500 万元的项目支持，用以开展为农服务中心建设。在供销合作社职工看来，这就是"不考虑改善供销职工民生，只追求政绩的表现"[①]。因此，在笔者调研时，供销合作社职工得知笔者在开展供销合作社土地托管调研时，某些供销合作社职工建议笔者换一个课题，因为"供销合作社好多东西都是空的，都没有落到实处"[②]，从中可以体现出供销合作社职工对土地托管工作的不认可。供销合作社改革试点结束后，市政府对光明县供销合作社工作的巡查报告也充分体现了这一点，即"光明县供销合作社党委在对外宣传中，存在夸大项目效益等虚假宣传内容，对基层供销合作社难以为继现状及'为项目上项目'形式主义新表现避而不谈，在职工群众中造成不良影响"。

第三，县直部门对供销部门的不认可，突出表现在为农服务中心规划设计的不切实际，他们认为供销合作社根本不可能具备这样的人才和实力去将农业生产的所有服务环节包含在内，供销部门这么做的目的根本不是为农民服务。而为农服务中心的闲置率较高则更加加深了先前的判断。

第四，县级政府对供销部门的不认可。供销合作社改革期间，

---

① 资料来源：光明县岗西镇供销合作社职工访谈，2018 年。
② 资料来源：县供销联社合作指导科吕科长访谈，2017 年。

县级政府对供销合作社开展土地托管给予了很多项目和土地指标的支持，但是经过几年的扶持，供销合作社开展土地托管除保留几个亮点外，其他都发展不起来，因此，对供销合作社发挥作用不免感到失望。

综上所述，供销部门主导时期土地托管政策实践非但没有实现建构供销合作社合法性的目的，反而进一步侵蚀了供销部门存在的合法性。这也为后续工商企业主导时期土地托管的快速推进埋下了伏笔。

第五节　本章小结

本章从治理的视角研究供销部门主导时期土地托管政策遭遇困境的基层治理逻辑及其影响后果，主要有如下研究结论。

一是供销部门主导时期土地托管相关主体的行动逻辑。相关主体不仅遵循着科层治理理性，而且依循着多元化的关系治理理性。二是供销部门主导时期土地托管政策遭遇困境的实践逻辑在于以科层治理理性与关系治理理性及其互动为主要内涵的复合型治理理性。三是供销部门主导时期土地托管政策遭遇困境的影响后果。供销部门土地托管政策目标除了具备推动供销合作社发展外，还具备为农户和新型经营主体提供托管服务、扩大土地托管面积，提高合作社组织化程度和增加资金互助服务业务，增加村集体收入、改善村庄治理和打造综合性为农服务平台、为政府分忧以增强供销部门合法性等综合性目标。然而，供销部门开展土地托管非但没有提高土地托管面积，践行通过提供土地托管服务履行为农服务的职责，同时产生了供销部门债务负担严重和供销部门合法性遭到侵蚀等一系列影响后果。四是供销部门主导时期土地托管政策遭遇困境的主要逻辑。关系治理理性对科层治理理性的消解构成了供销部门主导时期土地托管政策遭遇困境的主要原因。关系治理理性虽然具有多种维度，但并不意味着关系治理理性对科层治理理性的作用方式是杂乱无章的,而是存在一定的位阶性。

区分关系治理理性位阶性的目的有两个,一是从理论层面看来有利于加深对土地托管政策遭遇困境的理解,土地托管政策遭遇困境的主导逻辑不仅在于关系治理理性对科层治理理性的消解,而且在诸多关系治理理性维度中,存在导致土地托管遭遇困境的主要逻辑;二是从实践层面来看,只有分离出来关系治理理性中导致土地托管政策实践遭遇困境的主要实践逻辑,进行优先排序,才可以"对症下药",提出有针对性的政策建议。在关系治理理性排序过程中,本研究主要遵循的标准有两个:一是关系治理理性作用于科层治理理性的顺序;二是关系治理理性作用于科层治理理性的作用强度。具体表述如下。

首先是"惯习依赖"价值型关系治理理性居上。由于受历史环境和社会主义市场经济大背景的影响,惯习依赖逻辑优先于面向上、面向下、同级部门的价值型关系治理理性,集中体现在无论县级供销合作社如何处理建构与其他主体的关联,均无法真正消解各自的惯习依赖,实现各方主体对供销合作社开展托管行动的真正支持。

其次是"面向同级部门"的价值型关系治理理性。光明县供销合作社主任通过面向同级部门关系治理理性的建构,处理部门间关系,推动土地托管政策实践。但是,从实际执行层面看,县级供销合作社通过同级部门价值型关系治理理性的建构并不能引起涉农部门对供销合作社开展土地托管工作的真正重视和配合,从而进一步消解了科层治理理性。

再次是"规避风险"的工具型关系治理理性。在托管能力提高政策层面,相关主体不愿意真正支持供销合作社开展村社共建、合作社建设和资金互助等实践,其主要原因在于其规避风险的逻辑居上。一是村社共建工作进展缓慢。村干部支持村社共建开展土地托管,不仅可能得罪某些既得利益者、引发社会矛盾,而且极易被村内反对派势力利用,影响现任村干部的连任。因此,村干部基于规避风险的逻辑，不愿意支持供销合作社开展村社共建工作。二是合作组织未能有效合作。以乡镇基层社为领办单位的合作社联社虽然建立起来了，然而实践中大多数合作社联合社都没有真正运作，其原因是基层社与经营大户都具有明显的规避风险倾向而无法实现合作。三是资金互助业务难以开展。供销合作社基层社主任基于规避风险逻辑，没有开展土地托管，更愿意将资金互助业务作为一项单向度的经营业务。因此，实践中并没有发挥资金互助对土地托管的资金支持作用。

又次是"寻求庇护"的工具型关系治理理性。在供销合作社开展土地托管过程中，其实践遭遇困境的主要原因在于为农服务中心后续运营过程中存在基层社开展土地托管难以突破基层社会的"庇护"等工具型价值治理理性，从而无法真正深入基层农村社会。

最后是"推卸责任"的工具型关系治理理性。由于在不同基层社之间管理人员工资调整方面、在基层社与社属公司关系调节方面、在协调基层社主任与基层社副主任关系方面，县级供销合作社基于推卸责任的工具型价值治理理性考量，经常出现行业指导角色缺位的现象，因此并没有动员起基层社开展土地托管的积极性和主动性。

第四章

主体转型时期土地托管遭遇困境的治理理性

2016年年底以来，伴随着供销合作社综合改革试点的结束，供销部门主导的土地托管时期宣告结束。供销合作社系统的土地托管经验溢出到其他部门，农业农村部门逐渐明确指导土地托管职责。特别是2017年以来，农业农村部发布了一系列支持土地托管的政策文件，土地托管作为促进小农户与现代农业发展的主推模式不断被予以强调，土地托管由此进入政府职能部门大力推广的时期。"土地托管"不再作为供销合作社的"专属品"而享受国家政策支持，国家开始鼓励支持包括供销部门在内的农村集体经济组织、家庭农场、合作社、农业企业和社会化服务组织等多元组织开展土地托管。而全国供销总社积极适应国家政策形势的变化，出台供销合作社促进农业社会化服务与小农户和现代农业发展有机衔接的文件。供销合作社作为土地托管政策实践的较早提倡者，理应成为土地托管发展的引领者。然而实际调研和全国供销合作社统计数据等多方证据证明，供销部门开展土地托管遭遇困境，供销部门的托管主体地位正在被工商企业所替代。这一点，即使是在针对山东省供销合作社的大型问政节目中，也有专家曾经明确指出这一趋势。在《问政节目》中，山东农联总站长曾经明确指出，开展土地托管服务，关系到民之大事，国之大器，因为它关系到现在还是将来"谁来种地""怎么种好地"这件大事，山东省是一个农业大省，开展这项工作尤其重要，国家也非常重视，应该说通过改革创新，做好这件工作是一个很好的发展机遇，但是我们从片子里可以看到，基层供销合作社并没有积极地主动地作为，我们也没有看到省级供销合作社在积极地指导。但是在社会上有一些社会企业，它们在积极地创新探索，而且还做出了很大的成效。今年有好几家单位还被评为了示范典型，比如说丰收公社。工商企业主导时期土地托管在全国一些地区开始普遍存在，而该地区的供销合作社却逐渐退出托管市场。因此，本节将这一时期托管主体的转变过程称为"主体转型时期"。

虽然第三章研究表明，供销合作社主导土地托管时期，关系治理理性消解科层治理理性导致了供销合作社开展土地托管陷入困境，但并不能构成解释土地托管主体变迁的充要条件。主要原因如下：一是供销合作社开展土地托管虽然没有在基层社中完全推广起来，但并不意味着全部失败，至少还有一些开展土地托管亮点的存在，在供销部门政策的支持下将继续具有发展土地托管的能力。二是从资本类型角度来看，托管市场主体至少可以划分为以供销合作社资本、工商资本和以合作社、家庭农场为代表的农村内生资本三大类，在政府职能部门大力支持多元主体的背景下，供销合作社资本何以完全退出托管市场？工商资本何以胜出，成为托管市场中的主导力量，也是第三章所不能完全解释的。因此，不同于经济学视角解释，本章致力于从基层治理的角度探究"托管主体由供销部门到工商企业转移这一过程"的发生机制和形构过程。

之所以选择山东省，是因为山东省供销合作社提出了以土地托管为切入点的供销合作社综合改革，土地托管迅猛发展，非常典型。在实践中，供销合作社土地托管遭遇困境主要表现为山东省为农服务中心利用率不高和土地托管开展缓慢。山东省供销合作社土地托管业务下降的同时，山东省工商企业开展土地托管的业务却发展迅猛。例如，在农业农村部举办的2019年全国农业社会化服务典型案例发布会中，20个典型案例，仅山东省就入选3个，3个公司土地托管面积总计可达到5500多万亩。由此，山东省土地托管中托管主体转型，具有一定典型性。

光明县作为山东省供销合作社综合改革试点和山东省农业生产社会化服务试点单位，托管主体的转型过程则更为典型。资料显示，光明县供销合作社在综合改革试点改革时期托管面积达20万亩，占全县土地总面积的40%。而光明县作为山东省农业生产社会化服务试点单位，更是将打造"丰收模式"作为光明县政府开展的重点任务。令人吊诡的是，2017年年底，供销合作社所开展的土地托管面积更加缩小，而丰收公社土地托管面积则高达5万亩，丰收公社在成立后的一年时间里就占据了托管市场的主导地位，而光明县丰收公社的负责人竟然是光明县供销合作社农业服务公司的负责人。2018年光明县委、县政府出台《关于支持丰收公社发展的实施意见》，则明确要求光明县供销合作社"整合利用好现有为农服务中心，支持丰收公社开展土地托管"，这更是在政策上宣示光明县供销合作社土地托管的失败。因此，光明县土地托管主体的转型则更具典型性。因此，本节对于转型时期土地托管时期基层治理理性的探究，主要以光明县开展土地托管为案例，利用复合型治理理性分析框架探究土地托管政策实践中托管主体转型的基层治理逻辑，即探究供销合作社最终退出托管市场和丰收公社开始成为托管市场主导力量的基层治理逻辑。本章涉及行动者主要包括丰收公社系统、县级政府领导、县农业农村局、县农机局、县镇供销合作社、乡镇政府、村委会和其他市场主体等，重点探究主体转型场域下不同主体的科层治理理性与关系治理理性及其互动过程。

第一节　主体转型时期土地托管中的科层治理理性

一　农业部门土地托管指导职责明确

2017年之前，无论是托管政策制定、托管项目实施抑或是托管试点开展、托管标准制定，都是由供销部门来运作。上级供销部门负责具体指导基层供销合作社和社属企业开展托管实践。2017年之后，供销合作社开展土地托管，享受政策和项目支持的特殊地位消失，基层社领办创办的合作社和其他市场主体一样，开展土地托管都会受到政府政策的支持，都要接受农业农村部门的行业指导。农业农村部门的行业指导主要体现在政策创设和项目推广方面。第一，在政策创设方面，农业农村部制定了一系列推动土地托管的政策。2017年5月，农业部办公厅发布通知，要求各级农业部门开展土地托管统计工作，有利于整体把握全国土地托管发展概况。2017年6月，农业部和财政部办公厅联合印发文件，明确指出"各级农业部门要加强对包涵土地托管在内的农业社会化服务行业的管理和指导，推动制定行业管理规范"。2017年8月，农业部、国家发改委和财政部联合下发发展农业生产性服务业的指导意见，明确要求"各级农业部门将土地托管作为农业生产性服务业的主推模式进行推广"。2017年9月，农业部办公厅再次下发指导意见，要求，"各级农村经营管理部门要针对土地托管的服务标准、质量、价格、信用等方面，强化规范引导"。由此可见，农业农村部门在土地托管的指导和行业管理职责更为明确。2019年，中央农村工作领导小组办公室明确将"指导开展农业生产托管服务"列为农经部门需要承担的职能任务。第二，在项目推广方面。自2017年以来，农业农村部与财政局积极协调，从农业生产发展项目中设立土地托管财政专项。中央财政资金连续三年支持土地托管发展，三年以来中央财政累计投入110亿元，极大地促进了土地托管的推广。土地托管政策支持实现了由供销部门垄断到多元主体鼓励的变迁。由此可见，在指导土地托管发展方面，农业农村部门负有指导土地托管的职能，供销部门负责指导供销系统企业和基层供销社土地托管的职责。因此，科层治理理性为基层政府土地托管支持对象的选择提供了可选择的范围，基层政府不一定非要全力支持供销部门开展土地托管，从而为供销部门开展土地托管丧失基层政府的支持提供了政策依据。

二 土地托管项目主体资质条件确定

科层治理理性通过设置资质条件来规制基层政府对土地托管实施主体的选择行为。2017年6月，原农业部办公厅和财政部办公厅下发文件，明确提出了托管服务主体的条件资质。具体而言，托管服务主体的选择必须同时满足以下四个条件。一是从托管服务经验上看，托管服务组织必须从事服务达二年以上。二是从托管服务能力上看，托管服务组织必须拥有其服务内容、服务能力相匹配的机械设备。三是从托管服务声誉上看，托管服务组织在质量和价格方面受到服务对象的认可和好评。四是从托管主体管理层面上看，托管服务组织必须在社会化服务行业管理部门监管下从事托管服务工作，才能获得政府项目支持。因此，托管服务主体只要具备以上四个条件，便具备了申报托管项目的基层条件。2019年提出的项目实施意见更是明文指出供销合作社、农村集体经济组织、公司、合作社和家庭农场等主体均可申请土地托管项目。因此，在科层治理理性的制约下，供销合作社只要满足以上四个条件，和其他市场主体一样，同样具备获得托管项目的机会。

三 供销部门土地托管要求深入推进

供销合作社综合改革试点结束后，中华全国供销合作总社积极推广土地托管工作。2017年4月，中华全国供销合作总社发布通知，明确将山东省供销合作社开创的"土地托管服务"作为11条复制推广经验之一而在全国供销合作社系统内推广，要求各级供销合作社加强组织领导和工作推动，积极复制推广该项工作。2019年4月，中华全国供销合作总社印发通知，积极要求"各级供销合作社大力推广供销合作社土地托管服务经验，争取地方政府支持，积极参与实施小农户生产托管服务促进工程，扩大土地托管面积"。2019年9月，中华全国供销合作总社印发《关于全面实施供销合作社农业社会化服务惠农工程的指导意见》，提出"实施农业生产托管服务拓展行动，推进涉农协同服务机制建设，努力将供销合作社打造成我国农业生产托管服务的主力军"。2021年5月，中华全国供销合作总社印发《关于促进巩固拓展脱贫攻坚成果同乡村振兴有效衔接的实施意见的通知》，要求"指导系统骨干社有企业和农业社会化服务主体组建供销合作社农业社会化服务联盟，提升服务水平"。2021年6月，中华全国供销合作总社、中央农办、中国人民银行、银保监会联合下发《关于开展生产、供销、信用"三位一体"综合合作试点指导意见》，要求"支持基层社开展土地托管等农业生产性服务，在有条件的村探索发展'土地股份合作社＋托管服务'，积极拓展生产服务"。2022年10月，中华全国供销合作总社召开党员干部大会传达学习党的二十大精神，要求"积极做好农业生产社会化服务，服务保障国家粮食安全"。2022年12月，中华全国供销合作总社召开党组（扩大）会议，传达学习中央农村工作会议精神，要求"大力开展农业社会化服务，健全服务体系，扩大服务规模，创新服务方式，推动小农户与现代农业发展有机衔接，促进农业适度规模经营"。同时，和谐市委第八巡视组对光明县供销总社党组进行巡察，巡查结果发现，光明县供销总社党组贯彻上级决策部署不力，落实供销综合改革重形式轻效果，主要表现在：一是片面夸大土地托管的面积和服务中心成效；二是为农服务中心建设闲置率高；三是为农服务项目的开展，加重了基层社债务，在职工群众中造成不良影响[①]。因此，光明县供销合作社不论是积极响应中华全国供销合作总社的号召，还是积极整改市巡查组反映的问题，在科层理性的规制下，都应该积极提高为农服务中心利用率，推动土地托管开展。

第二节　主体转型时期土地托管中的关系治理理性

供销合作社综合改革试点结束后，土地托管政策实现了由供销合作社主导到农业农村部门大力推广的转变。在科层治理理性导向下，虽然农业农村部门在指导土地托管发展的职能和管理责任上更加明确，但是供销合作社领办创办的合作社与其他市场主体开展土地托管依然同等享受国家政策扶持和项目支持。而且光明县供销合作社在全国总社对土地托管极力倡导政策导向下以及市委巡查组的督导下，虽然出现了第三章所呈现的，供销合作社开展土地托管遭遇的困境及其一系列意外后果，但是光明县供销合作社依然具有开展土地托管的动力和积极性。光明县供销合作社综合改革试点结束后，原供销合作社主任调任为光明县农机局局长，而由光明县党校副校长来担任光明县供销合作社主任一职。作为"为农服务国家队"的供销合作社，理应在县供销合作社主任的领导下，在农业农村部门政策和项目支持下，提高为农服务中心利用率，积极稳妥地开展土地托管，践行为农服务宗旨，提高供销部门合法性。然而，实践表明，光明县供销合作社继续开展为农服务中心项目的投资建设，供销合作社开展土地托管非但没有取得预期成效，反而开展更加困难，供销合作社逐渐退出托管市场，土地托管市场几乎被丰收公社所垄断，托管主体由此实现了由供销部门到工商企业的转型。因此，对于这一现象

[①] 资料来源：《光明县供销合作总社党组关于巡察整改情况的通报》，2017年。

的解释，仅仅从第三章供销合作社主导时期的土地托管所带来的实践后果和转型时期的科层治理理性来分析还远远不够，必须深入具体转型时期土地托管相关主体的基层实践，从关系治理理性角度分析相关主体的行为逻辑。

一　主体转型时期土地托管相关主体关系协作

（一）主体转型时期托管相关主体的惯习强化

在供销合作社土地托管实践中，各相关主体的惯习依赖非但没有转变，反而进一步得到强化，具体体现在如下方面。首先，县级政府的"惯习依赖"得以强化。供销合作社综合改革一定程度上冲破了县级政府对"供销合作社不太重视"的惯习依赖，对供销合作社开展土地托管给予了很多项目支持。然而经过几年的扶持，供销合作社开展土地托管除保留几个亮点外，其他都发展不起来。而且光明县供销合作社综合改革亮点的打造最终并没有实现打造政绩的目标，上级领导人并没有来参观。因此，县级政府"惯习依赖"再次强化起来。其次，县直部门的"惯习依赖"得以重塑。对于县级农业农村局等县直部门而言，供销合作社主导土地托管期间，供销合作社部门只为获得政绩而不真正开展土地托管，践行为农服务宗旨，反而对发展较好的农民专业合作社和农机合作社等进行"挂牌"，这不仅契合了县级农业部门等县直部门对供销部门"官僚主义"的预判，而且更加引起了相关县直部门对供销部门的不满，因此，强化了对供销合作社"不太支持"的惯习依赖。再次，乡镇政府的"惯习依赖"得以重塑。供销合作社开展土地托管的失败事实进一步强化了乡镇主要领导"供销合作社不具备托管经营实力"的认知，镇政府"对供销合作社工作不太重视"的惯习依赖得以重塑。又次，乡镇基层社的"惯习依赖"得以强化。供销合作社开展土地托管的失败经验，进一步强化了大多数乡镇基层社的惯习依赖，即"保持供销合作社生存，不愿意开展土地托管"。它们宁愿将负债建设的为农服务中心交由其他经营大户或农业企业经营，也不想冒着风险开展土地托管，他们只想维持着农资销售的传统业务，而不愿意开展新型的土地托管业务。最后，农民群众的"惯习依赖"得以强化。供销合作社开展土地托管的失败经验，为农服务中心的大量闲置，基层社与村干部基于庇护关系而成立的诸多"假大空"合作社和开展的"挂牌"行为直接加深了农民群众对供销合作社不务实、只是谋取政绩的认知。农民群众"对供销合作社土地托管服务不愿意接受"的惯习依赖得以强化。综上所述，供销合作社改革期间土地托管开展的失败经验，进一步强化了相关主体的惯习依赖。因此，供销合作社改革试点之后的光明县供销合作社很难获得政府部门的支持。

（二）土地托管中的供销与政府职能部门关系

县供销合作社开展土地托管，如果直接开展土地托管，缺少不了农业农村项目的支持。而供销合作社如果不想直接开展土地托管，而想要提高为农服务中心利用率，最好的选择则是与农机合作社合作，将为农服务中心设施租赁给农机合作社经营。因此，县供销合作社需要获得县农业农村局和县农机局的支持。而农机合作社与供销合作社合作，一方面可以提高为农服务中心利用效率，解决供销合作社无法解决的困难；另一方面农机合作社也可以将农机设备放置到为农服务中心，解决农机合作社发展所面临的建设用地紧缺问题。因此，县供销合作社基于面向同级部门的价值型关系治理理性积极协调县直部门关系，但是由于各种历史遗留问题，县供销合作社和县农机局最终却没有合作成功。

（三）土地托管中的县级与乡镇供销部门关系

土地托管政策实践的开展，离不开县级供销合作社对基层供销合作社的行业指导作用。因此，县级供销合作社主任在基层供销合作社面前需要保持权威作用，刚上任的县级供销合作社主任，面对着为农服务中心闲置率高、土地托管难以开展、供销合作社债务加剧、系统职工不满意情绪高涨等问题，为了塑造其在供销合作社系统内的威望和领导力，县供销合作社主任基于"面向下"的价值型关系治理理性。在没有通知各基层社的情况下，县级供销合作社就利用代管基层社的权力，在成立光明县丰收公社的合同上加盖了各基层社的印章，支持成立光明县丰收公社。同时全县10家基层供销合作社均投资成为丰收公社的股东，享受丰收公社6%的股权。因此，供销合作社本想通过吸引市场投资，联合办社，开展土地托管，最后反而培育了光明县供销合作社最有实力和最有能力的竞争对手，这成为开启土地托管主体由供销部门向工商企业转型的关键节点。

（四）土地托管中的供销部门与县级政府关系

为了解决供销合作社土地托管面积较小的问题，县级供销合作社支持县级农业服务公司开展土地托管，同意供销合作社农业服务公司叶总与丰收农资企业合作，增强实力。然而在筹备过程中，县级供销合作社与丰收农资企业在组织名称和股权分配方面均发生了激烈分歧。最终，供销合作社农业服务公司叶总选择了丰收农资企业作为其主要合作伙伴，作为指导部门的县级供销合作社反而被抛弃了。县级供销合作社主任基于面向上的价值型关系治理理性的考虑也不得不接受这一现实。具体表现在如下方面。（1）在新成立组织名称方面。县级供销合作社倾向于使用带有"供销"字样的名称，希望命名为"光明县供销丰收公社"以凸显供销部门的引领作用，而丰收农资企业则更倾向于命名为"光明县丰收公社"以凸显丰收农资企业的功能。（2）在初始投资方面。丰收农资出资450万元，供销合作社农业服务公司叶总个人出资400万元，供销合作社农业服务公司以150万元入股，共同组成投资1000万元的农业服务公司。县级供销合作社也想要改善投资过小的局面，追加投资460万元，成为投资最大的股东，但是却遭到丰收农资公司的反对。（3）在股权分配方面。注资完成后，丰收农资公司、供销合作社农业服务公司叶总个人、公司职工和供销合作社农业服务公司的股权分配占比情况分别为36%、34%、15%和15%。而其中，供销合作社农业服务公司叶总占有供销合作社农业服务公司股权的

60%，因此，实质上丰收农资公司、供销合作社农业服务公司叶总个人、公司职工和供销合作社的股权分配占比情况分别为 36%、43%、15% 和 6%。供销合作社农业服务公司叶总个人成功吸纳了丰收农资公司和县供销合作社的投资，实质成为光明县丰收公社的最大股东。供销合作社农业服务公司叶总在选择丰收农资公司和县级供销合作社哪一方作为其主要合作伙伴时，即使县级供销合作社可以投入比丰收农资公司更多的资金，供销合作社农业服务公司叶总基于面向上价值型关系治理理性考量，仍然会选择丰收农资公司作为其主要合作伙伴。

因为丰收农资企业是成立于光明县域内的中国最大的民营化肥企业，是光明县纳税第一大户，其打造丰收公社，实现农资企业向农业服务公司的转型，必然会得到地方政府的关注和大力支持。

二 主体转型时期土地托管相关主体策略选择

（一）土地托管中的相关主体风险规避行为

首先，农业农村局基于规避风险的逻辑。2017 年，光明县作为农业社会化示范县，承接了 1000 万元的土地托管项目。县农业农村局为了完成土地托管项目，评选了 10 家合作社来承接项目。在项目运作过程中，由于 8 家合作社是虚假合作社，全是为了承接项目临时而租赁的农业机械。因此，虚假合作社大量雇用当地合作社的农业机械来完成项目任务，获取农业补贴。以农业播种服务为例，政府项目补贴为 30 元/亩，承接项目的虚假合作社为了伪造项目接受服务对象即农户的签字认可，以每亩 10 元的价格与村干部达到合谋，换取村干部的配合。最后，由于当地机械都被用以完成项目，而导致非托管服务区农户雇用不到本地机械。在供需定律的影响下，外来机械价值也抬高了，极大地损害了农户的利益，从而导致农户的上访行为。因此，在此事件影响下，农业农村局基于规避风险的逻辑，倾向于支持一个经济实力雄厚的企业即丰收公社来承接政府项目。正如县农业农村局局长所言，"全县合作社和家庭农场虽然达到 2000 家，但虚假合作社太多，整体发展实力都很差，要他们来承担项目，风险太大，不利于我们开展工作"①。而当笔者调研为什么不选择供销合作社主体领办创办的合作社时，县农业农村局农经中心主任说"供销合作社创办的合作社，也没有真正有实力的，风险也很大"②。可见，县农业农村局也是基于规避风险的需求而没有支持供销合作社开展土地托管。

其次，县供销合作社规避风险的逻辑。供销合作社作为政府开展"三农"工作的重要抓手，理应在大户跑路、地方政府面临维稳压力剧增的时刻发挥积极作用，既能帮助政府解决问题，也能借此发展土地托管业务。然而，供销合作社同时基于风险规避的逻辑并不积极承接大户经营失败的土地，因为一旦经营失败，供销合作社将承担农户上访的风险。因此，县供销合作社丧失了扩大土地托管面积，提高为农服务中心利用率的机遇。在为农服务中心建设方面，县级供销合作社非但没有提高服务中心的利用效率，反而基于规避风险的需要，一是为了规避县级政府侵占供销合作社资产的风险；二是为了规避供销合作社职工私分供销合作社资产的风险，继续新建为农服务中心，进而造成服务中心更大的闲置。对于供销合作社主任而言，县供销合作社通过该拆迁获得 2000 万元资金，属于供销合作社资产，如果不能以合法方式从财政局支出去，形成供销合作社固定资产，便可能面临着县政府挪用和职工私分的风险。

最后，乡镇政府基于规避风险的逻辑。土地流转作为实现土地规模化和实现现代农业的主要手段，一直受到地方政府的鼓励。据调查，2008—2013 年，土地流转数量一直被县政府视为考核乡镇政府的重要指标。自 2013 年之后，虽然土地流转指标考核软化，但每年乡镇政府依然有流转 500 亩土地的考核要求，土地流转数量也与村两委干部工资绩效挂钩。因此，乡镇政府具有招商引资、引进

---

① 资料来源：光明县农业农村局白局长访谈，2018 年。
② 资料来源：光明县农业农村局农经中心侯主任访谈，2017 年。

工商资本流转土地、发展现代农业的动力。然而，经营几年后，由于工商企业在粮食种植领域，主要采用工业方式管理农业导致经营管理不善，拖欠了农户的土地租金和务工工资，企业破产而跑路，农户利益受损，加剧了农户的上访风险。另外，由于当初乡镇政府为了吸引工商资本经营土地，而将土地集约起来，配备了齐全的基础设施，重新复垦分给农户也面临着很大的困难，因此，如何找寻到一家企业来接手土地，继续开展农业经营，从而实现"和平过渡"，成为地方政府最为紧迫的选择。光明县各乡镇普遍面临着工商大户"跑路"的风险或潜在风险，乡镇政府维持稳定的风险剧增。因此，乡镇政府基于规避农户上访、社会稳定风险的逻辑而倾向于选择资金实力较为雄厚的经营主体来承接土地经营。

其实，某些乡镇政府的第一选择是基层供销合作社，希望供销合作社承担起土地经营的职能。但是很多基层供销合作社基于风险规避的考虑，都不愿意接手这些"跑路"或即将"跑路"的土地，这令某些乡镇领导大失所望。而当笔者向多位乡镇主要领导提出"供销合作社能否成为党和政府开展三农工作的抓手？"，大多数乡镇主要领导都拿"供销合作社不愿意提党和政府承接土地"为例，都予以否认①。而丰收公社的成立则成为乡镇政府的重要选择，因为丰收农资公司作为国内最大的化肥制造商，经济实力雄厚，而且该公司起源于光明县，属于当地企业，所以乡镇政府对丰收公社较为信任。根据调查，丰收公社成立初期就接到了各个乡镇书记、镇长或者分管农业副镇长"引进丰收公社，接手经营失败土地"的合作诉求②。据统计，2017年丰收公社接手经营的土地托管面积达到1万亩，占光明县丰收公社总托管面积的50%。以下是光明县土地流转跑路情况汇总（如表4—1所示）。

---

① 资料来源：庄曹镇曹镇长访谈，2018年；级索镇级镇长访谈，2019年；龙阳镇龙书记访谈，2019年。

② 资料来源：光明县丰收公社负责人叶总访谈，2019年。

表 4—1　　　　　　　　光明县土地流转跑路情况

乡镇名称	公司名称	涉及流转面积（亩）	拖欠租金和人工工资（万元）	村庄数量（个）
门石镇	A 公司	3000	300	4
庄曹镇	B 公司	2000	0	3
云青镇	C 公司	1000	0	1
岗西镇	D 公司	2000	200	2
官桥镇	E 公司	2000	100	3
东郭镇	F 公司	800	0	1
西郭镇	G 公司	600	50	1
张汪镇	H 公司	500	30	1
级索镇	I 公司	1100	0	2
龙阳镇	J 公司	800	40	2

资料来源：根据实地调研所得。

（二）土地托管中的相关主体庇护抵制行为

供销合作社部门和丰收公社等市场主体开展土地托管，都应该同等得到农业农村局等部门的支持，然而在转型时期，农业农村局和丰收公社形成一定的庇护关系。具体而言，一方面，光明县农业农村局的土地托管政策落地和项目实施等农业治理任务和农业政绩需要依靠丰收公社来完成；另一方面，丰收公社也从政策制定、实施和项目落地中获取了大量的政策性资源。农业农村局和丰收公社所形成的庇护关系，共同抵制供销合作社部门开展土地托管的实践。具体来看，表现在如下方面。(1) 政策起草过程中形成一定的庇护关系。关于支持丰收公社开展土地托管的政策文件，由于丰收公社满足了地方政府的施政需求，作为"回报"，政府将政策草稿的起草权部分赋予了丰收公社。因此，在政策草稿一般由光明县农业农村局、丰收公社总部和光明县丰收公社三者共同确定。文件草稿第一稿一般由光明县丰收公社负责人即县供销合作社农业服务公司负责人根据土地托管所需要的政策支持先行起草文件草稿，然而由丰收公社总部修改为草稿第二稿，然后再经县农业农村局同意形成文件讨论稿，最后，递交给光明县县委和县政府常务会议讨论通过。因此，在政策形成过程中，县农业农村局与丰收公社形成了一定的庇护关系，光明县出台了一系列专门支持丰收公社开展土地托管的政策，要求政府各部门优先安排项目资金，全力支持丰收公社。在处理与供销合作社关系上，2018 年 1 月 31 日发布的《光明县人民政府关于支持丰收企业等社会化服务组织助推现代农业发展的通知》提出，"供销部门要利用供销系统的流通渠道，在物流流通、信息服务及为农服务中心等方面优先为丰收公社农业服务组织的发展提供帮助"。供销合作社和丰收公社作为土地托管服务主体应该平等享有政策扶持的权利，笔者作为政策咨询者在文稿起草过程中也将"供销合作社"明确列入扶持对象行列，但和谐供销合作社负责人并不同意，认为文件中添加"供销合作社"会增加其开展土地托管的气势，不利于丰收公社的利益，只写"丰收公社等"就可以了。最终，在农业农村局的支持下，"供销合作社"只能沦为"等"的范畴了。正如县供销合作社主任说，"除了丰收公社，都属于等的范围了，实质上就是让供销合作社等着，供销合作社等不起啊！"① （2）在对外宣传中形成一定的庇护关系。由于丰收公社已经成为全省发展的典型，全国省市级各级领导都会去丰收公社总部参观，在土地托管座谈会上，光明县丰收公社往往会大力夸赞县农业农村局对丰收公社发展所给予的大力扶持，而对县供销合作社开展托管的失败则毫不掩饰地进行批判。

（三）土地托管中的相关主体政绩追求行为

由第三章可知，县供销合作社为了获得地方政府的支持，而基于政绩追求的逻辑以打造庄曹镇、门石镇和庄曹镇为代表的"土地托管观景点"吸引国家领导人来观看为目标。然而，在地方政府连续 3 年支持供销合作社开展土地托管的背景下，供销合作社塑造的

---

① 资料来源：光明县供销合作社董主任访谈，2019 年。

"亮点"非但没有引起国家领导人的关注,地方政府政绩追求的目标没有得到实现,而且其亮点也没有持续发展起来,为农服务中心开始闲置,引起了各方的不满。综上所述,供销合作社开展土地托管的做法和绩效并不能满足地方政府的政绩需求。而对于丰收公社来讲,则可以满足地方政府的政绩需求。一方面,丰收公社可以满足地方政府发展经济的政绩需求。丰收农资公司作为国内最大的民营化肥制造商,总部所在地位于光明县境内,公司注册地位于和谐市,因此,丰收农资公司是光明县乃至和谐市的纳税大户。丰收农资公司适应农资市场激烈竞争和土地托管支持政策导向等社会情景的改变,开始进入土地托管领域,进而垄断所服务土地的农资供应,从而实现企业的可持续发展。而对于地方政府来说,丰收农资公司发展越好,营业收入越高,所缴纳税额就越高。因此,光明县政府支持丰收公社发展可以满足其发展经济的目标。另一方面,丰收公社可以满足地方政府和县农业农村局打造土地托管示范县的政绩需求。丰收公社以解决"谁来种地""如何种好地"等政府痛点问题为着力点,致力于打造国内最大的农业服务平台,在全国开展土地托管已经达到 2566 万亩。因此,支持丰收公社开展土地托管可以实现地方政府和县农业农村局打造农业生产社会化服务示范县的政绩需求。比如,光明县之所以可以评为六家省级农业生产社会化服务示范县之一,主要源于丰收公社在开展土地托管的成绩。2018 年出台的《中共光明县委光明县人民政府关于支持丰收公社发展的实施意见》则将工作目标设定为"通过今后 3 年左右的支持,力争把丰收公社培育发展成为全国新经济 100 强企业、农业服务领域最大的独角兽企业"。"全国新经济 100 强企业"体现出地方政府支持丰收公社的目的是发展经济的意涵,而"农业服务领域最大的独角兽企业"则体现出地方政府在支持土地托管发展方面创造出显著成绩的政绩诉求。由于光明县作为丰收农资公司总部所在地,为了向各级政府彰显丰收公社的发展成绩,实现"一鸣惊人"。2017 年,丰收公社刚一成立,光明县政府就向光明县丰收公社下达了年内必须实现托管 2 万亩土地的目标。对于乡镇政府而言，由于贫困村大多位于传统农业型村庄，村庄外出打工较多，贫困人口多为留守在村的老人，由于劳动力能力有限，很难再从事粮食种植，土地抛荒问题较为严重。因此，乡镇政府基于扶贫的政绩需求，往往主动与丰收公社进行接触，洽谈合作，形成了"土地托管＋扶贫"的创新模式。而作为丰收总部，为了成为国内最大的农业服务平台，向各级政府彰显丰收公社的发展成绩，要求县级丰收公社迅猛增加土地托管数量。综上所述，供销合作社开展土地托管并不能实现地方政府的政绩需求，而支持丰收公社开展土地托管则同时满足了地方政府发展经济和打造托管示范县的双重政绩需求，对于乡镇政府而言，则可以实现扶贫等政绩需求的满足。

（四）土地托管中的相关主体任务完成行为

为了向各级政府彰显丰收公社的发展成绩，实现"一鸣惊人"，2017 年丰收公社刚一成立，光明县政府就向光明县丰收公社下达了年内必须实现托管 2 万亩土地的目标。而由上文可知，丰收公社可以满足乡镇政府规避风险的需求，因此丰收公社可以顺利承接土地流转大户的土地，因此，由流转而来的托管土地面积共计 1 万亩，此外距离丰收公社年终任务目标，还有不少的差距。作为光明县丰收公社负责人同时兼任供销合作社农业服务公司负责人的叶总，基于"完成任务"的逻辑，利用基层供销合作社并没有积极性开展土地托管，而且还要面临着巨大风险的心理，利用其自身的经济实力优势，想要乘机将供销合作社开展托管实践的土地转变为丰收公社的托管土地。具体而言，主要采取了如下策略：一是将供销合作社具备土地托管经验的人才通过高薪方式和聘为副总的方式吸纳到丰收公社工作。例如庄曹镇供销合作社主任年薪 3.6 万元，而且只是一年一发。供销合作社主任未更换之前，由于基层社主任可以保留 16% 的管理费用，在开展土地托管等亮点业务时，可以保证基本的费用。县供销合作社主任更换之后，管理费用的取消导致基层社担心工作做得太突出，因为这样会增加他们的个人成本。因此，针对托管经验丰富但积极性不高的庄曹镇供销合作社主任，丰收公社通过高薪方式和聘为副总的方式将其吸纳到丰收公社工作。庄曹镇供销合作社合作的两个村庄，2000亩土地也就成为丰收公社托管的土地。二是提高供销合作社托管土地周边的价格促使基层社主动放弃开展土地托管。例如，庄曹镇供销合作社依托为农服务中心开展的2000亩土地托管被村民抽回，转变为丰收公社开展的土地。云青镇西王村供销土地股份合作社作为供销合作社村社共建示范点和土地托管试点，每亩采用"600元保底＋分红"的股份式托管方式开展托管示范点。

（五）土地托管中的县级供销合作社责任推卸行为

供销合作社开展土地托管，涉及方方面面的利益关系。作为指导土地托管开展的县级供销部门，应该履行职责，协助基层社处理供销合作社内外部各种关系。但是在土地托管政策实践上却往往出现县级供销合作社职能作用发挥缺位的现象，供销合作社主任主要基于推卸责任的工具型价值治理理性考量，主要表现在如下层面。

一是内部管理上机械地执行上级政府文件，压制了基层供销合作社开展土地托管的积极性，主要体现在基层社管理费用和土地托管奖励政策的取消。在内部管理上，供销合作社主任否认前任主任制定的较为灵活的管理制度，严格内部管理，并要求基层社全部退还已支出的管理费用，上缴县级资本运作公司统一管理。基层社开展业务需要一定的成本，在前任县供销主任与基层社社长多次讨论的基础上，确定了16%的管理成本，用以基层社开展各项业务活动。同时，为了激励基层社开展土地托管，前任供销合作社主任还设立了土地托管奖励政策。但是现任供销合作社主任仍以"不符合中央政策"为由予以取消。

二是在外部关系协调层面，县级供销合作社并没有积极履行指导功能。具体体现在如下层面。（1）体现在县级农业服务公司与基层社关系的协调层面上。比如头店镇供销合作社为农服务中心由五个基层社和农业服务公司合作开展托管服务，托管面积达到2000亩。然而，合作不到一年时间，六家供销合作社单位由于利益分配的不平衡以及经营实力的差距，便出现了较为严重的"争夺主导权"现象。其根源在于农业服务公司具备较强的经营服务能力，而其他5家基层供销合作社经营能力较弱，而其领头的头店镇供销合作社主任又不具备管理能力，所以，县农业服务公司想要获得头店镇为农服务中心的主导权，统一协调其他5家单位。最终由于县供销合作社没有积极协调和引导，导致6家供销合作社单位合作开展托管的失败。头店镇供销合作社虽然拥有了为农服务中心的经营管理权限，但却因缺乏资金实力而导致价值2000万元的为农服务中心出现闲置。（2）体现在基层供销合作社与村集体关系的协调层面上。西王村供销土地股份合作社作为村社共建示范点和土地托管试点采取"保底＋分红"的股份式托管方式而成为供销合作社开展土地托管的"亮点"。然而由于托管经营管理不善，村民只能获得保底收入，与村两委当初集约土地承诺的分红有一定差距。而且西王村周边村庄的托管保底价格已经提高到800元每亩，更是加剧了村民的不公平感。在村民压力下，村两委要求基层社必须分红，否则就不予以合作。而云青镇基层社开展股份式托管，已经将土地绝大多数收益留在了村庄，不愿意赔钱给村民分红。在此背景下，县级供销合作社非但没有积极支持和引导协调，而是采取了不介入的消极态度，让基层社自行处置。最终，基层供销社基于风险规避的考虑而放弃与村两委合作，供销合作社土地托管遭遇困境。

第三节 主体转型时期土地托管遭遇困境的治理理性

由上述分析可知，在主体转型时期，土地托管相关主体既遵循着科层治理理性逻辑，同时也遵循着以价值型关系治理理性与工具型关系治理理性为主要内容的关系治理理性逻辑。根据《问政山东》栏目对山东省供销联社部门的"问政"，发现供销合作社为农服务中心效能发挥不明显，土地托管政策实践遭遇困境，相反，以丰收公社为代表的工商企业开展成为托管市场中的主体。而光明县的土地托管政策实践也不例外，供销合作社在各级政府职能部门的支持下，理应积极稳妥地开展土地托管政策实践，提高为农服务中心利用率，减轻基层社负担，重塑部门合法性。然而，供销合作社继续开展土地托管非但没有实现上述目的，反而，留存的供销合作社土地托管试点也相继遭遇失败，为农服务中心利用率也没有得以提高，供销合作社负担依然加剧，托管服务主体更是在一年时间内实现了由供销部门到工商企业的转型。实践表明，正是以科层治理理性与关系治理理性及其互动为主要内涵的复合型治理理性才是导致供销部门最终退出托管市场、土地托管主体实现转型的实践逻辑，以下是具体分析。

一 供销部门土地托管遭遇失败的首要原因

（一）相关主体行动边界得以规定

科层治理理性规定了关系治理理性的行动范围，为关系治理理性的运作提供政策依据。从供销合作社托管政策的要求来看，供销合作社开展土地托管要求深入推进。一方面，自2016年供销合作社综合改革试点结束后，土地托管开始成为一项独立的农业政策，而成为农业农村部所明确推广的重点工作之一。伴随着党的十九大明确提出"小农户与现代农业发展相衔接"的政策要求，土地托管作为实现小农户和现代农业发展有机衔接的主推模式被不断予以强调。而从全国供销总社发布的供销合作社促进小农户和现代农业发展有机衔接的实施意见来看，供销合作社要积极参与实施小农户生产托管服务促进工程，扩大土地托管面积。因此，科层治理理性为土地托管的主要受益对象即小农户做出了明确规定。另一方面，则是根据和谐市委第八巡视组对光明县供销总社党组在供销合作社综合改革时期的行为做出的巡视，调研发现了为农服务中心闲置率较高、土地托管政策实践开展困难、供销合作社负担严重等问题，要求光明县供销合作社予以整改。因此，无论是价值型关系治理理性抑或是工具型关系治理理性诸种策略行为的选择仍然被限定在提高为农服务中心建设质量、提升村社共建水平、提升合作社建设效能、扩大资金互助试点以及扩大供销合作社直接开展土地托管的面积和质量等范围内。据此，科层治理理性为关系治理理性的运作划定了行为边界。

（二）政策支持主体多元化提供了可选择范围

光明县政府积极贯彻中华全国供销合作总社及和谐市委第八巡视组的巡视要求，积极提升以土地托管为核心的供销社综合改革质量。因此为了解决供销合作社土地托管面积较小的问题，县级供销合作社支持县级农业服务公司开展土地托管，同意供销合作社农业服务公司叶总与丰收农资企业合作，增强实力。这是由科层治理理性中的"等级权威"特征决定的。在土地托管政策设计和项目供给方面，支持对象实现了由供销部门垄断到多元主体鼓励的变迁。因此，科层治理理性为基层政府土地托管支持对象的选择提供了可选择的范围，基层政府不一定非要全力支持供销部门开展土地托管，从而为供销部门开展土地托管丧失基层政府的支持提供了政策依据。这是由科层治理理性中"规章制度"特性决定的。从职责分工来看，农业农村部门负有指导全国土地托管发展的职能，供销部门则负责指导供销系统企业和基层供销社开展土地托管的职责，农业部门土地托管职责的明细化，供销部门与农业部门职责的重叠化为供销部门土地托管遭遇失败奠定了组织基础。

二 供销部门土地托管遭遇失败的主要原因

关系治理理性消解科层治理理性是导致供销部门土地托管遭遇困境的主要原因，具体分析如下。

(一) 土地托管相关主体关系并未和洽

土地托管作为一项体系化的综合性政策，供销合作社土地托管的开展需要得到各相关主体的支持。从主体关系处理层面看。光明县供销合作社积极处理与各方主体的关系，但是依然无法真正突破既有的"惯习依赖"，无法真正地支持供销合作社开展土地托管业务。具体而言，主要包括以下几点。

首先，县级政府的"惯习依赖"得以强化。供销合作社综合改革在一定程度上冲破了县级政府对"供销合作社不太重视"的惯习依赖，对供销合作社开展土地托管给予了很多项目支持。然而经过几年的扶持，供销合作社开展土地托管除保留几个亮点外，其他都发展不起来。而且光明县供销合作社综合改革亮点的打造最终并没有实现打造政绩的目标，上级领导人并没有来参观。因此，县级政府"惯习依赖"再次强化起来。

其次，县直部门的"惯习依赖"得以重塑。对于县级农业农村局等县直部门而言，供销合作社主导土地托管期间，供销合作社部门只为获得政绩而不真正开展土地托管，践行为农服务宗旨，反而对发展较好的农民专业合作社和农机合作社等进行"挂牌"，这不仅契合了县级农业部门等县直部门对供销部门"官僚主义"的预判，更加引起了相关县直部门对供销部门的不满，因此，这进一步强化了对供销合作社"不太支持"的惯习依赖。在县供销合作社与县农业农村局关系处理层面。面向同级部门价值型关系治理理性并没有突破县农业农村局对供销部门的惯习依赖。因此，在农业农村局负责具体的土地托管开展之后，即使供销合作社部门领办的合作社具备开展土地托管项目的条件，县农业农村局也不愿意把项目交由它们来实施。

再次，乡镇政府的"惯习依赖"得以重塑。供销合作社开展土地托管的失败事实进一步强化了乡镇主要领导"供销合作社不具备托管经营实力"的认知，镇政府"对供销合作社工作不太重视"的惯习依赖得以重塑。因此，当各乡镇政府基于规避农户上访、规避风险的逻辑而倾向于选择供销合作社来承接土地时，很多基层供销合作社却基于风险规避的考虑，都不愿意接手这些"跑路"或即将"跑路"的土地，从而进一步强化了乡镇政府的"惯习依赖"。

又次，乡镇基层社的"惯习依赖"得以强化。供销合作社开展土地托管非但没有实现预期目的，反而产生了服务中心难以运营、托管实践难以开展、供销合作社负担加剧等困境，这一失败经验，进一步强化了大多数乡镇基层社"维持供销合作社生存，不愿意开展土地托管"的惯习依赖。它们宁愿将负债建设的为农服务中心交由其他经营大户或农业企业经营，也不想冒着风险开展土地托管，它们只想维持着农资销售的传统业务，而不愿意开展新型的土地托管业务。而对于依然保存着"惯习依赖"而没有干事创业的基层社而言，新上任的县级供销合作社主任并没有积极采取措施来提高基层社对处理如何提高为农服务中心利用率、扩大土地托管面积和减轻供销合作社负担等工作的积极性。

最后，供销部门与丰收公社关系并未协调。为了推动土地托管开展，县级供销合作社支持供销合作社农业服务公司与丰收农资企业合作，增强企业实力。然而供销合作社农业服务公司叶总却选择了丰收农资企业作为其主要合作伙伴，作为指导部门的县级供销合作社反而被抛弃了，具体表现在新成立组织名称、初始投资和股份分配方面，供销合作社农业服务公司叶总选择了丰收公社提议。因此，县级供销合作社主任基于面向上的价值型关系治理理性的考虑也不得不接受这一现实。在面向上的价值型关系治理理性导向下，光明县供销合作社培育了供销合作社最有实力和最有能力的竞争对手即丰收公社。这构成了供销合作社彻底退出土地托管市场的重要外部原因。

（二）村社共建示范点面临失败风险

村社共建作为土地托管开展的组织基础，本应充分结合村集体组织和动员能力与供销合作社的经营优势，积极推动村社共建工作，然而在实践中非但没有提高村社共建的数量和质量，反而使已经开展起来的村社共建亮点遭遇困境,面临失败风险。具体表现在下方面。(1) 没有承接"跑路"土地,丧失了发展村社共建的机遇。供销合作社作为政府开展"三农"工作的重要抓手,理应在大户跑路、地方政府面临维稳压力剧增的时刻发挥积极作用,既能帮助政府解决问题,也能借此提升村社共建工作的数量和质量。然而,供销合作社同时基于风险规避的逻辑并不积极承接大户经营失败的土地,因为一旦经营失败,供销合作社将承担农户上访的风险。因此,县供销合作社丧失了扩大土地托管面积,深入推进村社共建的机遇。(2) 已经开展的村社共建亮点也遭遇困境,面临失败的风险。由第三章可知,在追求政绩的导向下,村社共建工作在云青镇和头店镇中三个村庄实现了落地。但是由于如下原因,三个村庄的村社共建试点也面临失败。一方面,从供销合作社外部主体原因来看。首先,村社共建试点没有获得政府大力支持。由于村社共建工作进展缓慢,发展难度很大,最终没有吸引国家领导人视察,没有满足县级政府的政绩追求,因此难以获得县级政府的大力支持。其次,供销合作社面临着丰收公社的竞争。在追求政绩的逻辑导向下,光明县丰收公社为了完成2017年内实现2万亩土地托管的目标,具体采取"提高供销合作社托管土地周边的价格"等方式,造成村社共建土地托管价格的提高。另一方面,从供销合作社内部主体来看。县级供销合作社基于规避责任的逻辑并没有积极动员起基层社开展村社共建。具体而言,采取了如下三种方式。一是采取了"严格内部管理、机械地执行上级政策"方式,即取消了"16%的基层社管理费用规定"和土地托管奖励政策。前者降低了基层社开展村社共建的灵活性和积极性,而后者则更加消解了基层社主任及其员工开展村社共建的积极性。二是在县级农业服务公司与基层社关系协调层面上,由于县供销合作社没有积极协调和引导,导致6家供销合作社单位合作开展托管的失败,从而导致头店镇2个村庄的村社共建工作遭受失败。三是在基层供销合作社与村集体关系协调层面,由于县供销合作社没有积极协调和引导,最终导致云青镇的1个村社共建示范点遭受失败。综合上述因素,三个村庄的村社共建工作遭到失败。

(三)合作组织呈现"合而未合"局面

合作组织作为土地托管的经营基础,本应提高组织化程度,构建更为密切的合作关系。然而在实践中非但没有提高组织化程度,反而使已经发展起来的合作组织遭受失败。具体而言,包括如下方面。首先,供销部门主导时期合作组织的形式化导致了农户和新型经营主体对供销合作社不认可,阻碍着供销合作社提升合作组织的质量和数量。(1)合作社联合社并没有发挥实效。在追求政绩导向下,乡镇供销合作社带头成立的"合作社联合社",然而却并没有发挥实效。原因在于基层社遵循着风险规避的考量,大户享受托管服务套餐时必须提前交付托管服务费。当笔者调研种植大户为什么不选择供销合作社提供的托管服务费?种植大户最为普遍的回答是"供销合作社也是要赚钱的"。可见,种植大户对供销合作社提供的托管服务并不认同。因此,在庄曹镇成立的省级第一家"合作社联合社"也遭受失败。另外,在追求政绩导向下,基层社基于"完成任务"的逻辑,与某些村干部成立的诸多"假大空"合作社。同时为了彰显基层社土地托管的发展成绩,在发展较好的合作社中进行"挂牌"的行为更是直接加深了农民群众对供销合作社不务实的认知。因此,供销合作社很难提升合作组织的发展质量。(2)供销合作社内部产权合作遭遇困境。在县级供销合作社追求政绩导向,为了彰显基层社的联合和合作,提高供销合作社开展土地托管等社会化服务的统筹能力,县级供销合作社联合10个基层社共同投资建立了丰源农业服务公司。然而在丰源农业服务公司与五个基层社合作开展2000亩土地托管的实践过程中,由于县级供销合作社并没有积极协调县级农业服务公司与基层社关系,头店镇供销合作社为农服务中心合作遭受失败,并由此积累了基层社丰源农业服务公司的矛盾。(3)供销合作社外部产权合作遭遇困境。为了推动土地托管开展,县级供销合作社支持供销合作社农业服务公司与丰收农资企业合作,增强企业实力。然而供销合作社农业服务公司叶总却选择了丰收农资企业作为其主要合作伙伴,作为指导部门的县级供销合作社反而被抛弃了,具体表现在新成立组织名称、初始投资和股份分配方面,供销合作社农业服务公司叶总选择了丰收公社提议。供销合作社外部产权合作遭受失败,光明县供销合作社培育了供销合作社最有实力和最有能力的竞争对手即丰收公社。正如许多基层社主任所说,"我们多次向县社提出,既然我们基层社与丰源农业服务公司合作不起来了,我们就要求退换我们之前的投资,但是都没有得到县级社明确答复"①。

(四)为农服务中心亮点面临空置风险

供销合作社为农服务中心作为土地托管的物质基础,本应提高服务中心利用率,推动土地托管政策实践。然而在实践中不但没有提高服务中心利用率,反而使得已经利用起来的极少数为农服务中心面临空置风险。具体而言,包括如下方面。(1)供销合作社为农服务中心与农机合作社合作计划破裂,为农服务中心利用率并没有得到提高。为了提升供销合作社为农服务中心的利用率,在同级部门价值型关系治理理性导向下,县农机局局长制订了供销合作社为农服务中心与农机合作社合作的计划,但却因为县供销合作社没有处理好与县农机局的关系,合作计划破裂,供销合作社为农服务中心利用率并没有得到提高。(2)继续兴建为农服务中心,提高服务中心闲置率。县级供销合作社非但没有提高服务中心的利用效率,反而基于规避风险即规避县级政府侵占供销合作社资产和供销合作社职工私分供销合作社资产的风险,继续新建为农服务中心,进而造成服务中心更大的闲置。对于供销合作社主任而言,县供销合作社通过该拆迁获得 2000 万元资金,属于供销合作社资产,如果不能以合法方式从财政局支出去,形成供销合作社固定资产,便可能

---

① 资料来源:岗西镇供销合作社岗主任访谈,2018 年;云青镇供销合作社云主任访谈,2019 年。

面临着县政府挪用和职工私分的风险。(3) 没有承接"跑路"土地，丧失了提高服务中心利用率的机遇。供销合作社作为政府开展"三农"工作的重要抓手，理应在大户跑路、地方政府面临维稳压力剧增的时刻发挥积极作用，既能帮助政府解决问题，也能借此提高为农服务中心利用率。然而，供销合作社同时基于风险规避的逻辑并不积极承接大户经营失败的土地，因为一旦经营失败，供销合作社将承担农户上访的风险。因此，县供销合作社丧失了扩大土地托管面积，提高为农服务中心利用率的机遇。(4) 已经开展土地托管的为农服务中心亮点也遭遇困境，面临闲置的风险。由第三章分析可知，极少数基层社例如庄曹镇供销合作社、云青镇供销合作社和头店镇供销合作社在政绩逻辑导向下开展了5020亩的土地托管政策实践，相应三个乡镇为农服务中心还可以得到一定程度上利用。但是由于如下原因，三个乡镇为农服务中心也面临闲置风险。

一方面，从供销合作社外部主体原因来看。第一，为农服务中心运营没有获得政府大力支持。由于为农服务中心开展的土地托管面积较小，发展起来难度很大，难以获得县级政府的大力支持。第二，供销合作社面临着丰收公社的竞争。光明县丰收公社为了完成2017年内实现2万亩土地托管的目标，采取了"挖人"和"提高供销合作社托管土地周边的价格"等方式，乘机将供销合作社开展托管实践的土地转变为丰收公社的托管土地，造成为农服务中心的闲置。另一方面，从供销合作社内部主体来看。县级供销合作社基于规避责任的逻辑并没有积极动员起基层社提高为农服务中心利用率的主动性。最终，三个乡镇为农服务中心业务终结，面临空置风险。

(五) 资金互助业务试点难以继续进行

资金互助业务的开展可以为土地托管开展提供资金基础，理应积极开展资金互助试点，然而在实践过程中，不但没有增加新的资金互助试点，反而已经开展的资金互助试点均遭受失败。具体而言，体现在如下方面。(1) 供销合作社资金互助试点很难深入开展。供销部门主导时期供销合作社开展土地托管的失败,例如为农服务中心的闲置或者出租给经营大户使用,在农户看来,就是供销部门不作为的典型表现,他们就是为了套取国家的政策和资金,形成供销合作社部门固定资产,从而继续保持获得固定资产租金的特权,而不是想着真正为农民提供托管服务。而供销合作社成立的诸多"假大空"合作社更是直接加深了农民群众对供销合作社不务实的认知。因此农户基于"风险规避"需要都不愿意将资金交由供销合作社领办的合作社来运营。即使在开展资金互助亮点的庄曹镇和云青镇供销合作社,农户也将他们放置在供销合作社领办的合作社内部的资金取回来。正如庄曹镇很多农户所说,"一开始我们以为供销合作社真正搞资金互助,但是发现他们不运作,所以我们都将钱取回来了"①。因此,供销合作社资金互助试点很难深入开展。(2)已经开展资金互助试点的基层社也面临着失败。县级供销合作社基于规避责任的逻辑,采取了"严格内部管理、机械地执行上级政策"方式,即取消了"16%的基层社管理费用规定"和资金互助经营奖励政策。前者降低了基层社开展资金互助的灵活性和积极性,而后者则更加消解了基层社主任及其员工开展资金互助的积极性。

(六)土地托管样本实践完全遭遇失败

在科层治理理性的规制下,供销合作社直接开展土地托管,本应该增加托管的数量和质量。然而在实践中,供销合作社非但没有提高土地托管的数量和质量,反而在供销合作社主导时期极少数供销合作社例如庄曹镇供销合作社、云青镇供销合作社和头店镇供销合作社所开展的总计为5020亩的土地托管政策实践也遭受失败。

具体而言,主要有如下表现。(1)没有积极承接大户经营失败的土地。县级供销合作社基于风险规避的逻辑并不积极承接大户经营失败的土地,供销合作社由此丧失了扩大土地托管面积的机遇。

---

① 资料来源:光明县庄曹镇村民访谈,2019年。

（2）光明县丰收公社培育。为了推动土地托管开展，县级供销合作社支持供销合作社农业服务公司与丰收农资企业合作，增强企业实力。然而供销合作社农业服务公司叶总却选择了丰收农资企业作为其主要合作伙伴，作为指导部门的县级供销合作社反而被抛弃了。县级供销合作社主任也不得不接受这一现实。（3）已经开展土地托管的实践也面临失败。首先，从供销合作社内部主体来看。县级供销合作社基于规避责任的逻辑并没有动员起基层社开展土地托管的主动性。具体而言，采取了如下三种方式。一是采取了"严格内部管理、机械地执行上级政策"方式，即取消了"16%的基层社管理费用规定"和土地托管奖励政策。前者极大地降低了基层社开展土地托管业务的灵活性，而后者则更加消解了基层社主任及其员工开展土地托管的积极性。二是在县级农业服务公司与基层社关系的协调层面上，由于县供销合作社没有积极协调和引导，导致6家供销合作社单位合作开展托管的失败，托管的2000亩土地转变为丰收公社的托管土地。三是在基层供销合作社与村集体关系的协调层面，由于县供销合作社没有积极协调和引导，最终导致云青镇供销合作社土地托管遭受失败，托管的1020亩土地转变为丰收公社的托管土地。其次，从供销合作社外部来看，供销合作社面临着丰收公社的竞争。光明县丰收公社为了完成2017年内实现2万亩土地托管的目标，采取了"挖人"和"提高供销合作社托管土地周边的价格"等方式，乘机将供销合作社开展托管实践的土地转变为丰收公社的托管土地，庄曹镇2000亩托管土地转变为供销合作社土地托管。

综上所述，主体转型时期土地托管的实践表明，正是以科层治理理性与关系治理理性及其互动为主要内涵的复合型治理理性才是导致供销部门彻底退出土地托管市场的实践逻辑。

一方面，科层治理理性规制关系治理理性，为供销部门彻底退出土地托管市场奠定了基础。主要表现为两个方面。一是相关主体行动边界得以规定。科层治理理性规定了关系治理理性的行动范围，为关系治理理性的运作提供政策依据。无论是价值型关系治理理性抑或是工具型关系治理理性诸种策略行为的选择仍然被限定在提高为农服务中心建设质量、提升村社共建水平、提升合作社建设效能、扩大资金互助试点以及扩大供销合作社直接开展土地托管的面积和质量等范围内。二是政策支持主体多元化为地方政府托管支持主体的选择提供了可选择的范围。由于在托管政策和项目支持上，政策支持主体实现了由供销部门到多元主体鼓励的变迁。因此，科层治理理性为基层政府土地托管支持主体的选择提供了可选择的范围，基层政府不一定非要全力支持供销部门开展土地托管，同时由于农业部门土地托管职责的明细化、供销部门与农业部门职责的重叠化，从而为供销部门开展土地托管丧失基层政府的支持提供了政策依据与组织基础。

另一方面，关系治理理性对科层治理理性的消解则构成了供销部门彻底退出土地托管市场的主要原因。主要表现在两个层面。一是在托管主体关系处理层面。县级供销合作社基于面向上的价值型关系治理理性导向下，培育了光明县供销合作社最有实力和最有能力的竞争对手即丰收公社。除此之外，从托管主体惯习依赖突破程度来看，供销合作社主导时期土地托管的失败重塑和强化相关主体的惯习依赖，其他相关主体的积极性和主动性难以有效发挥，从而为供销部门彻底退出土地托管市场奠定了基础。二是在具体的托管实践层面。无论是村社共建、合作组织建设、资金互助实践、为农服务中心建设等托管能力提高政策实践中，还是在供销合作社直接开展托管实践中，由于关系治理理性对科层治理理性的消解，供销合作社托管服务能力即组织能力、经营能力、物质基础能力和资金供给能力不仅没有得到实质性的提高，而且在供销部门主导土地托管时期遗留下的村社共建试点，成立的合作社联社（供销合作社农业服务公司）、开展运营的为农服务中心，已经开展运营的资金互助试点均遭遇了失败，从而构成了供销部门退出土地托管市场的主要实践逻辑。

第四节 主体转型时期土地托管遭遇困境的影响后果

中华全国供销合作总社印发通知要求"各级供销合作社大力推广供销合作社土地托管服务经验,扩大土地托管面积"。和谐市委第八巡视组对光明县供销总社党组进行巡察,巡察反馈的结果主要表现在:一是片面夸大土地托管的面积和服务中心成效;二是为农服务中心建设闲置率高;三是为农服务项目的开展,加重了基层社债务,在职工群众中造成不良影响。因此,主体转型时期光明县供销合作社土地托管政策目标除了提高为农服务中心利用率、减少供销合作社债务负担、推动供销合作社发展外,也具备为小农户提供托管服务、扩大土地托管面积,消解土地托管政策执行不力影响,增加各方主体认可以增强供销部门合法性等多重目标。正如本章所揭示的,供销部门开展土地托管非但没有提高土地托管面积,反而存续不多的土地托管样本实践也遭遇失败,供销部门完成退出土地托管市场,供销合作社通过土地托管践行为农服务的职责难以完成,同时产生了如下一系列后果。

一 供销合作社业务发展更为困难

以土地托管为切入点的供销合作社综合改革本意是要赋予供销合作社以改革活力,为供销合作社增添更多的经营性业务,增强供销合作社经济实力,从而减少供销合作社的债务负担。然而,转型时期供销合作社土地托管实践表明,供销合作社债务负担严重,供销合作社业务发展更为困难。具体表现在如下层面。一是供销合作社经营收入的丧失。土地托管实践完全失败,土地托管收入完全丧失,供销部门由"农资销售商"到"托管服务商"的转型遭遇困境。而资金互助业务开展的失败,导致供销合作社资金互助业务收入完全丧失。二是供销合作社债务负担不断加重。由第三章分析可知,县级供销合作社负担了 837 万元的债务负担,而乡镇供销合作社负担了 3750 万元的债务。主体转型时期供销合作社理应提高为农服务中心利用率,减少基层社负担,但是县供销合作社基于同级部门价值型关系治理理性的逻辑,没有处理好与县农机局的关系,从而导致为农服务中心利用率降低。而县供销合作社基于规避县级政府侵占供销合作社资产和供销合作社职工私分供销合作社资产的风险,继续兴建为农服务中心,进而造成服务中心更大的闲置,造成了供销合作社更为严重的负担。综前所述,供销合作社业务发展将更加困难,土地托管和资金互助等新兴经营业务几乎完全失败,基层供销合作社又退回到仅仅依靠到传统租赁业务的状态,供销合作社社属农资公司又退回到仅仅依靠"农资销售"的传统业务。

二 供销部门认同感不断降低

供销部门开展土地托管的目的是实现合法性建构,获得政府部门和农民群众的认可。然而,由于供销合作社主导时期土地托管期间,土地托管总体上处于基层社托管实践亮点开展,而总体土地托管政策实践较少开展的尴尬状态。除极少数土地托管亮点开展外,绝大多数为农服务中心利用率低,基层社负债严重,没有真正践行为农服务宗旨,因此,供销合作社部门合法性被消解。转型时期,供销合作社非但没有实现土地托管政策实践的深入推进,反而存续不多的土地托管样本实践也遭遇失败,具体表现在村社共建工作、合作组织建设、服务中心建设、资金互助实践和直接托管实践遭受失败,5020 亩已经开展的土地托管政策实践最终失败。因此,供销合作社托管主体的位置被丰收公社所取代,供销合作社完全退出土地托管市场,从而进一步加深了各方主体对供销合作社不务实的认知,供销部门合法性进一步被消解。具体而言,主要表现在如下层面。

(1)农户对供销部门的不认可。一方面体现在当出现土地流转跑路问题时,供销合作社基于风险规避的逻辑,并没有积极承担起责任，帮助农民继续种地，减少农民损失；另一方面则体现在对极少数土地托管亮点村，供销合作社由于内部管理和外部竞争而没有继续开展下去，也加深了农户对供销合作社难以承担起为农服务责任的认知。

（2）供销部门职工对供销部门的不认可。县级供销合作社基于规避责任逻辑，机械地执行上级政府文件，取消基层社合理的管理费用和托管奖励政策，在基层社与农业服务公司关系和基层社和村集体关系协调上的协调职责的缺乏，降低了基层社职工干事创业的积极性。

（3）乡镇政府对供销部门的不认可。乡镇政府在面临着土地流转的跑路问题时，找到供销合作社部门，希望它们能够承接土地，帮助政府解决难题。然而由于供销合作社基于规避风险的逻辑没有积极作为，从而导致乡镇政府对供销合作社的不认可。

（4）县直部门对供销部门的不认可。供销合作社主导土地托管期间，供销合作社部门难以提升为农服务绩效，高质量开展土地托管的表现，契合了县级农业部门对供销合作社部门"难以托管好土地"的预判，重塑了对供销合作社"不太支持"的惯习依赖。而供销合作社完全退出土地托管市场，则更筑牢了农业农村局对供销合作社难以真正开展土地托管的惯习认知。

（5）县级政府对供销部门的不认可。供销合作社改革试点期间，供销合作社开展土地托管除保留几个亮点外，其他都发展不起来。而供销合作社土地托管的完全失败，则更加剧了县级政府对供销合作社工作的不认可，以至于在支持丰收公社的县级政府文件中，直接要求县级供销合作社协助支持丰收公社开展土地托管业务。因此，供销合作社直接开展土地托管，甚至缺少了地方政策的合法性。

三　丰收公社认可度不断增强

中国土地托管政策支持农业服务公司等多元主体开展土地托管

业务，因此，丰收公社作为国内最大的农业服务平台，开展土地托管服务具有政策合法性，理应受到政府的支持。然而，光明县丰收公社在成立的一年时间内就取代供销合作社而成为土地托管的主体，托管面积达到2万亩，从中可以窥见丰收公社开展土地托管是受到政府部门和农民群众欢迎的，丰收公社开展托管的合法性也在不断增强，主要体现在如下方面。（1）农民群众对丰收公社的认可。丰收公社承接了跑路大户的流转土地，保障了农户的收益，赢得了农民群众对丰收公社的欢迎。（2）乡镇政府对丰收公社的认可。丰收公社承接流转土地，用以开展土地托管，满足了乡镇政府规避土地流转大户跑路风险的需求，稳定了社会秩序，实现了土地流转到土地托管经营形式的平稳过渡。同时，土地托管作为传统农业型农村精准扶贫的有效方式之一，有利于满足地方政府的扶贫政绩需求，故而受到了乡镇政府的高度重视。（3）县农业农村局对丰收公社的认可。丰收公社开展土地托管，满足了县农业农村局规避项目实施风险的需求以及县农业农村局打造农业生产社会化服务示范县的政绩需求，因此受到农业农村局的支持和欢迎，甚至县农业农村局和丰收公社形成一定的庇护关系，给予丰收公社一定的政策优先权。（4）县级政府对丰收公社的认可。丰收公社开展土地托管则同时满足了地方政府发展经济和打造托管示范县的双重政绩需求。因此，县级政府大力支持丰收公社的发展，甚至在政策设计、实施过程中形成一定的庇护关系，给予丰收公社一定的政策和项目优先权。综上所述，丰收公社开展托管实践不仅在一定程度上获得了各级政府部门的认可，也在一定程度上获得了村庄社会的认可，从而为丰收公社取得托管主导地位奠定了基础和前提。

第五节　本章小结

本章从治理的视角研究主体转型时期土地托管政策特别是供销部门土地托管政策遭遇失败的基层治理逻辑及其影响后果，研究结论如下所示。

一是主体转型时期土地托管相关主体的行动逻辑。相关主体不仅遵照着科层治理理性，而且遵从着多元化的关系治理理性。二是主体转型时期土地托管政策遭遇困境的实践逻辑在于以科层治理理性与关系治理理性及其互动为主要内涵的复合型治理理性。三是主体转型时期土地托管政策遭遇困境的影响后果。主体转型时期供销部门土地托管政策除了具备为小农户提供托管服务、扩大土地托管面积外，还存在提高为农服务中心利用率，减少供销合作社债务负担，消解土地托管政策执行不力影响，增加各方主体认同以增强供销部门合法性等多重目标。供销部门开展土地托管非但没有提高土地托管面积，践行通过提供土地托管服务履行为农服务的职责，同时产生了供销部门业务开展更为困难，供销部门合法性不断降低和丰收公社合法性不断增强等一系列影响后果。四是主体转型时期土地托管政策遭遇困境的主要逻辑。关系治理理性对科层治理理性的消解构成了主体转型时期土地托管政策遭遇困境的主要原因。关系治理理性虽然具有多种维度，但并不意味着关系治理理性对科层治理理性的作用方式是杂乱无章的，而是存在一定的次序性。区分关系治理理性次序性的目的有两个，一是从理论层面上，有利于加深对土地托管政策遭遇困境的理解，土地托管政策遭遇困境的主导逻辑不仅在于关系治理理性对科层治理理性的消解，而且在诸多关系治理理性维度中，存在导致土地托管遭遇困境的主要逻辑。二是从实践层面上，有利于提出更具针对性的政策建议。在关系治理理性排序过程中，本研究主要遵循的标准有两个：其一是关系治理理性作用于科层治理理性的顺序；其二是关系治理理性作用于科层治理理性的作用强度。主体转型时期光明县土地托管的实践表明，"惯习依赖"的价值型关系治理理性、"面向上"的价值型关系治理理性、"面向同级部门"的价值型关系治理理性、"规避风险"的工具型关系治理理性、"推卸责任"的工具型关系治理理性构成了土地托管遭遇失败的主要逻辑。

第五章

工商企业主导时期土地托管遭遇困境的治理理性

自2017年以来，伴随着供销部门在土地托管领域的退出，丰收公社等工商企业开始逐渐在土地托管领域中占据主导地位。2018年光明县委、县政府专门支持丰收公社开展土地托管政策文件的出台，则标志着丰收公社已经开始在土地托管领域占据主导地位。丰收公社"主导地位"主要体现在如下方面。

(1) 在政策支持方面。和谐市农业农村委员会和光明县委、县人民政府发布了一系列专门支持丰收公社的政策文件，文件指出"力争把丰收公社培育发展成为全国新经济100强企业、农业服务领域最大的独角兽企业"。由此可见，地方政府对丰收公社开展土地托管寄予了厚望。

(2) 在项目支持方面。丰收公社获得大多数项目支持的优先权和某些项目获得的"垄断权"。在项目优先权层面，光明县委、县政府出台的一系列政策文件，均要求县级各部门将相关涉农项目优先向丰收公社倾斜。而在项目垄断权方面，文件规定，农机合作社只有加入丰收公社服务平台中，为丰收公社工作3年，才可以享受到县财政专项支持的20%额外农机购置补贴。

(3) 在发展指数制定方面。2019年7月18日，为了衡量土地托管等中国现代农业生产性服务发展概况，丰收公社发布了第一个由全国性新型农业经营主体推出的行业指数即"丰收指数"。该类指数模型分为基础、实施和结果类三大指标，12 项分解指标和 42 个具体测量指标，其中，丰收公社将能否帮助解决扶贫问题、村集体增收问题等政府问题列为四大结果指标之一，可为指导土地托管等服务发展提供镜鉴。

（4）在基层实践层面。在光明县政府的支持下，截至 2022 年 6 月底，光明县丰收公社托管服务已覆盖县域内 9 个镇街 167 余个村庄，托管服务耕地面积达到 20 万余亩。据此，无论是从政策设计、项目支持、指数标准制定抑或是基层实践效果来看，光明县丰收公社在开展土地托管方面都占据主导地位。因此，本节将这一时期称为"工商企业主导时期"。

虽然第四章的研究表明，在托管主体转型时期，不论是主体关系处理层面还是具体实践过程中，关系治理理性消解科层治理理性导致供销合作社最终退出土地托管市场，丰收公社逐渐代替供销合作社成为托管主体。然而，这并不能构成丰收公社等工商企业保持土地托管主体地位的充要条件。因为从资本类型角度看，托管市场主体至少可以划分为以供销合作社资本、工商资本和以家庭农场、合作社为代表的农村内生资本三大类。在政府职能部门大力支持多元主体的背景下，虽然供销合作社资本退出托管市场，但是还依然存在以家庭农场、合作社（联社）为代表的农村内生资本开展土地托管。它们完全可以通过提升组织化程度，与丰收公社相抗衡，提高土地托管市场的所占份额，供销合作社也完全可以继续开展土地托管。因此，工商资本何以继续维持托管市场中的主导地位？是第四章所不能完全揭示的。光明县丰收公社得到了政府的如此重视，然而工商企业土地托管为什么又遭遇了诸多困境，更是第四章所不能解释的。不同于经济学视角解释，本章致力于从基层治理的角度探究丰收公社土地托管遭遇困境的深层次原因。

在该阶段，丰收公社作为全国最大的农业服务平台，截至 2022

第五章　工商企业主导时期土地托管遭遇困境的治理理性　　161

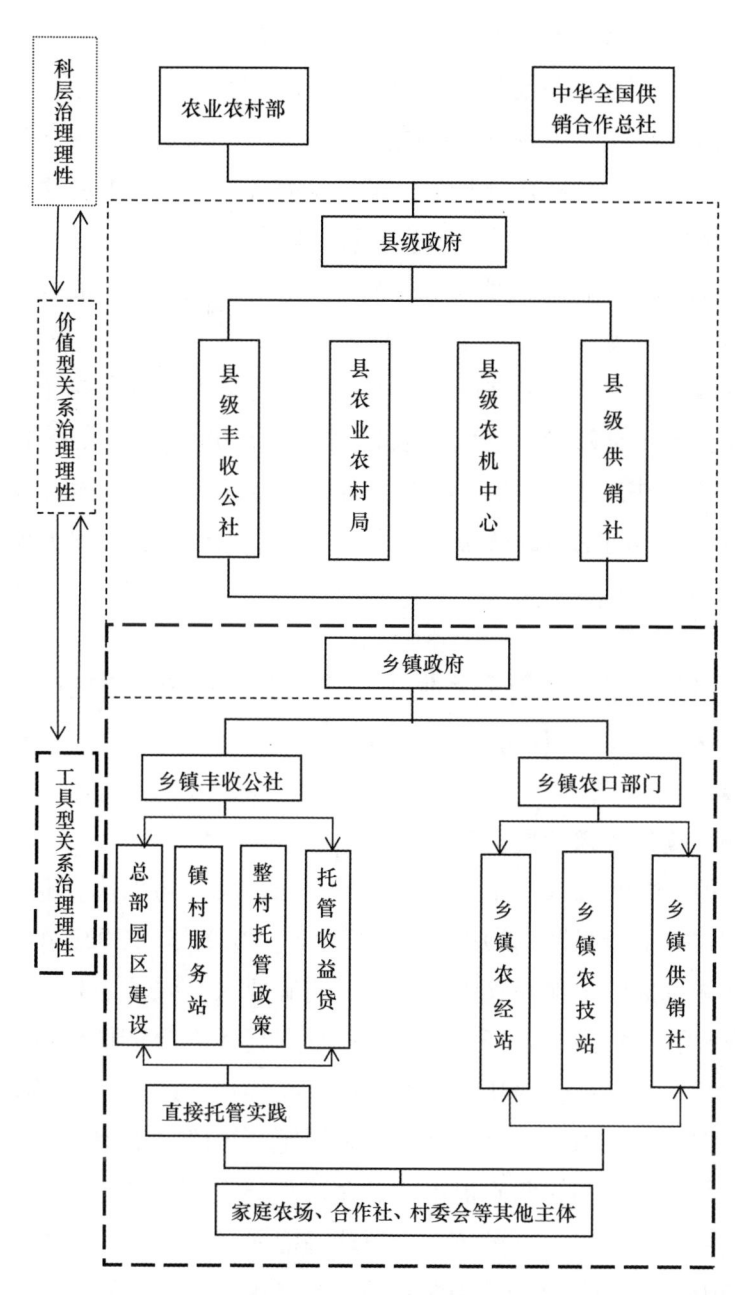

```
科层治理理性

                    ┌──────────┐        ┌──────────┐
                    │ 农业农村部 │        │中华全国供│
                    │          │        │销合作总社│
                    └────┬─────┘        └────┬─────┘
                         │                   │
                         └────────┬──────────┘
                                  │
                            ┌─────┴─────┐
                            │ 县级政府  │
                            └─────┬─────┘
          ┌──────────┬────────────┼────────────┬──────────┐
      ┌───┴──┐   ┌───┴──┐     ┌───┴──┐     ┌───┴──┐
      │县级丰│   │县级农│     │县级农│     │县级供│
价值型│收公社│   │业农村│     │机中心│     │销社  │
关系治│      │   │局    │     │      │     │      │
理理性└──────┘   └──────┘     └──────┘     └──────┘
                            ┌───────────┐
                            │ 乡镇政府  │
                            └─────┬─────┘
                  ┌───────────────┴───────────────┐
              ┌───┴──────┐                  ┌─────┴────┐
              │乡镇丰收公社│                │乡镇农口部门│
              └───┬──────┘                  └─────┬────┘
工具型   ┌────┬───┼────┬─────┐         ┌────┬────┼────┐
关系治  总部  镇村  整村   托管        乡镇  乡镇  乡镇
理理性  园区  服务  托管   收益        农经  农技  供销
        建设  站    政策   贷          站    站    社
                │
          ┌─────┴─────┐
          │直接托管实践│
          └─────┬─────┘
                │
   ┌────────────┴────────────┐
   │家庭农场、合作社、村委会等其他主体│
   └─────────────────────────────┘
```

图 5—1　工商企业土地托管相关主体作用范围

年6月底,丰收公社已累计开展土地托管面积达到3963万亩①。由于丰收公社总部位于光明县,光明县是山东省农业生产社会化服务试点县之一,同时丰收公社于2021年11月29日被农业农村部确立为全国农业社会化服务创新试点服务组织,试点期限为3年,在开展土地托管方面具有典型性。因此,本研究选取光明县丰收公社作为案例研究对象,十分具有代表性。因此,本章对于工商企业主导土地托管时期基层治理理性的探究,主要以光明县丰收公社开展土地托管为案例,利用复合型治理理性分析框架探究工商企业土地托管遭遇困境的基层治理逻辑。本章涉及行动者主要包括丰收公社系统、县级政府领导、县农业农村局、县农机局、县供销合作社、乡镇政府、村委会和其他市场主体等,重点探究丰收公社土地托管政策场域下不同主体的科层治理理性与关系治理理性及其互动过程(如图5—1所示)。

第一节 工商企业主导时期土地托管中的科层治理理性

一 政策要求的贯彻落实

党的十九大以来,土地托管作为实现小农户与现代农业发展的主推模式被不断强调,2019年、2020年、2022年和2023年中央一号文件均对推广土地托管服务提出了明确要求。农业农村部、财政部和发改委等中央部委相继发布了一系列具体的政策指导文件和项目实施意见,支持土地托管发展。针对某些地方政府还存在对土地托管的重要性认识不足、贯彻不力等问题,2018年5月,农业农村部办公厅发布通知,明确提出"让基层领导干部尤其是县级负责同志能领会、可落实、可操作,全面理解把握《意见》精神和政策要求"。2019年6月,时任国务院副总理胡春华提出,强化乡镇管理

---

① 资料来源:《2022年光明县农业生产社会化服务项目报告》,2022年。

服务能力，切实把乡镇建成乡村经济中心，使乡镇成为带动乡村的龙头（胡春华，2019）。时任农业农村部党组成员吴宏耀则进一步明确提出，加强乡镇的乡村经济中心职能建设，支持在乡镇发展土地托管等生产性服务业。时任农业农村部政策与改革司一级巡视员冀名峰直接指出"我们鼓励工商资本长时期、大规模地投资土地托管服务"（冀名峰，2018）。2021年4月发布的《社会资本投资农业农村指引（2021年）》明确要求"支持社会资本发展生产托管服务"。2021年7月发布的《关于加快发展农业社会化服务的指导意见》再次强调"把专业服务公司作为农业社会化服务的骨干力量，不断增强服务能力"。2022年4月发布的《社会资本投资农业农村指引（2022年）》再次强调"鼓励社会资本发展农业生产托管服务"。2022年9月，农业农村部办公厅等五部门联合印发《建设国家农业绿色发展先行区 促进农业现代化示范区全面绿色转型实施方案》，鼓励龙头企业搭建绿色生产服务平台，通过生产托管等方式为农户提供绿色生产经营全程服务。2023年1月，中央一号文件提出"实施农业社会化服务促进行动，大力发展全程托管等社会化服务，鼓励区域性综合服务平台建设"。2023年6月，农业农村部等五部门印发《关于金融支持全面推进乡村振兴 加快建设农业强国的指导意见》要求"满足农资企业经营发展和农业生产主体农资采购周转资金需求，推广粮食和重要农产品生产托管综合金融保险服务模式"。2023年7月，农业农村部答复《十四届全国人大一次会议第1011号建议》明确提出"中央财政通过农业经营主体能力提升资金农业社会化服务支出方向，支持符合条件的农业服务类企业等开展社会化服务，重点解决小农户在粮食和重要农产品生产关键薄弱环节的服务需求"。2023年，中央财政安排资金80亿元，继续支持符合条件的农业服务类企业等开展农业社会化服务，推动发展服务带动型规模经营。

以上政策文件和领导讲话，充分体现了政府对工商企业开展土地托管的高度重视，工商企业参与土地托管已经成为工商资本投资农业农村的重点着力点。光明县政府积极贯彻土地托管政策要求和各级领导的讲话精神，开始创建丰收公社土地托管模式，这是由科层理性中的"等级权威"特征所决定的。

二 托管政策的系统设计

光明县以推进乡村振兴战略实施为契机，围绕解决"谁来种地、怎样种地"的问题，积极打造现代化农业服务平台——丰收公社，为农民提供全程土地托管服务。在光明县，只有丰收公社开展土地托管才可以得到地方政府的政策支持和项目辅助，目前已形成了以支持丰收公社发展为核心的托管政策体系。具体而言，主要体现在如下方面：（1）领导机制层面。光明县成立了由县委和县政府主要领导任组长的支持丰收公社发展领导小组，负责协调支持帮扶工作。而从领导小组组长的级别变迁来看，支持丰收公社发展领导的小组长经历了县政府分管农业副县长、县政府县长到县委书记的变迁，领导级别不断提高，由此可见，县委、县政府支持丰收公社发展的重视程度不断提高。（2）政策支持层面。2018年，光明县委、县政府先后出台了《关于支持丰收公社等社会化服务组织助推现代农业发展的通知》《关于支持丰收公社发展的实施意见》，对支持丰收公社发展方面进行系统部署。2022年，和谐市农业农村局下发《关于推动农业社会化服务高质量发展的工作方案》将"积极推广丰收公社模式列为主要任务目标"。而在资金贷款支持方面，2018年，光明县政府出台《关于开展"农地收益贷"试点工作的实施方案》后，县人民银行支行联合村镇银行为丰收公社定制的"农地收益贷"已成功试点，为托管开展奠定了资金基础。在农业保险支持方面，光明县政府支持光明县丰收公社开展商业性农业保险，认真落实《山东省农业大灾保险试点工作方案》，在政策性保险的基础上附加350元/亩的商业险，由丰收公社和县财政分别承担5元/亩保费。在整村托管方面，光明县政府出台系列政策支持村集体与丰收公社合作，增强土地托管的组织化程度。2019年中共光明县委农业农村委员会下发《关于开展农业生产社会化服务规范化建设试点的实施意见》，提出"镇街、县直各部门支持村级党组织充分发挥引领示范功能，构建'党建+社会化服务主体+小农户'的模式，逐渐实现整村推进；并且设立200万元的'党建引领农业生产社会化服务示范项目'专项资金，对村集体进行奖励补助"。2023年光明县政府下发《关于支持加快"双社联合"发展的实施意见》，提出"积极探索党支部领办合作社和丰收公社的'双社联合'模式，走'整村推进、双社联合'发展的路子"。（3）平台打造方面。为了把光明县丰收公社打造成为全省乃至全国的示范点，增加丰收公社的实力，光明县政府全力支持丰收公社总部示范园区和县丰收公社总部建设。（4）项目支持层面。文件要求县委组织部、农业农村局、财政、发改、水利、自然资源和规划、扶贫、气象、金融、粮食、畜牧、农机、供销等涉农部门及各乡镇主要领导组成领导小组成员，在县委、县政府领导下，优先将高标准农田建设、统防统治、农机深松整地、基本农田水利建设、耕地质量提升与化肥减量增效示范、扶持集体经济薄弱村、粮棉油绿色高质高效创建、农机购置补贴、沿和谐河现代农业长廊、农业政策性保险等涉农项目向丰收公社等社会化服务组织倾斜，整合统筹推进，确保各项工作落地。其中，为了支持丰收公社发展，在享有国家农机购置补贴30%的基础上，光明县财政每年拿出200万元农机专项购置补贴资金，专门用于补贴丰收公社购置农机设备。（5）政策内容层面。丰收公社土地托管政策不是针对托管主体或托管面积的财政补助，而是着眼于以支持丰收公社发展为核心的综合性政策，丰收公社土地托管政策已经呈现出系统设计的特征。

综上所述，丰收公社土地托管政策已经形成了丰收公社、村两委和商业银行"三位一体"为农服务机制。具体而言，则是将丰收公社的服务和经营能力、村两委的组织能力与商业机构的资金供给能力相结合，共同推动土地托管的发展。由此，土地托管政策具体划分为如下两个层面：一是托管服务能力提高政策。首先，总部园区建设政策。具体包括支持光明县丰收公社服务中心建设，支持800亩总部园区作物试验示范区建设等，主要意旨是增加丰收公社实力，在全国丰收公社系统内发挥示范带动作用，向各级政府展示丰收公社的发展成绩。其次，乡镇为农服务站和村级服务站建设政策。即在每个乡镇服务站修建一处不超过15亩的烘干晾晒场地，为丰收公社托管提供物质基础。再次，整村托管政策。即丰收公社依托村两委集约土地，实现整村托管，村集体可以获得托管服务费和相应财政专项补贴的政策，从而为丰收公社托管提供组织基础。最后，农地收益贷政策。即商业银行为丰收公社土地托管服务费筹集专门定制的优惠政策，即在无须提前缴纳托管服务费的前提下，托管农户可以通过农地收益贷，依靠农地收益贷款，缴纳托管服务费，从而为丰收公社托管服务的开展奠定了资金基础。上述四项政策设计统一归纳为丰收公社托管能力提高政策。二是直接开展土地托管政策。即丰收公社在开展土地托管政策实践过程中所直接享受到的政策扶持和项目支持等。综上所述，光明县形成了以支持丰收公社发展为核心的土地托管政策体系，具体包括总部园区建设政策、镇村服务站建设政策、整村托管政策和农地收益贷政策为主要内涵的托管服务能力提高政策和直接开展土地托管政策。

三 服务对象的精准确定

党的十九大报告提出，"健全农业社会化服务体系，实现小农户和现代农业发展有机衔接"（习近平，2017）。党的二十大报告进一步提出，"发展新型农业经营主体和社会化服务，发展农业适度规模经营"（习近平，2022）。2022年12月，习近平总书记在中央农村工作会议上强调"加快健全农业社会化服务体系，把小农户服务好、带动好"（习近平，2022）。土地托管作为带动小农户发展的主推服务模式，在政策支持和项目实施中不断予以强调。首先，体现在政策设计层面。2017年、2019年、2020年、2022年和

2023年中央一号文件，均提出要鼓励发展土地托管，推动小农户与现代农业发展的有机衔接。2019年2月，中办、国办印发了《关于促进小农户与现代农业发展有机衔接的意见》，要求各地加快推进土地托管，不断提升土地托管对小农户服务的覆盖率。其次，体现在项目支持层面。2017年6月，原农业部办公厅发布通知，指出"把服务小农户作为政策支持的主要对象，着力解决小农户的规模化生产难题"。2021年2月，农业农村部办公厅印发《关于组织引导农业服务组织开展生产托管搞好春季农业生产的通知》，提出"支持各类服务组织聚焦小农户和大宗农产品、产粮大县，聚焦农业生产关键薄弱环节，集中连片推进托管服务"。之后在2019年8月发布的通知文件中，明确提出"项目任务实施县安排服务小农户土地托管面积或补助资金，占比应高于60%"。因此，作为农业生产社会化服务示范县的光明县，更是要求丰收公社开展的服务对象主要面向小农户，而不是已经存在的合作社、家庭农场等经营大户。根据统计，小农户接受丰收公社托管服务面积的土地经营面积占到总面积的95%以上。因此，土地托管作为实现小农户与现代农业发展有机衔接的主推方式的重要定位不断凸显。

四　体制机制的协同打造

土地托管政策作为一项复杂的体系化政策，不仅需要依赖县农业农村局的支持，更需要相关涉农部门的协作配合。因此，政府亟须构建为农服务的协同机制，助推土地托管的开展。早在1999年，原农业部下发《农业社会化服务体系领导小组办公室工作暂行规则》，用以统筹组织协调农业社会化服务体系建设工作。2017年中央部门发布政策文件，明确提出"要明确指导土地托管等农业生产性服务业的工作牵头部门，加强部门间的沟通协作，落实职责分工，强化工作考核，形成协同推进的工作机制"。2018年农业农村部办公厅发布文件，明确要求"尽快建立土地托管协同推进工作机制，明确牵头部门和主要负责同志，确保事有人管、责有人负"。

2019年,《关于全面实施供销合作社农业社会化服务惠农工程的指导意见》发布,提出"推进涉农协同服务机制建设,加快推进与党政涉农部门、涉农企事业单位、新型企业经营主体、农村集体经济组织等的横向联合"。2021年,《农业农村部关于加快发展农业社会化服务的指导意见》提出"要加强与发改、财政、税务、银保监等相关部门的沟通协调,争取政策支持,形成工作合力"。在遵循上级政策的基础上,光明县政府建立起来了以分管农业副县长为组长,县委组织部、县农业农村局、县农机局和县供销部门等涉农部门负责人以及乡镇政府主要领导为成员的支持丰收公社发展领导小组,形成了"政府引导、各涉农部门密切配合、乡村两级组织协助"的工作推进机制,这是由科层理性中的"专业分工"特征所决定的。各部门无论存在共同利益还是矛盾,均应该按照政策要求支持丰收公社发展,这是由科层理性中的"非人格化"特征所决定的。

第二节　工商企业主导时期土地托管中的关系治理理性

丰收公社建立以来,丰收公社开展土地托管受到光明县政府的高度关注,出台了大量的政策措施。在上级政策的支持下,县级政府和县直各部门开始突破既有"惯习依赖",全力支持丰收公社开展土地托管,丰收公社甚至获得了政策支持的专属地位,丰收公社土地托管本应获得巨大的成就,但是实际上丰收公社土地托管政策实践遭遇了很大困境,并引发了一系列影响后果,例如涉农资金的"分利秩序"形成、村庄秩序紊乱和乡镇存在两极分化等方面。因此,对于丰收公社的土地托管政策实践逻辑研究,仅仅从科层治理理性来分析还远远不够,必须深入丰收公社土地托管的基层实践,从关系治理理性的角度分析相关主体的行为逻辑。

一 工商企业主导时期土地托管相关主体关系协同

（一）工商企业主导时期托管相关主体的惯习特征

在丰收公社土地托管实践过程中，相关托管主体遵循着"惯习依赖"的关系治理理性，具体而言，体现为如下方面。

首先，县级政府作为职能最为完整的基层政府，丰收公社土地托管的开展需要得到县级政府的支持，然而县级政府存在"不想支持土地托管"的惯习依赖。主要原因如下：一是农业产值低，投资周期长，见效慢，不符合地方政府发展经济的逻辑；二是由于受多年土地流转政策的影响，土地流转被视为实现现代农业的唯一实现途径，土地流转规模越大越好，基层政府比较倾向于推动土地流转，而对于推广土地托管模式的重要性认识不足；三是土地托管政策存在复杂性，不利于农业治理便利化。在土地托管政策执行过程中，土地托管由于涉及经营权共享，并不是农户完全将土地经营权转移到土地托管主体。因此，涉及的利益主体非常复杂，不利于政府农业治理便利化目标的实现。

其次，县直部门例如县农业农村局作为拥有相关涉农职能的部门，丰收公社开展土地托管需要得到县直部门的支持。然而由于如下原因，县农业农村局等县直部门存在"不想指导土地托管发展"的惯习依赖。一是受多年土地流转政策的影响，土地流转几乎被视为实现农业现代化的唯一路径。因此，县农业农村局比较偏向于土地流转和土地规模化经营，而对于推广土地托管模式的重要性认识不足。二是农业农村局工作人员认为土地托管是一种纯粹市场行为，由市场调节即可，无须政府介入。

再次，作为乡镇政府来说，它们才是真正的土地托管指导主体和实践主体。因此，在丰收公社主导时期土地托管政策实践中，乡镇政府能否有积极性，主动配合丰收公社开展土地托管业务，才最为关键。但是乡镇政府依然存在"不想支持丰收公社开展土地托管"的惯习依赖。主要原因如下：（1）由于受多年土地流转政策的影响,通过土地流转方式培育新型经营主体,被视为实现现代农业的唯一实现途径。正如有些学者通过研究所发现的,地方政府往往采取"去小农化"的策略来实现农业治理的目标和任务(冯小,2015)。而土地托管政策的主要对象是小农户,在"大国小农"国情下,以支持小农户为主要目标的土地托管等服务规模化经营,也构成了中国特色农业现代化道路中的重要一维。然而有部分乡镇主要领导干部仍然没有意识到这一点,仍然固守着"规模越大越好"的规模农业发展思维,对于推广土地托管模式的重要性认识不足,对于土地托管政策设计并不认可。(2)乡镇政府工作人员由于认为土地托管是一种纯粹市场行为,由市场调节即可,无须政府介入。①(3)乡镇政府保持着支持多元主体开展土地托管的观念,村集体、合作社、家庭农场和社会化服务组织等多元主体都可以开展土地托管,都应该同等享受政策扶持和项目支持。而丰收公社土地托管政策设计却要求乡镇政府重点支持丰收公社,乡镇政府难以完全贯彻执行。(4)土地托管存在复杂性,不利于农业治理便利化。土地托管由于涉及经营权共享,并不是农户完全将土地经营权转移到土地托管主体,因此,涉及利益主体非常复杂,不利于政府农业治理便利化目标的实现。

又次,村级组织作为真正的土地托管政策实践主体,村两委能否有积极性,主动配合丰收公社开展土地托管业务至为关键。然而,村两委存在"不愿意支持丰收公社开展土地托管"的惯习依赖。主要原因在于:一是村两委干部认为,土地托管是一种纯粹市场行为,由市场调节即可,无须村两委介入;二是村两委主要领导对"为什么只能支持丰收公社一个主体开展土地托管"感到困惑,因为在他们看来,土地托管政策应该公平地支持多元主体开展土地托管实践。

---

① 资料来源:门石镇文书记访谈,2018 年;庄曹镇曹镇长访谈,2018 年;岗西镇强镇长访谈,2019 年。

最后，小农户作为土地托管政策的主要受众和最终受益群体，其能否有积极性，主动配合丰收公社开展土地托管业务，才最为重要。然而，大多数小农户却存在"对丰收公社土地托管服务不愿意接受"的惯习依赖。主要原因如下：一是小农户对土地托管服务的认识程度有限，将"土地托管等同于土地流转"。他们认为丰收公社托管土地，就是"流转他们的土地"，就是和他们"抢地种"，就会"抢了他们的饭碗"。二是小农户保持着政策应该公平支持多元主体发展的朴素认知，专业大户、村集体、龙头企业、合作社、家庭农场和社会化服务组织等多元主体开展土地托管，均应该公平享受政策扶持和项目支持。然而丰收公社土地托管政策设计却使得小农户感到困惑，难以激发其参与土地托管的主体性。

一方面在县农业农村局与县农机局关系层面。县农机局并不配合县农业农村局，全力支持丰收公社发展。另一方面在县农业农村局与县供销合作社关系层面。县供销合作社并不配合县农业农村局，全力支持丰收公社发展。

(二) 土地托管中的农业农村部门与下级部门关系

土地托管中的农业农村部门与同级部门关系。光明县丰收公社作为县农业农村局搭建起来的组织，得到了县农业农村局的大力支持。光明县丰收公社的发展需要县农机局和县供销合作社等涉农部门的支持。因此，县农业农村局基于面向同级部门的价值型关系治理理性，采取各种措施来协调与其他县直部门的关系，但由于各种历史遗留问题和部门职责模糊原因而导致县农业农村局与县农机局、县供销合作社的部门关系难以理顺。

土地托管中的农业农村部门与下级部门关系。土地托管涉及诸多主体的利益关系，风险性较大。因此，县农业农村局为了调动起相关主体支持丰收公社的积极性，基于面向下的价值型关系治理理性，积极构建与下级部门的密切关联。一方面，在县农业农村局与乡镇关系处理上。在其他乡镇政府都有所顾忌，不愿意积极支持丰收公社的背景下，只有极少数乡镇政府愿意支持丰收公社发展。因此，县农业农村局对配合丰收公社工作的乡镇政府给予更多的项目支持。另一方面，在县农业农村局与村庄关系处理上。绝大多数村干部并不愿意以村集体的形式与丰收公社合作，开展土地托管。因此，只有极少数有情怀有担当的村干部愿意以村集体形式与丰收公社合作。其中，就包括县农业农村局局长的老家即管小庄村。因此，县农业农村局不仅出台了对在增加村集体经济过程中做出突出贡献的村干部给予个人奖励政策，而且发布了对通过与丰收公社开展土地托管增加村集体收入的村集体进行专项奖励的政策文件。例如文件明确提出"村集体奖励额度按照全程托管（至少包括耕、种、防、收四个环节）不高于服务收入增量的50%进行奖励，单个自然村最高奖励额度为5万元。而对于村集体参与半托管服务（包括耕、种、防、收中的三个环节）增加村集体收入的，村集体奖励标准按照全程托管奖励标准的50%执行"。

丰收农资公司凭借着国内最大的化肥生产企业与光明县纳税第一大户的身份，其打造丰收公社转型成为"托管服务商"的思路得到政府的大力支持，成为新任县委书记重点打造的项目。

二　工商企业主导时期土地托管相关主体策略选择

（一）土地托管中的相关主体风险规避行为

土地托管的开展，可能带来各种风险，以下是不同主体的风险规避行为。

首先是光明县政府的风险规避行为。虽然光明县委、县政府发布一系列专门支持丰收公社开展土地托管的实施意见，用以表明对丰收公社的支持，但并不是意味着县级政府完全按照文件要求全力支持丰收公社开展托管服务，而存在一定程度上的"执行软化"问题。县政府虽然给予了丰收公社很多政策扶持，用以打造乡村振兴齐鲁样本中的"光明样本"，但是在实际运作中，并没有完全按照政策要求，采取强制举措，要求乡镇政府和农户将土地托管给丰收公社使用，主要原因是为了规避上级政府的政策风险。因为光明县制定的政策文件具有消解上级政府政策要求的潜在风险，主要表现在以下两点。(1) 在涉及政府与市场关系问题上，该县制定的政策文件中对丰收公社的专项政策支持和项目补贴等内容，其实质是剥夺了其他经营主体开展土地托管的合法性，干扰了托管市场中的正常运作，具有政府替代市场的风险，不符合社会主义市场经济的发展方向。(2) 农业经营制度的维护层面，中央政策一再强调，要坚持家庭经营在中国农业经营制度的基础地位，坚持农户自愿原则开展土地托管。光明县政府如果强力推动乡镇政府配合丰收公社开展托管服务，将有可能导致违背农民自愿现象的发生，进而导致丰收公社借"土地托管"之名而实现对农地的垄断，不利于家庭经营的稳定。正如光明县分管农业副县长所言，"我们县政府出台专门支持丰收公社的政策，主要是表明我们县政府对丰收公社的支持态度。因为土地托管涉及各方主体利益，实施这样的政策很有风险，政策能落地需要慢慢引导"①。

其次是县农业农村局的风险规避行为。县农业农村局作为指导丰收公社开展土地托管的主管部门，本应该全力支持丰收公社的发展，但是在某些政策制定和项目扶持下却采取了一些保守的行为，影响了土地托管的快速开展，其主要基于规避风险的逻辑考量，具体体现在如下三点：(1) 文件制定的精细化。第一，在支持对象上。光明县政府在出台农业生产社会化服务规范化建设政策文件时，为了规避其他主体上访的风险，在具体的支持对象都会强调增加一个"等"字，即在具体的政策文件行文中都会强调"丰收公社等主体"。因此，在政策文件表述中，丰收公社只是政府重点支持的代表性主体，而不是唯一的主体。第二，在政策目标设置上。为了保证农业生产社会化服务规范化试点建设任务的完成，规避试点任务失败的风险，光明县政府在上报给省里的试点方案中，土地托管的目标完全参考丰收公社可以达到的数量来设置。第三，在实

---

① 资料来源：光明县分管农业副县长胡县长访谈，2018年。

施范围上。为了确保完成试点建设的任务，规避试点建设失败的风险，光明县政府在制定试点工作任务时，完全参考丰收公社已经开展或者即将要开展土地托管的村庄来确定。（2）政策内容的模糊化。丰收公社土地托管在基层推广过程中，主要面临着村两委积极性匮乏的问题。因为村集体可以通过土地托管实现增收，而代表村集体的村两委干部却无法获得经济回报，因此，开展土地托管对于村干部来说是件"麻烦事"。2018年山东省实行了"村集体增收三年清零行动"，土地托管本身可以作为促进村集体经济的重要途径，可以实现村集体增收政策与土地托管政策的有机结合。这是县委组织部、乡镇政府领导和村干部所希望看到的，他们希望可以在村集体增收实施文件中，可以明确"村集体通过丰收公社土地托管实现增收的，可以给予村干部个人奖励"，从而提高村干部干事创业的积极性。但是县农业农村局农经中心主任却以规避风险的逻辑而否定了这一政策设计，而采取模糊处理的方式，即只要增加村集体收入，村干部就可以获得一定的经济报酬。（3）项目实施的变通化。在开展农业生产社会化服务示范县创建过程中，示范方案中本来是按照1000万元的项目设计支持托管服务主体开展土地托管。但是由于近年来专门支持丰收公社的项目过多，损害了其他经营大户和服务主体的利益，其他经营大户经常到县农业农村局上访。为了规避其他经营大户的上访，县农业农村局改变了项目资金和项目支持对象，项目资金来源由上级拨款改为项目自筹，县农业农村局整合涉农资金200万元，用以支持通过开展土地托管实现村集体增收的村集体和村干部。正如光明县农业农村局局长所说"项目如果还专门支持丰收公社，其他大户上访会更多。项目资金转而支持村集体增收，其他人都没有话讲了，也不会有意见"[①]。

再次是乡镇政府的风险规避行为。乡镇政府对丰收公社开展土地托管持审慎态度，不愿意积极支持的原因在于其规避风险的逻

---

① 资料来源：光明县农业农村局白局长访谈，2019年。

辑。一方面，乡镇政府担心丰收公社开展土地托管遭遇失败所带来的社会稳定风险。部分乡镇政府干部并不看好土地托管的发展，也不知道丰收公社的营利点何在，他们如何抵御自然风险，因此他们非常担心丰收公社跑路。另一方面，乡镇政府担心丰收公社土地托管的进入，会改变既有的土地经营利益格局，损害流转大户的既得利益，由此而带来的社会稳定风险。因此，很多乡镇政府并不欢迎丰收公社。而对于承担着总部园区建设和示范园区的乡镇来说，征地拆迁工作的开展需要规避上访等社会稳定风险的产生。

最后是村干部的风险规避行为。村干部支持土地托管，不仅可能得罪某些利益受损者、引发社会矛盾，而且极易被村内反对派势力利用，影响现任村干部的连任。因此，大多数村干部基于风险规避逻辑，也不想以村集体的名义与丰收公社合作，共同开展土地托管业务。

丰收公社和其他市场主体开展土地托管，都应该同等得到农业农村局等部门的支持。然而，在工商企业主导时期，光明县起初并没有被列为农业社会化服务示范县，但由于丰收公社负责人的关系，光明县才获得了农业社会化服务示范县的名额。作为回报，县农业农村局和丰收公社已经形成一定的庇护关系，共同抵制非丰收公社系统内主体开展土地托管政策实践。

（二）土地托管中的相关主体追求政绩行为

（1）县政府。丰收公社可以满足平安县政府发展经济的政绩需求。丰收农资公司作为国内最大的民营化肥制造商与平安县最大的纳税大户，丰收农资公司进军土地托管领域，有利于实现"农资生产商"到"托管服务商"的转型。对于县级政府来说，丰收公社发展越好，营业收入越高，所缴纳税额就越高。因此，丰收公社发展可以满足平安县政府发展经济的目标。

（2）县直部门。丰收公社可以满足县农业农村局打造土地托管示范县的政绩需求。丰收公社以解决"谁来种地""如何种好地"等政府痛点问题为着力点，致力于打造国内最大的农业服务平台。因此，丰收公社开展土地托管可以实现县农业农村局打造土地托管服务示范县的政绩需求。平安县之所以可以评为山东省六家土地托管服务示范县之一，主要源于丰收公社在开展土地托管方面的成绩。

（3）乡镇政府。2018年山东省组织部出台了集体经济薄弱村村集体三年清零行动，集体经济增收成为乡镇政府的重点考核内容。丰收公社土地托管可以成为增加村集体收入的重要途径。因此，丰收公社可以成为乡镇政府用以实现村集体经济增长政绩需求的选项之一。比如，石门镇政府积极创新"党建+村集体+丰收公社"模式，将镇域内20个村庄与丰收公社对接。

（三）土地托管中的相关主体任务完成行为

丰收公社开展土地托管不仅需要从制造亮点方面向上级领导展示成绩和发展质量，也需要从整体发展方面向上级领导提交土地托管发展数量，以彰显成绩。由于乡镇政府推卸责任逻辑遵循，乡镇政府很少愿意配合丰收公社，将村干部召集起来，与丰收公社对接，共同开展土地托管。而村两委主要负责人基于推卸责任逻辑，也很少配合丰收公社开展土地托管。因此，丰收公社想要与村集体合作的意愿很难实现。围绕着丰收公社土地托管开展的面积数量，县农业农村局制定了示范县建设期间内必须完成20万亩的考核任务。丰收公社基于完成任务的逻辑展开了如下行动。

（1）丰收公社越过乡村两级组织，直接与村干部个人合作。丰收公社利用丰收农资公司较强的市场信誉和农资销售渠道，将每个村有资本、有威望的农资经销商纳入丰收公社系统，成为丰收公社的村级小社长，开展土地托管业务。村级小社长除了每亩可以获得70元的托管服务费之外，还可以享受到丰收公社提供的农地收益贷款、专属政策和项目扶持。在经济激励的刺激下，丰收公社土地托管业务迅速发展。以庄曹镇为例，丰收公社在全镇发展了30个小社长，小社长利用其自身的资本优势和"当地人"身份，仅2018年一年，共计托管了3万亩土地。而在岗西镇，丰收公社则与

1个村主任对接,利用其自身的资本优势与社会关系网络,发展了20个村的村干部开展托管,共计在岗西镇发展了1.5万亩土地。由于农村中农资经销商中有很大一部分比例是农村干部,而从丰收公社发展的小社长的身份属性统计中,也可以发现90%以上的小社长都属于村两委干部。由此,丰收公社主要合作的对象实际上已转变为村干部个人。

(2)丰收公社通过提高土地托管价格,剥夺其他大户经营的土地,以达到垄断土地托管市场之目的。光明县当地土地流转均价为600元。丰收公社为了迅速提高土地托管面积,统一采取了800元的保底价格向农户进行宣传。农户在经济利益的刺激下,纷纷将土地从流转大户或者托管大户手中进行"抽地",不论是在村内自发流转的"中坚农民",还是开展土地流转的经营大户,抑或是开展土地托管的农机合作社都遭遇到很严重的冲击,丰收公社土地托管面积迅速增加。

(3)对于光明县开展土地托管较好的农机合作社采用挂牌方式进行"临时性收编",以增加丰收公社土地托管开展的面积。丰收公社土地托管统计范畴除了统计丰收系统内专业合作社和农业服务公司的面积,也依赖于已经挂牌合作社的面积计算。据调查,光明县丰收公社为了完成土地托管面积,对于镇域内经营业务开展较好、土地流转或托管面积较大的合作社均进行"挂牌",以彰显丰收公社的政绩。丰收公社为了让这些大户挂上牌,往往建立在一定的利益交换之上,即丰收公社要优先将项目发包给挂牌的合作社,因此,形成了一定庇护的关系。

第三节 工商企业主导时期土地托管遭遇困境的治理理性

由上述分析可知,在工商企业主导时期土地托管时期,相关主体既遵循着科层治理理性逻辑,同时遵循着以价值型关系治理理性与工具型关系治理理性为主要内容的关系治理理性逻辑。根据笔者的调研,光明县丰收公社开展土地托管政策实践依然面临着诸多困境,导致以支持丰收公社为核心的分利秩序的形成,大户经营日益困难,甚至具有引发乡村社会秩序紊乱的可能性。实践表明,正是以科层治理理性与关系治理理性及其互动为主要内涵的复合型治理理性才是导致工商企业主导时期土地托管遭遇困境的实践逻辑。以下是具体分析。

一 工商企业土地托管遭遇困境的直接原因

科层治理理性规限关系治理理性是导致工商企业土地托管遭遇困境的直接原因。具体分析如下。

(一)相关主体行动边界得以规定

光明县政府积极贯彻土地托管政策要求和各级领导的讲话精神,结合当地实际情况,创建了以丰收公社为主要代表的工商企业土地托管模式,这是由科层治理理性中的"等级权威"特征所决定的。丰收公社土地托管的开展需要政府出台的政策文件作为行为依据,这是由科层治理理性中的"规章制度"特性所决定的。光明县委、县政府大力支持丰收公社发展,形成了以支持丰收公社发展为核心的土地托管政策体系。丰收公社土地托管政策已经形成了丰收公社、村两委和商业银行"三位一体"为农服务机制。具体而言,则是将丰收公社的服务和经营能力、村两委的组织能力与商业机构的资金供给能力相结合,共同推动土地托管的发展。在政策体系建构中,具体形成了总部园区建设政策、乡镇为农服务站和村级服务站建设政策、整村托管政策和农地收益贷政策为重点的丰收公社托管能力提升政策和丰收公社直接开展土地托管政策。因此,无论是价值型关系治理理性抑或是工具型关系治理理性诸种策略行为的选择都被限定在总部园区建设、镇村级服务站建设、整村托管、农地收益贷和丰收公社直接开展土地托管政策实践范围内。据此,科层治理理性为关系治理理性的运作划定了行为边界。

(二) 政策支持的形式合理性

根据相关主体的关系治理理性分析可知，县级政府存在"不想支持土地托管"的惯习依赖，县农业农村局等县级涉农部门存在"不想指导土地托管发展"惯习依赖，而乡镇政府和村两委存在"不愿意支持丰收公社开展土地托管"的惯习依赖。在科层治理理性规制下，相关主体的惯习依赖开始得以突破，各相关主体开始重视和支持丰收公社开展土地托管。具体而言，体现出如下三点。

首先，科层治理理性推动着县级政府"惯习依赖"的转变。由上述分析可知，农业农村部针对土地托管贯彻不力的情形，特别下发相关学习与贯彻文件，要求县级负责同志能领会政策要求，加强对土地托管的重视程度，强化政府的指导功能，落实政策文件。在科层治理理性的规制下，县级政府"不想支持土地托管"的惯习依赖开始得以突破，光明县政府开始支持丰收公社的发展。

其次，科层治理理性推动着县级农业农村局"惯习依赖"的转变。光明县形成了以支持丰收公社发展为核心的土地托管政策体系，成立了以县委书记为组长，各涉农部门为参与单位的支持丰收公社领导小组。县农业农村局作为土地托管的业务主管部门，自然成为具体实施支持丰收公社发展，协调各方主体的"主力军"。因此，县农业农村局开始成为支持丰收公社开展土地托管的主导部门，全力支持丰收公社开展土地托管。

最后，科层治理理性在一定程度上推动着乡镇政府和村两委"惯习依赖"的转变。为了支持丰收公社发展，光明县委、县政府下发了数个专项红头文件，形成了以支持丰收公社发展为核心的土地托管政策体系，成立了以县委书记为组长，各涉农部门和各乡镇主要领导为参与单位的支持丰收公社领导小组。在科层治理理性的规制下，部分乡镇和村级组织开始支持丰收公社发展，参与到协调丰收公社土地托管相关主体的工作中。

土地托管作为一项复杂的体系化政策，不仅需要依赖县农业农村局的支持，更需要相关部门的协作配合。这是由科层治理理性中的"专业分工"特征所决定的。各部门无论存在利益还是矛盾，均应该按照政策要求支持丰收公社发展，这是由科层治理理性中的"非人格化"特征所决定的。尽管各部门均与各相关部门联合下发了支持丰收公社开展土地托管的文件，却只是保持了形式上的政策合理性，各部门并不会真正支持供销社开展土地托管。

（三）相关部门的职能冲突

围绕着土地托管发展，部门之间存在职能冲突。县农业农村局负责指导农业生产托管，县农机局近年来重视创新"全程机械化＋综合农事服务中心"发展模式，而县供销社提倡开展土地托管服务。三者名称上虽有所不同，但是本质上具有很强的相似性。因此，丰收公社开展托管的土地面积越多，就越显示县农机局和县供销社的"无能"。因此，尽管县农业农村局采取各种措施协调与县农机局和县供销社的关系，均难以达到预期结果。

二 工商企业土地托管遭遇困境的主要原因

关系治理理性消解科层治理理性是导致工商企业土地托管遭遇困境的主要原因，具体分析如下。

（一）工商企业土地托管遭遇困境的前提条件

土地托管作为一项综合性的农业政策，丰收公社土地托管的开展需要得到各相关主体的支持。从主体关系处理层面看。县农业农村局积极处理与各方主体的关系，但是依然无法真正突破既有的"惯习依赖"，也没有处理好与县农机局的关系，无法真正地支持其开展土地托管业务。具体而言，主要包括以下几点。

首先，县农机局与丰收公社的关系难以协调。县农机局作为农机购置补贴管理和农机作业相关项目的主管部门，对支持丰收公社发展土地托管十分重要。从历史原因来看。光明县丰收公社负责人原属于供销合作社系统人员，而现任农机局局长原是县供销合作社主任转任而来，当时光明县丰收公社负责人担任岗西镇供销合作社主任，两者存在诸多不可调和的历史矛盾。

为了支持农机局配合丰收公社工作，县农业农村局具体采取了三种策略：(1) 在面向同级部门价值型关系治理理性导向下，县农业农村局局长为了让县农机局局长全力支持丰收公社的发展，基于同级部门价值型关系治理理性的逻辑，积极建构与县农机局局长的私人关系。但是最终并没有动员起县农机局对丰收公社的支持。(2) 县农业农村局局长利用机构改革契机，实行了有限度的"夺权"。但是县农机发展促进中心依然保留着土地深松项目的管理权，依然没有实现对丰收公社的全力支持。(3) 为了让县农机局配合丰收公社工作，在文件起草过程中，丰收公社负责人和县农业农村局相关领导形成一定的庇护关系，文件详细列明县农机局需要配合丰收公社的项目实施内容和部门负责人姓名，要求县农机局按照政策文件给予丰收公社每年200万元农机购置补贴支持和土地深松等项目支持。因此，县农机局局长基于面向上价值型关系理性考察，仅仅认为"光明县丰收公社有套补农机购置补贴和深松项目经费的嫌疑"，对于丰收公社要求的给予土地深松项目配套，县农机局只是象征性地给予了一些项目补贴，并且向县级领导提出了要严格规范200万元专项支持丰收公社农机购置补贴的建议。而针对光明县丰收公社所可能存在的套补问题，农机局局长向丰收公社总部负责人反映其问题，让总部负责人警惕叶总所可能存在的违法问题。据此，光明县丰收公社与光明县农机局的关系难以有效协调。

其次，县供销合作社与丰收公社的关系难以协调。根据第三章分析可知，供销合作社农业服务公司仍然占据着光明县丰收公社6%的股份。而且供销合作社农业服务公司负责人也就是光明县丰收公社负责人的身份还属于岗西镇监事会主任，每月享受供销合作社2000元的基本月薪。因此，从理论上讲，光明县丰收公社也可以获得县供销合作社的政策和项目的资格。但是从实践来看，光明县供销合作社与光明县丰收公社之间存在不可调和的矛盾，光明县丰收公社难以获得供销系统的项目和政策支持。

再次，乡镇政府的"惯习依赖"尚未真正转变。在乡镇政府与丰收公社关系处理上。虽然第四章指出，由于丰收公社满足了部分乡镇"规避风险"与"追求政绩"的需求，而得到乡镇政府一定程度的认可，但是受农业产业特色、土地流转政策、土地托管复杂性和多元主体支持发展等因素影响，乡镇政府依然存在"不想支持丰收公社开展土地托管"的惯习依赖。大多数乡镇政府主要领导对"为什么只能支持丰收公社一个主体开展土地托管"感到困惑。因此，县农业农村局基于面向下价值型关系治理理性的导向，采取策略积极建构与乡镇主要领导的关系，但是依然没有获得大多数乡镇政府的支持。因此，每当文件公布后，光明县丰收公社主要负责人都会获得一份支持丰收公社的红头文件，去找各乡镇领导去落实文件内容。即使在县政府召开的数次常委会议上，县委书记要求各乡镇主要领导要密切配合丰收公社开展土地托管服务，推动丰收公社模式的创建，但是各乡镇主要领导均表示很困难，不愿意支持丰收公社开展托管服务，协调效果较差。因此难以突破乡镇政府存在"不想支持丰收公社开展土地托管"的惯习依赖。乡镇政府"不想支持丰收公社开展土地托管"的惯习依赖消解了科层治理理性。对于某些乡镇领导说，"丰收公社来我们乡镇开展土地托管，我们不给他们找麻烦就是最大的支持了"。

最后，村两委的"惯习依赖"尚未真正转变。受土地托管复杂性和多元主体支持发展等因素影响，村两委存在"不想支持丰收公社开展土地托管"的惯习依赖。大多数村两委主要领导对"为什么只能支持丰收公社一个主体开展土地托管"感到困惑。因此，村干部普遍反映，土地托管对于村干部来说就是一件麻烦事。大多数村干部仍然保持着传统的惯习依赖。

综上所述，丰收公社可以满足县政府和县农业农村局发展经济、打造农业社会化服务示范县的政绩需求，因此，丰收公社得到了县政府和县农业农村局的支持，县农业农村局基于"面向同级部门""面向下"等价值型关系治理理性，积极采取各种措施处理与各方主体的关系，但依然无法协调好相关主体的关系。协调无果后，县农业农村局和丰收公社在文件起草过程中形成庇护关系，文件中明确要求各相关主体予以配合。相关部门非但没有积极性配合丰收公社工作，反而对丰收公社的行为更为厌恶，从而构成了丰收公社土地托管遭遇困境的前提条件。

（二）工商企业土地托管遭遇困境的主要原因

由于县农业农村局与相关主体的关系难以协调，相关主体支持丰收公社开展土地托管的积极性难以激发，相关主体基于个人利益最大化的目的，遵循"规避风险""完成任务""寻求庇护"和"推卸责任"的逻辑参与丰收公社土地托管实践，这是导致丰收公社土地托管遭遇困境的主要原因。具体表现在如下方面。

1. 总部作物示范区建设进展缓慢

为了增强丰收公社开展土地托管的实力，向各级领导更好地展示发展成绩，光明县政府积极支持总部园区建设800亩园区作物试验示范区和光明县丰收公社总部。总部和示范园区建设理应顺利推广，然而却遭遇困境，具体表现如下。

（1）示范园区建设遭遇困境。800亩园区作物试验示范区选址涉及岗西镇一个村庄，在科层治理理性的约束下，岗西镇政府采用包片到人的方式到该村进行动员，积极配合丰收公社开展土地集约，建设示范园区。然而由于该村村民与丰收公社总部就土地租金采取流转方式还是托管方式支付产生了争议。在丰收公社看来，它是坚持"土地托管"的代表，必须坚守一年一给的原则。而村民更倾向于土地流转，要求租金一次性供给。两者产生了不可调和的矛盾。因此，在丰收公社已经将一年租金提前打到乡镇账户半年有余的情况下，岗西镇政府又将租金打回给丰收公社，表示"自己无能为力"①。

（2）公社总部建设遭遇困境。而光明县总部园区建设涉及东郭镇一个村庄的征地问题，在科层治理理性的导向下，东郭镇政府采

---

① 资料来源：岗西镇强镇长访谈，2019年。

用包片到人的方式到该村进行动员,然而由于存在两家钉子户对于拆迁补偿价格不满意,经常为此越级上访。因此,东郭镇政府基于规避风险的逻辑也不能强制要求两家钉子户进行搬迁,因此迟迟不能完成拆迁任务。综上所述,在乡镇政府"规避风险"逻辑的导向下,丰收公社总部和示范园区建设均遭遇困境,进展缓慢。

2. 镇村为农服务站建设难以开展

丰收公社为农服务站作为土地托管的物质基础,理应积极建设,但却遭遇困境。具体表现在如下方面。

(1) 乡镇为农服务站遭遇困境。一方面体现在指导人员方面。按照文件规定,乡镇为农服务站由乡镇农技站和农经站人员负责协调,但是乡镇农技站和农经站基于"规避责任"的逻辑都不愿意与丰收公社进行协调,共同建设乡镇服务站。因为对于他们来说,"由丰收公社自己建设就好,我们不去参与"①。另一方面体现在建设内容方面。按照文件,每个乡镇服务站修建一处不超过15亩的烘干晾晒场地,为丰收公社托管提供物质基础。然而实践中,没有一个乡镇愿意为丰收公社提供15亩的建设用地指标。因此,乡镇服务站烘干晾晒场地建设遭遇困境。

(2) 村居为农服务站遭遇困境。由于光明县村居会计工资已经实现了财政统筹,即县财政出资80%,乡镇财政出资20%,县农经中心拥有全县500名会计的管理权限。因此,县农业农村局具备向下延伸到村里的能力。但是当文件起草专家提出由每个村的村会计负责村级为农服务站建设,却遭到了县农经中心主任的反对。因为在县农经中心主任看来,村级会计工资财政统筹是在他上任以来向县级领导争取的改善乡村治理的政策。每年县级财政要向全县500名会计支付1000万元财政资金工资。而他深知丰收公社土地托管涉及多方利益,村会计牵涉其中,必须带来诸种风险。因此,县

---

① 资料来源:岗西镇农经站胡站长访谈,2018年;云青镇农经站云站长访谈,2019年。

农经中心主任基于"规避风险"的考虑,并不愿意会计参与到村级服务站建设中。综上所述,丰收公社镇村为农服务站建设面临困境。

3. 农地收益贷实践遭遇潜在风险

农地收益贷政策可以为土地托管提供资金基础,理应积极推进,然而却面临可持续危机。因为土地托管的实践需要农户和服务提供主体具备很强的信任关系,需要农户提前向服务主体缴纳托管服务费。但是农户基于风险规避的需要并不愿意缴纳托管服务费。正如2017年丰收公社采取服务型托管的方式,向农户提前收取了一半的托管服务费,但是年终很多农户却以各种理由为由拒缴另一半托管服务费,丰收公社遭受了很大损失。为了规避农户不缴纳托管服务费的风险,农地收益贷政策应运而生,即托管服务费的收取由村庄小社长以个人资金为担保,以农户农地收益为抵押,向银行贷款,所得贷款用以支付托管服务费,因此减少了向农户收取服务费的困难。如果农户得知农地收益贷的实情,农地收益贷实践可能面临困境。

4. 整村托管实践持续性面临挑战

整村托管作为土地托管的组织基础,理应深入推进,然而政策实践遭遇困境。以2018年集体经济薄弱村三年攻坚行动为分界点,整村托管政策可以划分为以下两个时期。

(1) 集体经济薄弱村三年攻坚行动之前。门石镇政府基于面向上价值型关系理性和追求政绩逻辑下积极推动村两委与丰收公社进行合作,开创了"党建+村集体+丰收公社"模式。除外之外,大多数乡村两级组织基于推卸责任和风险规避的考虑并没有积极协助丰收公社开展土地托管,而是采取听之任之的态度。正如县农业农村局局长所说,"由于土地托管是一个新兴事物,乡镇政府领导有顾虑,短时间内不愿意支持丰收公社也很正常"[①]。

---

① 资料来源:光明县农业农村局白局长访谈,2019年。

但是正如丰收公社负责人所说，"我们是公司，不可能等着政府领导思想转变之后再开展托管"①。所以丰收公社基于完成任务的逻辑下，利用丰收农资公司较强的市场信誉和农资销售渠道，将每个村有资本、有威望的农资经销商纳入丰收公社系统，成为丰收公社的村级小社长，开展土地托管业务。而90%以上的小社长都属于村两委干部。因此，丰收公社村级小社长实际主体为以"私人名义"合作的村两委干部，主流发展模式主要为"丰收公社+私人小社长"的市场模式。

（2）集体经济薄弱村三年攻坚行动以后。由于集体经济薄弱村三年攻坚行动的开展，光明县政府出台了村集体奖励和村干部个人奖励政策，成立了集体经济薄弱村三年攻坚行动领导小组，办公室位于县农业农村局，县农业农村局兼任领导小组办公室主任。由于机构改革后，村集体财务管理和乡村治理协调职能均划转到县农经中心，而县农经中心又是指导土地托管发展的职能。因此，县农业农村局局长和县农经中心主任都希望由丰收公社与村集体合作，创建"党建+村集体+丰收公社"创新模式，通过土地托管增加村集体收入。

一是私人合作集体化改革。丰收公社基于面向上价值型关系理性的导向下也希望能够与村集体合作，实现土地的集约化经营。因此，丰收公社采取措施鼓励村级小社长由私人向村集体转移，可称之为"私人合作集体化改革"。然而由于私人小社长花费了很大的成本才实现了土地集约化，在没有得到利益补偿的情况下，就要求土地交给村集体。因此，越来越多的小社长已经在考虑，放弃与丰收公社合作，开始自己经营或者将土地返还给老百姓，丰收公社土地托管政策实践面临着失败的风险。

二是集体合作责任制改革。而以开展"党建+村集体+丰收公社"创新模式的门石镇为例，在以村集体形式与丰收公社合作的

---

① 资料来源：光明县丰收公社负责人叶总访谈，2018年。

20个村庄中,其中以管大庄村为主要代表。该村村集体以2000亩土地全部托管给丰收公社,每年通过土地托管可以为村集体带来14万元的集体收入。该村模式吸引了各级政府领导参观学习,满足了光明县农业农村局的政绩需求,但是其模式的可持续性面临着挑战。因为根据笔者的调研,在村集体与丰收公社合作的20个村庄中,丰收公社不盈利甚至亏损问题较为严重。村集体基于规避风险的考虑,仅收取固定的托管服务费,所以对田间管理并不是很及时,管理效率较为低下,产量较低。因此,丰收公社想要进行"集体合作责任制改革",即为了提高村集体的积极性,将村集体转为与丰收公社真正的合作伙伴,共担风险,共负盈亏。然而,村两委负责人基于规避风险的考虑,普遍反对改革,因为改革一旦实行,村集体将面临极大的风险。正如门石镇村两委干部所说,"按照改革方案,村集体为了得到这么点托管服务费,就需要承担这么大风险,不合适,村集体只能负盈不负亏,还是按照原来方式只收取托管服务费比较保险"[①]。综上所述,"私人合作集体化改革"和"集体合作责任制改革"均遭遇困境,丰收公社托管实践的可持续性面临严峻挑战。

5. 丰收公社土地托管面积虚增

综上所述,由于关系治理理性对于科层治理理性的消解,丰收公社托管服务能力政策即总部园区建设政策、为农服务站政策、农地收益贷政策和整村托管政策均遭遇困境,物质基础能力、资金供给能力和组织能力并没有得到实质性提高,从而构成了丰收公社托管实践遭遇困境的主要原因。虽然丰收公社依靠自身经济实力,在政府的大力支持下,实现了土地的大面积托管。但是却依然满足不了丰收公社追求政绩所需达到的土地托管面积数量。为了继续扩大丰收公社土地托管的面积,除了依赖于村集体合作外,丰收公社基于"完成任务"的逻辑,还主要通过如下

---

① 资料来源:门石镇村两委干部访谈,2019年。

措施：一是丰收公社越过乡村两级组织，直接与村干部个人合作。二是通过提高土地托管价格，剥夺其他大户经营的土地，以达到垄断土地托管市场之目的。三是对于光明县开展土地托管较好的农机合作社采用挂牌方式进行"临时性收编"，以增加丰收公社土地托管开展的面积。据此，丰收公社开展土地托管的统计面积可达到10万亩，占全县大田种植面积的20%。综上所述，不论是从托管主体处理层面还是具体的托管实践过程来看，丰收公社开展土地托管均遭遇困境。

综上所述，工商企业主导时期土地托管的实践表明，正是以科层治理理性与关系治理理性及其互动为主要内涵的复合型治理理性才是导致工商企业开展土地托管遭遇困境的实践逻辑。一方面，科层治理理性规制关系治理理性构成了工商企业土地托管遭遇困境的直接原因。这主要体现在主体行动边界被限定、政策支持形式化和相关部门的职能冲突三个方面。另一方面，关系治理理性对科层治理理性的消解则构成了工商企业土地托管遭遇困境的主要原因。主要表现在如下两个层面。一是在托管主体关系处理层面。光明县农业农村局积极处理与各方主体的关系，但是依然无法真正突破相关主体既有的惯习依赖，无法真正地支持丰收公社开展土地托管业务。作为土地托管指导和实践主体的乡村两级组织，并没有积极性配合丰收公社开展土地托管业务，即使在面向上和面向下的价值型关系治理理性制约下，只能实现极少数乡镇和村庄的有限动员，大多数乡镇和村庄都没有积极性配合丰收公社开展土地托管，这构成了工商企业土地托管遭遇困境的前提条件。二是在具体的实践过程层面。无论是总部园区建设、乡镇村为农服务站建设、整村托管政策、农地收益贷政策等托管能力提高政策，抑或是丰收公社直接开展托管实践中，相关主体基于个人利益最大化的目的遵循"规避风险""完成任务""寻求庇护""追求政绩"和"推卸责任"的逻辑参与丰收公社土地托管实践，这是导致工商企业土地托管遭遇困境的主要原因。

第四节　工商企业主导时期土地托管遭遇困境的影响后果

丰收公社土地托管政策已经形成了以支持丰收公社发展为核心的政策体系，具体形成了丰收公社、村两委和商业银行"三位一体"为农服务机制，即将丰收公社的服务和经营能力、村两委的组织能力与商业机构的资金供给能力相结合，共同推动土地托管的发展。因此，丰收公社土地托管政策除了具有促进丰收公社发展和转型外，同时具有为农户特别是小农户提供托管服务、推动土地托管面积扩大，改善村庄治理和为金融贷款下乡提供可行路径等多重目标。丰收公社为小农户提供土地托管服务，保障了小农户利益，为金融贷款下乡提供了以"托管服务费"形式的可行路径，但是却是以牺牲小农户知情权为代价的，同时产生了如下影响后果。

一　丰收公社发展愈加困难

伴随着农资市场竞争的日益加剧，大量的农资生产和销售企业等工商企业开始谋求转型。土地托管作为拥有万亿元市场规模潜力的农业生产性服务业的重要业态，自然成为许多工商企业谋求转型发展的重要突破口。因此，以丰收公社为代表的工资企业开始进入土地托管服务领域，实现"农资销售商"到"托管服务商"的转型，进而整合农业产业链利益，实现企业的可持续发展。而对于光明县政府来讲，土地托管作为乡村新型产业的重要类型，是实现产业兴旺的重要途径。丰收公社作为农业生产性服务业的重要载体，光明县政府土地托管政策的重要目标之一在于培育丰收公社，推动乡村新型产业的发展，发展县域经济。正如光明县最新政策文件所提到的，2023年《关于支持加快"双社联合"发展的实施意见》提出"力争将丰收公社培育成为全国新经济百强企业、农业服务领域最大的独角兽企业"。然而，丰收公社主导的土地托管实践表明，丰收公社托管服务能力即物质基础能力、资金供给能力和组织能力并没有得到实质性提高，"私人合作集体化改革"和"集体合作责任制改革"也遭遇失败，丰收公社土地托管开展越来越依托项目资源等非生产性分配，土地托管可持续性面临严峻挑战，丰收公社发展也将愈加困难。

二　农户经营困境日益明显

在"大国小农"国情下，以土地托管为代表的服务规模化与以土地流转为代表的土地规模化共同构成了中国特色农业现代化的重要内容，小农户与新型经营主体（主要是指以合作社和家庭农场为代表的农村内生资本）应该共同发展，两者应该互利共生。然而，在丰收公社主导土地托管时期，小农户与新型经营主体利益并没有得以保障，反而面临经营困境日益显著的困境。丰收公社统一采取了"800元保底价格+分红"等收益型托管模式，在确保小农户每亩固定收益的同时，却是以牺牲小农户土地收益剩余索取权和农户知情权为代价的。前者表现为小农户只能获得固定的收益而难以获得分红和政策性补贴，而后者则表现为农户对农地收益抵押信息的缺乏。同时，丰收公社土地托管实践导致了新型农业经营主体等大户经营的愈加困难。主要表现在如下方面。

（1）提高农地经营权转移成本，增加了大户经营成本。为了快速实现土地托管面积的增加，丰收公社基于完成任务的逻辑，通过提高土地托管价格，剥夺其他大户经营的土地。光明县当地土地流转均价为600元。丰收公社为了迅速提高土地托管面积，统一采取了"800元保底价格+分红"等收益型托管模式，向农户进行宣传。正如光明县最负盛名的种植合作社负责人所言，"我是我们县最会经营的大户，每亩700元的租金我都感到压力非常大。而丰收公社，不管好地坏地一出手就是800元，无异于跟我们大户抢地种"①。大户的

---

① 资料来源：门石镇种植合作社负责人张总访谈，2019年。

经营成本迅速提高，不少大户的地都被农户强制抽回，从而加剧了大户经营的困难。

（2）降低了大多数农机合作社农机作业收入。由于丰收公社是由丰收农资公司成立的，农资提供具有市场优势，但是其劣势在于其没有自己的农机，因此丰收公社土地托管的开展更大程度上依赖于市场上的农机合作社。但是为了保障小农户800元/每亩的收益，丰收公社采取不断降低农机作业成本的方式，用丰收公社负责人的话讲"不压低农机手的收益，降低作业成本，那怎么保证小农户的利益呢"①？但是在光明县诸多农机手看来，"丰收公社依靠土地托管，把土地垄断到手，把农机作业价格压得太低，只有市场平均价格的一半"②。因此，很多农机合作社都拒绝与丰收公社合作。这一点可以通过数据予以说明。据调查，光明县丰收公社整合的农机合作社只有4家，而在全县丰收公社农机合作社数量可以达到500家，丰收公社整合农机合作社的比率仅占0.8%。

（3）政策支持和项目资金补贴减少，降低了大户所能获得的转移支付收入。具体体现在政策制定过程中话语的缺失与项目资金的歧视性分配。一方面，丰收公社和其他市场主体开展土地托管，都应该同等得到地方政府的支持。然而，在政策起草过程中县农业农村局和丰收公社已经形成强烈的庇护关系，共同抵制非丰收公社系统内主体开展土地托管政策实践。文件起草小组成员通常包括光明县丰收公社负责人，而不包括其他托管市场主体，非丰收公社主体的话语缺乏，只能在政策支持对象方面被归类为"等"的范围了。另一方面，在项目实施过程中县农业农村局与丰收公社形成较强的庇护关系，形成了以支持丰收公社为核心的分利秩序。项目资金的歧视性分配，剥夺了大户应该获得的项目补助，大户经营的可持续将愈加困难。

---

① 资料来源：光明县丰收公社负责人叶总访谈，2019年。
② 资料来源：光明县门石镇、庄曹镇农机手访谈，2018年。

（4）消解大户组织能力，使其失去了与丰收公社竞争的能力。一方面，项目资金的歧视性分配剥夺了合作社联社的运营资金，联合社难以运营下去。在丰收公社成立前，光明县各乡镇农机合作社联社的创建主要目标是为了协调各农机合作社，共同承接土地深松、秸秆还田等农机项目，即联合作社是为农机合作社提供服务，运作资金依赖于各农机合作社同意的，从所获项目资金抽取的一定比例服务费。由于县农业农村局与丰收公社形成较强的庇护关系，丰收公社获得了较大份额的项目资金，农机合作社所承接的项目资金急剧减少，联合社难以运营。另一方面，为了应对丰收公社的挑战，各大户团结起来，成立光明县职业农民协会。然而，光明县职业农民协会的成立并没有得到政府的支持。表面上非常支持大户成立职业农民协会的县农机局局长，基于面向上的价值型关系治理理性制约，并没有真正支持，而是采取顺其自然的态度。而对于负有行业指导责任的县农业农村局，由于县农业农村局与丰收公社存在较强的庇护关系，县农业农村局知道县职业农民协会的成立是针对丰收公社而来，所以县农业农村局迟迟未对协会成立进行批复。因此，在经历了一年时间等待后，县农民职业协会成立计划破产，光明县种田大户又退回到"各自为战"的原子化状态。

三 治理秩序紊乱风险加剧

从理论上讲，土地托管等农业生产性服务产业的发展应该促进基层治理的协调发展，然而实际上，却发生了丰收公社土地托管发展越迅速，光明县基层治理秩序紊乱风险越加剧的悖论现象，具体表现为县级涉农资金的不公平分配、乡镇发展的两极分化和托管村庄秩序紊乱等方面。

（1）县级涉农资金不公平分配现象日显。由于县农业农村局与丰收公社在政策制定和项目实施形成较强的庇护关系，以支持丰收公社为核心的分利秩序逐渐形成。例如，丰收公社获得了每年200万元农机购置补贴资金的垄断地位，在土地深松、秸秆还田、统防统治项目和农业生产托管项目实施中,丰收公社分别占有1/5、1/4、1/3和1/6的占有资金量。2019年,丰收公社更是几乎垄断了光明县1.5万亩玉米绿色高效创建项目。虽然丰收公社开展土地托管遭遇困境,从经济绩效上看越来越不具备可持续性,但是由于丰收公社垄断了大部分的涉农资源,光明县丰收公社的发展越来越依赖于非生产性分配。涉农资源的歧视性分配剥夺了大户应该享受到的项目资源,造成了大户经营的日益困难,进而引发了大户诸多的上访行为。大户纷纷质疑农业农村局出台的支持丰收公社发展的政策和项目实施方案。政府本应该公平合理地支持各类农业经营主体开展土地托管,而涉农资金不公平分配则具备影响市场公平竞争的可能性。

(2) 乡村治理秩序呈现两极分化趋势。当前光明县500个自然村,集体经济薄弱村占到50%以上。很多村庄村集体债务负担严重,严重影响了乡村治理的正常秩序。因此,农村集体经济薄弱问题成为乡村治理的重要问题。农村集体经济作为乡村治理的资金基础,决定着乡村治理的成败。因此,如何增加村集体收入,成为影响乡村治理秩序的重要因素。土地托管作为促进村集体增收的重要手段,理应得以重视。正如门石镇党委书记所言,"村集体通过开展土地托管,村上有钱了,村干部工作好开展了,我们乡镇也好安排工作了"[①]。因此,门石镇政府积极参与协调,推动村集体与丰收公社开展合作。伴随着村集体收入的不断增加,村集体治理秩序不断改善,乡镇安排的工作也顺利开展。门石镇乡镇治理秩序发生了明显改善,并且于2019年被和谐市列为唯一的"和谐市乡村治理示范镇"。因此,门石镇由之前有名的"乱镇"转变成为"乡村治理示范镇"。相对于门石镇政府的积极协调,很多乡镇政府并没有主动参与到土地托管政策实践中来。因此,丰收公社更多地与私人社长进行合作。正如上文所揭示的,那些以私人名义与丰收公社合

---

① 资料来源:门石镇文书记访谈,2019年。

作的乡镇，村集体不能获得集体经济收入增加，乡镇政府开展工作的难度也在不断增加。庄曹镇乡村治理秩序面临着恶化的风险。由此，乡村治理秩序面临着两极分化的风险。

（3）托管村庄秩序面临裂解风险。由于光明县政府出台村集体奖励、村干部个人奖励及"双社联合"支持政策，集体经济的发展情况与村干部工资直接挂钩。而且集体经济薄弱村多位于传统农业型村庄，而该类村集体经济要想增收只能依赖于土地，然而唯一依赖的土地资源也被小社长以个人名义集约起来，统一托管给了丰收公社。因此，基于完成任务和追求政绩逻辑的村两委与小社长及丰收公社产生了不可调和的利益冲突。具体表现了如下两种影响。一是导致村两委干部的冲突。由前述可知，光明县丰收公社90%的私人小社长全部为村两委干部，由于担任丰收公社村级社长的是村干部个人，每亩可以获得70元的托管收入。以庄曹镇为例，每个村级小社长平均集约土地1000亩，因此，每个村级小社长每年便可以获得7万元的托管服务费用。在担任小社长的村干部看来，这是通过他自己的劳动而获得的。在村民看来，作为村委会干部，享有误工补贴，是应该为人民服务的，不应该额外获得收入。而在其他村干部看来，其之所以能够集约土地，担任小社长，是因为他利用村干部身份和公职权威，7万元托管服务费用应该由村集体获得，统一支配使用。因此，担任小社长的村干部与其他村干部往往会产生冲突。二是导致村两委干部与丰收公社的冲突。伴随着村级小社长集约土地的日益连片化，实际耕种面积必然要多于土地确权面积即"土地要涨出来"成为必然。主要原因有两点：其一是各家各户耕地之间沟渠、田间道路等村集体土地伴随着土地的连片必须要被充分利用起来。其二是光明县较为普遍的现象是农户实际耕种的土地面积要稍多于确权面积。综上所述，在村两委成员看来，涨出来的土地都应该是村集体土地，托管收益都应该归村集体。然而在丰收公社看来，它们宁愿将涨出来的土地收益归给农户，也不愿意给村集体。主要原因有两点：一是丰收公社托管的是"农户"的土地，它要对农户负责，而和村集体没有关系；二是涨出来的土地，是在丰收公社小社长的劳动下才出现的，而村集体并没有参与劳动，付出成本。因此，村两委与丰收公社发生了不可调和的矛盾。在光明县托管土地的乡镇区域内，发生了较为普遍的村集体上告丰收公社行为，产生了很多不稳定因素。

第五节　本章小结

本章从治理的视角探究工商企业主导时期土地托管政策遭遇困境的基层治理逻辑及其影响后果，主要有如下研究结论。

一是工商企业主导时期土地托管相关主体的行动逻辑。相关主体不仅遵循着科层治理理性，而且遵守着多元化的关系治理理性。二是工商企业主导时期土地托管政策遭遇困境的实践逻辑在于以科层治理理性与关系治理理性及其互动为主要内涵的复合型治理理性。三是工商企业主导时期土地托管政策遭遇困境的影响后果。光明县形成了以支持丰收公社为核心的土地托管政策，具备多重政策目标。丰收公社为小农户提供土地托管服务，保障了小农户利益，为金融贷款下乡提供可行路径，同时产生了丰收公社发展愈加困难、大户经营困境日加明显和基层治理秩序紊乱风险加剧等影响后果。四是工商企业主导时期土地托管政策遭遇困境的主要逻辑。关系治理理性对科层治理理性的消解构成了工商企业主导时期土地托管政策遭遇困境的主要原因。关系治理理性虽然具有多种维度，但并不意味着关系治理理性对科层治理理性的作用方式是杂乱无章的，而是存在一定的位序性。区分关系治理理性位序性的目的有两个，一是从理论层面来看，有利于加深对土地托管政策遭遇困境的理解，土地托管政策遭遇困境的主导逻辑不仅在于关系治理理性对科层治理理性的消解，而且在诸多关系治理理性维度中，存在导致土地托管遭遇困境的主要逻辑。二是从实践层面来看，只有分离出来关系治理理性中导致土地托管政策实践遭遇困境的主要实践逻辑，进行优先排序，才可以"对症下药"，提出有针对性的政策建议。在关系治理理性排序过程中，本研究遵循的标准有两个：一是关系治理理性作用于科层治理理性的顺序；二是关系治理理性作用于科层治理理性的作用强度。具体表述如下。

首先是"惯习依赖"的价值型关系治理理性居上。在主体关系协调层面，惯习依赖逻辑优先于面向上、面向下、同级部门的价值型关系治理理性，集中体现在无论县农业农村局如何处理建构与其他主体的私人关联，均无法真正消解惯习依赖，实现县农机局、县供销合作社、乡村两级组织对丰收公社开展托管行动的真正支持。

其次是"面向同级部门"的价值型关系治理理性。县农业农村局局长为了整合县农机局和县供销合作社，积极处理与县农机局局长和县供销合作社主任的关系；另一方面则与丰收公社负责人在政策起草过程中形成一定的庇护关系，在政策文件中规定县农机局和县供销合作社配合丰收公社开展土地托管。

再次是"规避风险"的工具型关系治理理性。在具体托管实践中，县级政府、县农业农村局、乡镇政府和村干部等相关主体之所以没有全力支持丰收公社开展土地托管政策实践，原因在于其规避风险的逻辑。例如，在乡镇政府"规避风险"逻辑的导向下，丰收公社总部和示范园区建设政策均遭遇困境，进展缓慢。县农经中心主任基于"规避风险"的考虑，并不愿意会计参与到村级服务站建设中，镇村为农服务站建设难以开展。在基层政府的默认下，丰收公社基于"风险规避"的需要，并没有向农户告知贷款的事议，这侵犯了农户的知情权，农地收益贷实践可能面临困境。为了提高村集体的积极性，将村集体转为与丰收公社真正的合作伙伴，共担风险，共负盈亏。然而，乡镇领导和村两委负责人基于规避风险的考虑，普遍反对丰收公社开展的"集体合作责任制改革"改革，因为改革一旦实行，村集体将面临极大的风险，整村托管实践亦面临着困境。

最后是"推卸责任"的工具型关系治理理性。政府部门在土地托管政策实践中往往出现指导作用缺位的现象，其主要基于推卸责任的工具型价值理性考量，主要表现在县农业农村局与县农机局的关系处理上、县农经中心与农技中心关系处理上、县镇关系处理和镇村关系处理上。前两方面涉及县直部门"条条"部门关系处理问题，而后两者则涉及县镇村"块块"关系处理问题。其中，在"块块"关系处理方面，政府部门由于存在"推卸责任"的逻辑，是导致丰收公社土地托管难以顺利开展的重要原因。

第六章

结论与讨论

第一节 主要结论

以土地流转为代表的土地规模化在遭遇困境的同时，土地托管等服务规模化兴起。在"大国小农"背景下，以土地托管为代表的服务规模化构成了中国特色农业现代化发展的另一条道路。因此，土地托管逐渐成为一项重要的农业政策而受到党和政府的高度关注。土地托管面积在获得迅猛增长的同时，托管主体发生了供销部门到工商企业的转型。然而，不论是供销部门主导土地托管时期，还是主体转型时期抑或是工商企业主导土地托管时期，土地托管政策实践均遭遇困境。土地托管不仅仅作为一种农业经营方式而具备经济效率，而且还深深嵌入政治社会关系和基层治理实践中。基层治理逻辑成为透视和理解土地托管政策实践遭遇困境的重要窗口。因此，本研究从基层治理视角探究土地托管政策实践遭遇困境的原因及其影响后果。具体而言，本研究以山东省光明县10年的土地托管政策实践作为历时性案例，构建复合型治理理性作为理论框架进行分析，主要有如下研究结论。

第一，土地托管政策相关主体的行动逻辑。光明县10年的土地托管相关主体行动逻辑研究表明，虽然不同政策阶段各相关主体的具体行为表现有所差异，但是相关主体的行为逻辑却具有一致性，即土地托管相关主体并不仅仅遵循着线性的科层治理理性，而且遵循着多元化的关系治理理性。一方面，相关主体遵循着以"惯习依赖""面向同级""面向下"和"面向上"等价值型关系治理理性，用以协调各方主体关系；另一方面，相关主体在土地托管具体实践中遵循着"规避风险""寻求庇护""追求政绩""完成任务"和"推卸责任"等工具型关系治理理性，用以寻求托管主体各自的最大利益，从而展现出各相关主体治理逻辑的丰富性和生动性。

第二，土地托管政策屡遭困境的实践逻辑。不论是供销部门主导时期、主体转型时期抑或是工商企业主导时期，土地托管政策实践均遭遇困境。由第三、第四、第五章分析可知，以科层治理理性与关系治理理性及其互动关系为主要内涵的复合型治理理性构成了土地托管政策屡遭困境的实践逻辑。一方面，科层治理理性规制关系治理理性。主要体现为两个方面。一是相关主体行动边界得以规定。科层治理理性规定了关系治理理性的行动范围，为关系治理理性的运作提供政策依据。二是相关主体的"惯习依赖"得以突破。在科层治理理性规制下，相关主体的惯习依赖开始得以突破，从而在一定程度上提高了相关主体支持供销部门或丰收公社开展土地托管的积极性、主动性和创造性。但科层治理理性仅动员起来部分主体的积极性，大多数主体积极性调动程度有限，仅限于政策文件发布上，保证了形式合理性。因此，科层治理理性并没有从根本上动员起各相关主体的积极性和主动性，从而为其遭遇困境奠定了前提和基础。另一方面，关系治理理性对科层治理理性的消解则构成了土地托管政策实践遭遇困境的主要原因。主要表现在如下两个层面。一是在土地托管主体关系处理层面，光明县供销合作社或光明县农业农村局积极处理与各方主体的关系，但是不论是面向上、面向下抑或是面向同级部门的价值型关系治理理性，都无法真正突破相关主体既有的惯习依赖，无法真正地动员起各方主体支持供销部门或丰收公社开展土地托管的积极性和主动性。二是在具体的实践过程层面，无论是土地托管能力提高政策实践中，还是直接开展土地托管政策实践中，由于关系治理理性对科层治理理性的消解，土地托管政策均遭遇困境。

第三，土地托管政策遭遇困境的影响后果。不论供销部门主导时期，还是工商部门主导时期，土地托管政策均遭遇困境。供销部门土地托管政策目标除了具备推动供销合作社发展外，还具备为农户和新型经营主体提供托管服务、扩大土地托管面积，提高合作社组织化程度和增加资金互助服务业务，增加村集体收入、改善村庄治理和打造综合性为农服务平台、为政府分忧以增强供销部门合法性等综合性目标。土地托管政策实践非但没有实现预期的政策目标，反而产生了供销部门为农服务职责难以履行，债务负担比较严重、经营业务发展困难和供销部门合法性遭到削弱等诸多政治社会后果。丰收公社土地托管政策目标除了具有促进丰收公社发展和转型外，同时具有为农户特别是小农户提供托管服务、推动土地托管面积扩大，改善村庄治理和为金融贷款下乡提供可行路径等多重目标。丰收公社为小农户提供土地托管服务，保障了小农户利益，为金融贷款下乡提供了以"托管服务费"形式的可行路径，但是却是以牺牲小农户知情权为代价的，同时产生了丰收公社发展愈加困难、大户经营困境日益明显和基层治理秩序紊乱风险加剧等一系列政治和社会影响后果。

第四，土地托管政策遭遇困境的主要逻辑。由前所述，关系治理理性对科层治理理性的消解是导致土地托管政策实践遭遇困境的主要原因。关系治理理性具有多元性，但不意味着关系治理理性消解科层治理理性的作用方式是杂乱无章的，而是存在位阶性。区隔关系治理理性位阶性的目的有两个，一是从理论层面看来，有利于加深对土地托管政策遭遇困境的理解，即土地托管政策遭遇困境的主导逻辑不仅在于关系治理理性对科层治理理性的消解，而且在诸多关系治理理性维度中，存在导致土地托管政策遭遇困境的主要逻辑。二是从实践层面来看，根据第三、第四、第五章内容，我们只有分离出来不同政策阶段关系治理理性中导致土地托管政策实践遭

第六章 结论与讨论

遇困境较为普遍性的主要实践逻辑,进行优先排序,才可以"对症下药",提出更具针对性的政策建议。在对主要的关系治理理性进行排序的过程中,本研究主要遵循的标准有两个:一是关系治理理性作用于科层治理理性的顺序;二是关系治理理性作用于科层治理理性的作用强度。具体表述如下。

首先是"惯习依赖"的价值型关系治理理性。由第三、第四、第五章土地托管政策遭遇困境的治理理性分析可知,虽然三个阶段中科层治理理性均在一定程度上突破了相关主体的"惯习依赖",但只是调动了部分主体支持供销部门或者丰收公社开展土地托管的积极性,而无法实现相关主体关系的真正协调,即无法真正地调动起各方主体支持供销部门或丰收公社开展土地托管业务的主动性。这是导致土地托管政策总是遭遇困境的首要逻辑。

其次是"面向同级部门"的价值型关系治理理性。由第三、第四、第五章土地托管政策遭遇困境的治理理性分析可知,虽然三个阶段中光明县供销合作社主任和农业农村局局长相继积极采取各种策略建构与县农机局等其他县直涉农部门的关系,推动土地托管政策实践。但是,从实际执行层面看,面向同级部门价值型关系治理理性的建构并不能引起其他涉农部门对供销部门或丰收公社开展土地托管工作的真正重视和配合,从而进一步消解了科层治理理性。这是导致土地托管政策总是遭遇困境的重要逻辑。

再次是"规避风险"的工具型关系治理理性。由三个阶段土地托管政策遭遇困境的治理理性分析可知,不论是供销部门主导时期村社共建、合作社建设和资金互助等政策实践遭遇困境,还是主体转型时期供销合作社直接开展土地托管、供销合作社为农服务中心建设和村社共建遭遇失败,抑或是工商企业主导时期丰收公社总部和示范园区建设、镇村为农服务站建设、农地收益贷和整村托管政策遭遇困境,"规避风险"的工具型关系理性均是导致上述政策遭遇困境的重要逻辑。

又次是"推卸责任"的工具型关系治理理性。由第三、第四、

第五章土地托管政策遭遇困境的治理理性分析可知,县级供销合作社分别在基层社之间管理人员工资调整、基层社与社属公司关系调节、基层社主任与基层社副主任关系协调、县镇供销合作社关系调和、基层社与社属公司关系协作和基层供销合作社与村集体关系理顺等诸多方面,出现行业指导角色缺位的现象,并没有动员起基层社开展土地托管的积极性和主动性,从而导致供销部门土地托管实践遭遇困境,甚至退出土地托管市场。基层政府在县农业农村局与县农机局关系处理、县农经中心与农技中心关系协调、县镇关系处理和镇村关系协作方面,出现了政府部门指导作用缺位的现象,导致丰收公社土地托管实践遭遇困境。

最后是"寻求庇护"的工具型关系治理理性。由三个阶段土地托管政策遭遇困境的治理理性分析可知,供销部门主导时期,供销合作社直接开展托管遭遇困境的主要原因在于其无法突破对相关主体的庇护,无法真正深入基层农村社会;而在主体转型时期,农业农村局和丰收公社在政策起草和对外宣传中形成一定的庇护关系,共同抵制供销部门开展土地托管实践,从而构成了供销合作社完全退出土地托管市场的重要外部原因;而在工商企业主导时期,县农业农村局在政策制定、项目实施和县职业农民协会成立方面,均采取"亲丰收,远其他"的策略,与丰收公社形成较强的庇护关系,从而导致非丰收公社主体开展土地托管遭遇困境。因此,"寻求庇护"的工具型关系理性是导致土地托管政策遭遇困境的重要逻辑。

综上所述,"惯习依赖""面向同级部门"等价值型关系治理理性以及"规避风险""推卸责任"和"寻求庇护"等工具型关系治理理性是导致土地托管政策遭遇困境的主要逻辑。

第二节　政策建议

由上述研究结论可知,以科层治理理性与关系治理理性及其互动关系为主要内涵的复合型治理理性构成了土地托管政策遭遇困境的实践逻辑。土地托管政策实践非但没有达到预期的政策目标，反而引发了一系列政治社会后果。关系治理理性对科层治理理性的消解是导致不同政策阶段土地托管遭遇困境的主要原因。在关系治理理性诸多维度中，存在导致土地托管政策遭遇困境的主要逻辑。本研究依据"作用顺序"和"作用力度"两个标准进行排序，研究发现，"惯习依赖""面向同级部门"等价值型关系治理理性以及"规避风险""推卸责任"和"寻求庇护"等工具型关系治理理性构成了土地托管政策遭遇困境的主要逻辑。因此，为了推动土地托管政策的有效执行，规避其政治社会影响，针对土地托管政策遭遇困境的主要逻辑，本研究从基层治理角度提出了如下政策建议。

一 重视和扶持供销部门，推动土地托管开展

2020 年习近平总书记对供销合作社工作作出了"牢记为农服务根本宗旨，持续深化综合改革，完善体制机制，拓展服务领域"的重要指示。可见，为农服务提升作为供销合作社综合改革的重要目标在中央政策上一直得到高度关注。多年实践证明，土地托管作为供销合作社综合改革试点的着力点，取得了巨大的成就。一方面，供销合作社综合改革试点推动着"土地托管"成为一项重要农业政策。供销合作社的先行实践证明了以土地托管为代表的服务规模化道路的可行性，推动"土地托管"进入国家政策视野。由此，以"土地托管"为特征的服务规模化成为中国特色农业现代化道路实现的重要形式，"土地托管"越来越独立地作为一项重要的公共政策而得到推广和实践。这充分体现了供销部门对于探索中国特色农业现代化道路实现问题所做出的重大贡献。另一方面，土地托管政策实践推动着供销合作社综合改革试点取得重要进展。以土地托管为着力点的供销合作社综合改革试点，通过为农服务中心修建，优化配置了供销合作社资产，改善了供销合作社形象；而土地托管的实践，则在一定程度上解决了"谁来种地""如何来种地"问题，保障了国家粮食安全，充分体现了供销合作社为农服务的宗旨。因此，新时代供销合作社综合改革实践，也应继续开展土地托管，充分践行为农服务的宗旨。自2013年供销合作社探索土地托管以来，土地托管政策实践已经10年。土地托管政策实践在取得了巨大成就的同时，也在遭遇困境，存在很多经验教训。为此，需要充分吸取供销合作社土地托管的经验教训，采取有针对性的措施，推动着供销合作社土地托管的深入有序实践。具体来说，应该采取如下措施。

（一）充分尊重供销部门特殊地位，发挥其在中国式农业农村现代化中的独特优势

由关系治理理性中的"位阶性"排序可知，供销部门土地托管政策遭遇困境甚至退出托管市场的首要原因在于"惯习依赖"。而分析"惯习依赖"的成因，其中之一便是各方主体对作为计划经济时代产物即供销部门的"污名化"问题。很多人认为，在社会主义市场经济背景下供销合作社就是一个"畸形部门"，不应该存在。因此，对于国家支持供销合作社开展土地托管的政策意图，很多人更是不能理解。在光明县案例中，即便是作为分管土地托管业务的光明县农业农村局副局长和农经中心主任也不相信供销合作社可以做好土地托管。这是导致供销部门开展土地托管过程中难以获得各方主体真正支持的重要原因。供销合作社已成为中国最大且极具中国特色的合作经济组织（孔祥智、何欣玮，2023），因此需要让各方主体认识到"供销部门存续"和"供销部门推动土地托管"的双重意义。具体表述如下。

第一，供销部门应该在社会主义市场经济继续发挥独特优势，对于探索中国特色社会主义道路具有重大意义。供销部门作为一个已经存续了近70年的部门，在计划经济时代做出了重要贡献，应该继续发挥供销部门在社会主义市场经济中的独特优势。因为在现实中，供销合作社的存去问题不是简单地用"其不符合市场经济，应该撤销"来判断，而应该充分考虑中国的国家性质和供销部门独

特性。中国是一个社会主义国家，公有制经济占据主导地位。供销部门作为集体经济所有制的一种形式，应该保留并不断发挥其积极效应。

第二，供销部门应该发挥其特殊优势开展土地托管，对于探索中国式农业农村现代化道路具有重大意义。具体来看，具有如下优势：（1）基础优势。从供销部门的现有基础来看，具备提供托管服务的资源基础优势，具体以光明县供销合作社为例。正如光明县供销合作社主任所言，具体体现在如下"四个还在"：一是资产还在。光明县供销合作社资金价值11.28亿元，有土地证的供销部门土地达到1860亩，遍布县乡村。二是队伍还在。光明县供销合作社在职员工达到4600人。三是业务还在。光明县供销合作社有17个下属企业，有10个基层供销合作社。四是组织体系还在。包括人事管理和资产管理，有非常规范、严密的操作程序。（2）信任优势。从供销部门的存续历史和从事业务来看，供销合作社长期扎根乡土，服务农民，与农民具有天然关联，在农民群众中具有一定的品牌效应，具备提供托管服务所需要的信任优势。（3）业务优势。农资销售是供销合作社的传统业务，为农户种地提供产前、产后的农资具有长期的经营经验，因此，供销合作社具备将业务拓展到产中服务或农业全产业服务链，实现供销合作社由"农资销售商"到"托管服务商"转型，具备为农户提供托管服务的业务优势。

据此，在现阶段应该采取各种措施，让相关主体深刻认识到供销合作社部门存续对于中国特色社会主义道路探索的重大意义，从历史、理论和现实层面梳理清楚供销部门开展土地托管对于中国式农业农村现代化道路探索的重大意义。供销部门作为典型的嵌入性组织，因为嵌入于多元制度关系而具有相对优势，能够为多方合作提供正当性并降低交易成本（孟庆国等，2021），因此应该尊重供销部门存在的特殊地位，破除各方主体对供销部门的"污名化"理解，发挥其在中国式农业农村现代化中的独特优势。

(二）妥善协助解决供销部门历史负担问题，摆脱其开展土地托管的掣肘

由关系治理理性中的"位阶性"排序可知，"惯习依赖"是导致供销部门土地托管失败的重要原因。而考察供销合作社"惯习依赖"的形成，与供销合作社历史负担过重有很大关系。历史负担的难以解决，增加了供销合作社系统内部的维稳压力，加重了相关主体对供销合作社作用发挥有限的认知，形成了县镇政府主体"不重视供销合作社工作"的惯习依赖，同时也增加了县级供销合作社成功动员起基层社开展土地托管积极性的难度。因此，针对供销合作社"负重前行"的现状，国家应该针对供销合作社债务的不同类型，妥善采取不同措施予以化解。具体而言，供销合作社债务是由地方政府侵占平调形成的，由当地财政予以补偿；债务是由供销社内部抽资承包、架空资产所导致的，由本级供销社进行补缺；债务是由国企改制生成的，由财政、税务、上级联社配合供销社多方解决。同时，针对部分供销社在银行的长期挂账问题，应由政府出面协调相关主体与供销社达成赔付比例与期限约定，尽快清除坏账，解决供销社开展土地托管的后顾之忧（张冉、张瑞，2023）。

（三）改善县级供销合作社内部治理，增强开展土地托管的主动性

由关系治理理性中的"位阶性"排序可知，"推卸责任"的工具型关系治理理性是导致供销部门土地托管遭遇困境甚至退出托管市场的重要原因。因此，为了推动供销合作社开展土地托管，应该加强供销合作社内部治理，理顺县级供销合作社与基层供销合作社及社属企业的关系。具体而言，应该采取如下措施。（1）应该加强教育培训，结合主题教育活动，县级供销合作社领导要以"为农服务"为宗旨，将帮助农民托管好土地作为践行为农服务宗旨的重要途径。要敢于作为，积极承担其行业指导职责。（2）加强政策协调。县级供销合作社一方面要加强本区域内土地托管相关政策的衔接工作，争取更多资源，推动供销合作社土地托管开展；另一方

面，在供销系统内部要制定灵活的激励政策，提高基层社开展土地托管的积极性和主动性。(3) 资产监管中处理好县镇（乡）供销合作社关系。保障基层社资金的保值和增值是县级供销合作社的重要职责，由于受历史上基层社债务加剧与基层社法人不负责任乱盖印章等因素影响，县级供销合作社实现"镇财县管"政策，即将乡镇基层社的财务章和法人章交由县级社代为管理。然而，在光明县案例中，却发生了县级供销合作社在没有通知基层供销合作社的情况下，就代替基层供销合作社"做主"加入丰收公社，成为光明县丰收公社的股东。因此，应该协调县级社与乡镇基层社的关系，尊重乡镇基层社的法人地位和自主权利。

（四）提高县级政府对供销部门工作的重视程度，加大支持力度

由关系治理理性中的"位阶性"排序可知，县级政府存在"对供销合作社工作不太重视"的惯习依赖，是导致供销部门土地托管遭遇困境的重要原因。县级社主任基于面向上的价值型关系治理理性，通过采取"工作能力展示""项目资金投入"和"建设项目选址"三种策略积极建构与县级主要领导的私人关系，但依然难以得到县领导的真正重视。用县级原供销合作社主任的话讲"县政府名义上支持供销合作社，但实际上却缺乏配套资金支持，希望我们供销事业兴旺发达，怎么可能呢"[①]？具体而言，"对供销合作社工作不太重视"主要有如下表现。

(1) 供销合作社部门成为"最冷门的县直部门"或者成为干部调整的"过渡平台"。供销合作社部门始终处于县直部门"鄙视链"的最低端。而对于县政府领导来说，供销合作社部门的保留对其最大的好处就在于可以成为干部调整的"过渡平台"。这一点在山东省具有一定普遍性。因此，县级领导不会调配能力强干的领导来担任供销合作社主任。供销合作社领导作为供销事业的领头人，

---

① 资料来源：光明县原供销合作社豆主任访谈，2019年。

其素质和能力急需要提升。

（2）供销部门人员处于"只出不进"状态，很少有人员编制进行补充。由于供销合作社"无职无权"和性质模糊性而在县领导眼中处于"边缘性"位置，政府领导对供销合作社工作不重视，突出表现在光明县供销合作社机关 20 年来县里面没有补充过一个人员编制。

（3）县级政府允诺的供销合作社改革资金并没有落实。在供销合作社综合改革初期，供销合作社主任提出每年获得 100 万元财政支持的需求。然而，县级政府为了表示对供销合作社改革的重视程度，将"每年支持供销合作社 200 万元综合改革配套经费"写入县政府文件，但是由于各种原因资金最终并没有落实。

所以，为了推动供销合作社开展土地托管，必须提高县级政府对供销合作社工作的重要程度。具体而言，提出如下政策建议。一是在县级供销合作社领导干部安排方面，供销部门不应该成为干部调整的"过渡平台"，而应该是干事创业的特殊部门。为此，应选齐配强优秀领导干部担任供销合作社主任。二是在供销合作社人员安排方面，每年给予县级供销合作社一定的人员编制，选拔优秀的人才来从事供销合作社工作。赋予县级供销合作社以更灵活的权限，可以通过在供销合作社内部选拔和外部选聘方面选录出更为优秀的、对供销事业感兴趣的人才来担任县级供销合作社重要领导岗位。三是在资金安排方面，地方政府应该密切配合供销合作社综合改革工作，保障供销合作社合作社的社属财产不受他人侵犯，给予更多的财政支持。

（五）合理划分职能与职责，协调供销部门与农业农村局等涉农部门关系

由关系治理理性中的"位阶性"排序可知，"面向同级部门的"价值型关系治理理性是导致供销部门土地托管遭遇困境的重要原因。土地托管政策体系化设计的目的是通过将供销合作社改造成为综合性为农服务平台，成为对接涉农资源的平台和政府开展"三

农"工作的载体。因此,供销部门与农业农村部门理应成为协作关系。然而,供销部门与农业农村部门之间的张力和罅隙成为常态。光明县供销合作社主任虽然积极采取各种策略建构与县农业农村局、县农机局等其他县直涉农部门的关系,推动土地托管政策实践。但是,从实际执行层面看,面向同级部门价值型关系治理理性的建构并不能引起其他涉农部门对供销部门开展土地托管工作的真正重视和配合。而考究县供销合作社难以处理好与县农业农村局等涉农部门关系的原因,则与历史上"职能争夺战"和职能重叠的现实有关,双方存在一定的职能与政绩冲突。因此,为了推动供销合作社开展土地托管,需要处理好县农业农村局等涉农部门与供销部门的关系。具体而言,可以采取如下三种措施。

(1) 合理划分职能与职责。第一,明确土地托管指导职能由农业农村部门负责。供销合作社主导土地托管时期,由于土地托管还处于探索阶段,土地托管指导职能还未明确由农业农村部等职能部门负责,供销部门主导了土地托管政策实践,出现较为激烈的职能冲突是正常的。伴随着土地托管职能明确由农业农村部负责之后,职能冲突可能将大幅度减少。第二,明确开展土地托管是供销部门职责。由于供销部门是一个综合性部门,区别于农业农村部等职能部门基于职能分工的划分。在明确土地托管指导职能由农业农村部负责前提下,应该立足于供销部门存续的现实,供销部门应该负有开展土地托管的职责,即系统内所属企业和基层社领办创办合作社开展土地托管的具体管理由供销部门负责。

(2) 采用"财政切块"方法,合理划分项目资金。随着土地托管项目的增多,农业农村部门拥有了更多管理土地托管项目的权限。为了支持供销合作社开展土地托管,减少基层农业部门与供销部门的协调困难,建议中央部门在项目发包的时候,对财政专项资金划块区隔,即从中央财政专项资金专门划出一定比例用于支持供销合作社土地托管开展。依次类推,省市政府在推出地方性土地托管政策时,给予专项补贴时,建议采取"财政切块"的方法支持供销部门。

（3）树立正确的政绩观。由于供销部门的特殊性，从某种程度上讲，农业农村部门与供销部门的职能冲突和政绩冲突在一定程度上仍会继续存在。因此，无论是农业农村部门还是供销部门的工作人员，都应该结合"不忘初心，牢记使命"等主题教育活动，树立正确政绩观，将真正为人民服务，帮助农民托管好土地作为其最大"政绩"，同时整合各种涉农资源，强化协调配合，从而达到"各炒一盘菜，共坐一桌席"的善治效果（江丽，2015）。

（六）加快供销合作社法制建设，为土地托管业务开展提供法制保障

由关系治理理性中的"位阶性"排序可知，"规避风险"的工具型关系治理理性是导致供销部门土地托管遭遇困境的重要原因。由于供销部门是一个组织形式多元、资产类型多样、性质地位特殊的部门，至今缺乏针对供销部门的法律条例，导致供销合作社工作开展缺乏法制保障，不利于土地托管的开展。例如由于供销合作社产权缺乏法律保护，容易遭到各方主体的"剥夺"。

因此，应该尽快出台《供销合作社条例》，积极推动《供销合作社法》制定，加快供销合作社法制建设，保护供销合作社资产不受其他主体侵犯，为土地托管业务开展提供法制保障。除此之外，为了推动供销合作社开展土地托管。前文所提到的政策建议，例如尊重供销部门特殊地位，合理划分职能与职责以协调涉农部门与供销部门的关系，改善县级供销合作社内部治理以理顺各主体间关系，提高县级政府对供销合作社工作的重要程度等都应该在《供销合作社条例》等政策条例中予以明确。

二 提升基层政府为农服务能力，引导土地托管发展

"土地托管"于2017年以后开始进入政府职能部门大力推广的政策阶段，开始作为一项独立农业政策而得到党和政府的高度关注。2022年12月，习近平总书记在中央农村工作会议上强调"加

快健全农业社会化服务体系，把小农户服务好、带动好"（习近平，2020）。具体而言，一方面，土地托管作为实现小农户与现代农业发展的主推模式被不断强调；另一方面，土地托管作为拥有万亿元市场规模潜力的农业生产性服务业而在政策上不断予以重视。在各级政府的支持下，土地托管面积获得迅速增加。与此同时，在全国部分地区托管主体却普遍发生了由供销部门到工商企业转型。例如在农业农村部举办的2019年全国农业社会化服务典型案例发布会中，20个典型案例，仅山东省就入选3个，3个公司土地托管面积总计可达到5500多万亩。由此可见，山东省土地托管在很大程度上，发生了托管主体的转型。工商企业开展土地托管在取得巨大成就的同时，也在遭遇困境，存在很多经验教训。为此，需要充分吸取工商企业开展土地托管过程中的经验教训，采取有针对性的措施，推动着土地托管的有序实践。具体来说，应该采取如下措施。

（一）宣讲土地托管重大意义，提高基层政府重视程度

由关系治理理性中的"位阶性"排序可知，"惯习依赖"价值型关系治理理性是导致工商企业土地托管遭遇困境的重要原因。而分析"惯习依赖"的成因，其中之一便是各方主体对推广土地托管模式的重要性认识不足。他们普遍认为土地流转才是实现现代农业的唯一道路，甚至一些乡镇主要领导干部普遍认为，"大户才是农业的未来，土地托管支持小农户是不现实的，他们终究会被代替"。因此，他们对于推广土地托管模式积极性不高。因此，为了推动土地托管发展，需要提高基层干部对土地托管重要性的认知程度。一是通过理论培训使基层干部认识到土地托管与土地流转的巨大差别，相比于土地流转，土地托管具有更强的可逆性和灵活性，可以在保障小农户主体地位的基础上实现农业现代化。二是需要各级部门把土地托管有关理论和实务的学习纳入基层干部培训计划，通过召开宣讲会、组织动员会和现场观摩会等形式向农村基层干部传达土地托管作为实现乡村振兴抓手的重大意义，切实提升基层干部对推广土地托管重大意义的认知水准，提高基层政府的重视程度。三

是持续开展土地托管宣传标语征集活动，深入推动"中国土地托管万里行"活动，借助权威媒体的宣传优势，营造重视土地托管的社会氛围。

（二）加强基层涉农部门协调，形成土地托管发展协力

由关系治理理性中的"位阶性"排序可知，"面向同级部门的"价值型关系治理理性是导致工商企业土地托管遭遇困境的重要原因。在推动土地托管等农业社会化服务方面，政府体系存在"部门化"和"碎片化"问题，政府部门推动缺乏体系构成了土地托管推进的重要障碍。由第五章分析可知，县农机局和县供销合作社存在不愿意支持丰收公社开展土地托管的惯习依赖，县农业农村局基于同级部门的价值型关系治理理性，采取诸种策略，不但没有动员起县农机局和县农业农村局对丰收公社开展土地托管的支持，反而引起了县农机局局长和县供销合作社主任更大的反感。

因此，必须加强基层涉农部门协调，形成支持土地托管发展协力。具体而言，应该采取如下措施。一是在政策设计层面，制定体系化的政策体系支持土地托管发展，组织由各涉农部门领导参与的支持土地托管发展小组。二是在领导小组长级别选择方面，选择级别较高、统筹资源能力较大的领导担任领导小组长。在政府科层制体系下，领导级别的高低决定着资源统筹能力的大小。以光明县为例，支持丰收公社发展领导小组由县政府分管农业副县长来担任，但是在协调乡镇政府与丰收公社方面，效果较差。三是利用政府机构改革契机，切实增强农业农村局服务"三农"的能力。然而，县政府领导处于保留岗位，利于安排人事的需要，在进行机构改革时，并未将县农机局整体合并到县农业农村局，而是仍然保留县农机局这一独立县级正科级事业单位，从而使得机构改革呈现出"半吊子改革"的状况。机构关系未理顺，从而使得县农机局局长与县农业农村局局长极易产生扯皮问题，对支持土地托管开展产生了不利影响。因此，县政府应该发挥积极协调，逐渐将县农机局整体合并到县农业农村局，增强支持土地托管发展协力。

（三）加强乡镇经管体系建设，支持在乡镇发展土地托管

由关系治理理性中的"位阶性"排序可知，乡镇政府存在"不愿意支持丰收公社开展土地托管"的惯习依赖，这构成了工商企业主导时期土地托管遭遇困境的重要原因。而分析这一"惯习依赖"产生的制度性成因，其重要原因在于乡镇经管体系建设滞后，主要表现为如下方面。

一是乡镇经管站人数与所承担的职能任务并不匹配。从经管部门承担的职能来讲，机构改革后农经部门至少需要承担 14 项职能任务，几乎涵盖了农村所有的重大而敏感的改革任务。而从乡镇经管站配备的人数来看，据调查，光明县 10 个乡镇农经站中每个乡镇农经站正式职工最多 6 人，最少 3 人。而从全国数据上看，情形更为严峻，全国 75% 的乡镇没有经管机构承担日常的经管工作（农业农村部，2019）。因此，职能任务与人数的严重不匹配，使经管站很难履行起指导土地托管发展的职责。这是县农经中心主任在文件制定过程中将土地托管指导职责推卸给农技部门的原因。

二是乡镇经管站成为镇级部门中被借调人员较多部门。由于乡镇经管站站长人选由乡镇来决定，因此属于"块块部门"。所以乡镇政府基于完成紧急任务的需要经常有如下两种措施影响农经站正常工作：（1）借调人员，即借调经管站的人员从事其他工作，从而使得本就人手紧张的经管站工作人员更加紧缺；（2）任务摊派，即将不属于农经部门的任务摊派给农经站来完成。

据此，为了更好地履行指导土地托管发展的职能，支持在乡镇发展土地托管，使乡镇成为"经济中心"，必须加强乡镇经管体系建设。具体可采取如下措施。一是乡镇经管站人数与所承担的职能任务应该相匹配。为此，应该健全乡镇经管机构，充实人员编制。在人员编制暂时难以解决的地方，鼓励地方探索多渠道招收农村大学生、农村会计等人员充实到经管队伍中。二是乡镇政府应该加强对农经工作的重度程度，积极鼓励农经部门开展土地托管指导工作。三是为了加强乡镇农经部门对土地托管的指导，规避乡镇政府

的"借调人员"或者"任务摊派",探索乡镇农经站"条条管理"或者"条块管理相结合",前者探索乡镇农经站站长由县农经中心主任来任命,而后者探索乡镇农经站站长则由县农经中心主任和乡镇政府领导共同决定。

(四)完善土地托管政策设计,切实强化农户主体地位

农民群众作为土地托管政策的最终受益群体,其能否有积极性,主动配合丰收公社开展土地托管业务,才最为重要。由关系治理理性中的"位阶性"排序可知,大多数农民群众存在"对供销合作社或丰收公社土地托管服务不愿意接受"的惯习依赖,农户主体地位没有充分体现,这是导致土地托管政策屡遭困境的重要原因。而分析农民群众"惯习依赖"的形成,有两点普遍的制度性成因,一是农民群众对土地托管政策与土地流转政策的差异性认知程度有限,普遍将"土地托管等同于土地流转",没有认识到土地托管相对于土地流转在保障小农户主体地位和保护农户土地收益索取权等方面所具有的优势;二是农民群众对土地托管政策偏向于供销部门或者丰收公社的制度设计感到困惑,各主体开展土地托管特别是农户凭借自身资本开展的合作社和家庭农场开展土地托管均应该获得同等的支持。而从制度的实施过程来看,农户主体地位并没有得到真正保障。供销部门主导时期供销合作社并没有积极地为农户提供土地托管服务,而是采取给大户挂牌和土地托管概念泛化等方式扩大表格中的"土地托管面积"。而基层供销合作社与村干部庇护成立的众多虚假合作社更是直接侵犯了农户的隐私权和合法利益。丰收公社主导时期小农户在获得每亩固定收益的同时,却是以牺牲小农户土地收益剩余索取权和农户知情权为代价的。因此,土地托管政策需要完善,切实强化农户主体地位。因此,在政策设计中需要关注如下三点。一是在土地托管政策设计中应该明确区隔土地托管与土地流转政策,明确区分二者在概念内涵、政策侧重点、支持对象、配套措施和政策目标等方面的异同,让农户特别是小农户能够充分意识到土地托管政策践行的积极效能。二是在土地托管

政策设计中应该坚持公平性原则，支持供销部门、工商企业、合作社、家庭农场、农业社会化服务组织、农村集体经济组织等多元主体开展土地托管，不应该有明显倾向性的或者歧视性的政策设计。三是土地托管政策设计中应该将农户监督和农民满意度作为评价土地托管政策绩效的重要标准，切实保护农户的知情权，维度农户权益。

（五）强化基础设施和公共服务供给，降低政策实施风险

由关系治理理性中的"位阶性"排序可知，"规避风险"工具型关系治理理性是导致工商企业土地托管遭遇困境的重要原因。县级政府、县农业农村局、乡镇政府和村干部等相关主体之所以没有全力支持丰收公社开展土地托管政策实践，原因在于其规避风险的逻辑。而从具体实践中来看，总部园区建设、为农服务站政策、农地收益贷政策和整村托管政策遭遇困境的重要原因在于其规避风险的逻辑。因此，这构成了丰收公社土地托管政策实践遭遇困境的重要原因。具体而言，丰收公社主导土地托管时期可能产生的风险类型主要有如下类型：（1）自然风险和经营风险。乡镇政府干部之所以不愿意支持丰收公社发展，主要原因在于其并不看好土地托管的发展，也不知道丰收公社的赢利点何在，他们如何抵御自然风险。因此，规避丰收公社土地托管的自然风险和经营风险成为乡镇政府干部不愿意支持丰收公社的重要原因。（2）政策风险。光明县政府并没有完全按照政策要求，采取强制举措，要求乡镇政府和农户将土地托管给丰收公社使用，主要原因是为了规避"政府替代市场"和"资本垄断农地"等政策风险。（3）社会风险。例如乡镇政府之所以不愿意支持丰收公社，一方面担心丰收公社开展土地托管遭遇失败，丰收公社跑路所带来的潜在社会稳定风险；另一方面担心丰收公社土地托管的进入，会改变既有的土地经营利益格局，损害了流转大户的既得利益，从而激化村内矛盾而带来的社会稳定风险。

因此，基层政府的角色应该由"干预"到"服务"转变，强

化基础设施和公共服务供给,降低土地托管政策实践风险。具体而言,可以采取如下措施。一方面,加强土地托管的政策和项目支持,投入更多财政资源,完善田间道路、加强农田水利建设,建设高标准农田,同时为托管主体提供适宜的农业保险和更多的信贷和金融支持,有利于减少土地托管实施的自然风险和经营风险;另一方面,在政策实施层面,应该平衡好土地托管相关主体的关系,平衡好土地托管政策与土地流转政策、小农户与新型农业经营主体的关系,实现小农户与新型农业经营主体互利共生,共同发展,从而减少土地托管实施的政策风险和社会风险。

三 鼓励村集体提供托管服务,稳妥探索村社主导土地托管模式

由关系治理理性中的"位阶性"排序可知,"推卸责任"的工具型关系治理理性是导致工商企业土地托管遭遇困境的重要原因。土地托管作为拥有万亿元市场规模的农业生产性服务业的重要业态,必须要实现乡村治理与经济社会的协调发展。然而,梳理丰收公社主导时期的土地托管政策实践,却发生了丰收公社土地托管发展越迅速,光明县基层治理秩序紊乱风险越加剧的悖论现象。而问题产生的关键在于丰收公社开展土地托管越过了乡村两级组织,没有和村集体对接,而是直接与村干部个人或者村民个人对接。而之所以丰收公社不得不越过乡村两级组织,其根本原因在于乡村两级组织基于"推卸责任"的工具型关系治理理性并不愿意积极履行指导和协调土地托管实践的职责。因为,土地托管政策实践过程实质上就是政府、社会和市场等多元相关主体的互动,丰收公社作为市场主体在仅得到县级部门大力支持下,就单向度地对接村社社会,而缺乏与乡村两级组织的有效对接。在当前村集体增收压力不断加大的政策背景下,村集体经济增收只能依赖于土地,然而唯一依赖的土地资源也被小社长以个人名义集约起来,统一托管给了丰收公社。村两委与小社长及丰收公社产生了不可调和的利益冲突。

因此，为了推动土地托管的可持续发展，规避其影响后果，必须采取措施鼓励村集体积极履行土地托管指导职责，将村集体纳入到土地托管服务中来，稳妥探索村社主导土地托管模式。发展模式具体可分为两种，一是村集体参与协助丰收公社开展土地托管，村集体收取托管服务费的发展模式；二是村集体在具备开展托管的能力和条件后，可以稳妥探索村集体以农村集体经济组织的形式，直接开展土地托管，为农户提供托管服务。为此，需要提出如下政策建议：一是县级政府要出台鼓励村集体开展土地托管的政策文件，给予村干部个人一定的奖励，提高村干部直接以村集体开展托管或者协助丰收公社开展托管的积极性；二是乡镇政府要发挥积极协调作用，将村两委负责人组织召集起来，同托管组织负责人进行对接合作；三是村两委要积极协调分化村民之间的关系和利益协调机制，整合土地资源；四是探索党建引领土地托管服务创新机制，引导工商资本有序进入土地托管领域，实现基层党建高质量开展、土地托管的高质量发展与工商资本的持续健康发展等多重目标；五是模式探索应该积极稳妥开展，坚持依法自愿有偿的原则，注重尊重农民意愿。

四　理顺政府、市场与社会的关系，共同推动土地托管

土地托管政策的执行涉及县级政府内部纵向上各层级政府组织和横向上各县直职能部门之间的关系协调，以及基层政府、村庄社会和市场企业等各方主体的整合。因此，土地托管政策实践过程实质上就是政府、社会和市场等多元相关主体的互动和博弈的过程。从基层治理角度看，土地托管政策实践要想成功，必须实现政府主体、市场主体和社会主体的有效协调，反之，则会遭遇失败。光明县土地托管遭遇困境的实践案例则充分论证了这一点。主要表现在如下方面。一是无论是供销部门主导，还是主体转型，抑或工商企业主导土地托管时期，相关主体的惯习依赖并未真正突破，积极性和主动性并未真正调动。因此，相关主体关系并未协调。二是在具

体实践层面，由于关系治理理性对科层治理理性的消解，非但没有实现相关主体的协调，反而加剧了相关主体的不协调。集中体现为如下方面。

一是政府与市场关系有待理顺。具体体现为如下三点。（1）缺位问题。不同政策发展阶段各方主体均遵循"推卸责任"的行为逻辑，从而反映出各主体尤其是政府职能部门和供销部门在土地托管指导方面所出现的"缺位"问题。（2）越位问题。不同发展阶段各方主体遵循"寻求庇护"逻辑，从而加剧了各方主体关系的不协调。在工商企业主导土地托管时期，县农业农村局与丰收公社形成较为强烈的庇护关系，集中体现为，无论在政策制定、项目实施还是在县职业农民协会成立方面，均采取"亲丰收，远其他"的策略，重点支持丰收公社开展土地托管的实践，而排斥供销部门和家庭农场、合作社等其他主体，从而体现出政府部门的"越位"问题。（3）错位问题。供销合作社主导土地托管时期，供销合作社实施联合社行业指导和社有企业市场经营的双线运行机制，应该互相协调。然而在处理县镇（乡）供销合作社关系上，一方面，县供销合作社在指导乡镇基层社发展土地托管方面存在很多"缺位"，没有积极引导；另一方面，县供销合作社干预了社有企业的市场经营活动，例如县供销合作社在没有通知基层供销合作社的情况下，不尊重基层社独立法人地位的前提下，就代替基层供销合作社"做主"投资丰收公社，成为光明县丰收公社的股东，从而体现出"越位"。因此，在县镇（乡）供销合作社关系上存在一定"错位"问题。工商企业主导土地托管时期，基层农经部门作为指导土地托管的职能部门，积极引导丰收公社发展。然而在处理基层农经部门与丰收公社关系上，一方面，基层农经部门在指导丰收公社发展土地托管方面存在很多"缺位"，没有积极引导；另一方面，基层农经部门为了追求政绩目标，强制要求作为市场主体的光明县丰收公社达到土地托管面积，以实现达到农业生产性社会化服务示范县目的，从而体现出"越位"。因此，在基层农经部门与丰收公社关系上存在一定"错位"问题。

二是政府与社会关系有待理顺。在县农村经管中心与村集体关系层面，县农村经管中心负有指导土地托管与村集体财务的双重的功能。土地托管可以作为村集体增收的重要手段。然而，整村托管实践中，村两委面临积极性匮乏的问题。县农村经管中心在制定村集体增收实施文件中，可以明确"村集体通过丰收公社土地托管实现增收的，可以给予村干部个人奖励，依次提高村干部积极性"。然而，县农村经管中心并不愿意这样明确，从而体现出一定的"缺位"。

三是市场与社会关系有待理顺。在丰收公社与村庄关系协调层面，丰收公社主导土地托管时期，县委、县政府制定了整村托管方案，乡镇政府理应积极组织村两委与丰收公社，在平等自愿的基础上进行对接和合作，以达到促进村集体增收和实现丰收公社发展的目标。然而大多数乡镇政府却基于"推卸责任"的逻辑，不愿意履行该项责任，甚至都不愿意召集会议，协调村干部与丰收公社关系，从而体现出乡镇政府在推动整村托管工作"缺位"。然而，当丰收公社自己去协调村庄时，大多数村两委干部不愿意履行该项责任，并不愿意以村集体身份与丰收公社合作，从而体现出村干部在推动整村托管工作"缺位"。最终，丰收公社利用丰收农资公司较强的市场信誉和农资销售渠道，将每个村有资本、有威望的农资经销商纳入丰收公社系统，成为丰收公社的村级小社长，开展土地托管业务。而90%以上的小社长都属于村两委干部。然而，伴随着村级小社长集约土地面积的大幅度增加，托管村庄秩序面临裂解风险和乡村治理秩序呈现两极分化趋势，具有威胁农村社会秩序的潜在可能。

因此，为了推动土地托管的可持续发展，规避其遭遇的困境，在实践过程中必须理顺政府、市场与社会关系。具体来看，必须采取如下措施。（1）在支持对象层面，统筹支持政府、市场与社会类组织开展土地托管。目前土地托管市场存在以下三类托管组织：一是政府类组织，根据中国国情，供销部门作为一种"特殊"的部门，负有开展土地托管的职责；二是市场类组织，主要指工商企业、家庭农场和合作社等新型经营主体和农业社会化服务组织；三是社会类组织，农村集体经济组织作为村庄社会的重要组织，在村集体增收压力不断增大的政策背景下，应该鼓励农村集体经济组织开展土地托管，增加村集体收入。因此，在土地托管政策实施中，应该平等支持政府、市场与社会类组织开展土地托管，给予项目支持。（2）在机制构建层面，应该建立"政府有为、市场有效和社会自主"的协同作业机制。具体而言，一是政府主体在推动土地托管政策实践过程中，合理划分政府与市场职责，积极履行指导功能，加强政策协调和项目扶持，积极承担责任，从而规避"缺位""越位"和"错位"，从而到达"有为政府"的建设意图。二是市场主体在推动土地托管政策实践过程中合理划分市场与政府职责，在享受政策扶持的同时，不能产生对财政资源的依赖。要积极整合农业上下游资源，积极为农户提供优质托管服务，提高市场竞争力，从而达到"市场有效"的目标。三是在推动土地托管政策实践过程中，村庄社会主体特别是农村集体经济组织要有一定自主性，直接开展或者协助托管组织开展土地托管，增加村集体收入，为改善村庄治理、增强回应村民需要能力奠定经济基础，从而达到"社会自主"的意旨。

第三节 研究不足及未来展望

本研究虽然具备一定创新性，但是仍然存在如下不足。

一是土地托管的治理逻辑研究有待深入省域治理层面。本研究主要以土地托管的基层治理逻辑为研究主题，所以在研究单位上选择以县域为研究单位，具体以县供销合作社和县农业农村局这样一个条为单位来研究托管主体的行为逻辑，特别关注县级政府部门的行为逻辑。其实县级部门逻辑在很大程度上也受到省级部门的影响。省级部门拥有政策制定和项目资金统筹分配权，也在一定程度

第六章 结论与讨论

上会影响到土地托管政策的执行效果。例如根据笔者的调研,以省级农业农村部门为例。某些省份因为土地托管试点资金分配不下去,而将试点资金返还给中央政府,而没有实现土地托管试点的意图。而在某些省份也存在将中央拨付的土地托管试点资金在省级层面进行整合,打包成为绿色高效创建项目,按照每个试点县500万元资金进行分配,制约着县级政府的行为逻辑。而在省级供销部门层面,省级供销合作社也对该省供销部门开展土地托管的实践产生了重要影响。例如针对山东省供销合作社为农服务中心利用率不高的问题,山东省供销合作社主任在问政山东栏目直言,"在为农服务中心建设上,我们觉得无论在数量上、规划上、选址上现在看有脱离实际的问题"。因此,土地托管的治理逻辑研究还需要深入省级层面进行"揭秘"。

二是土地托管的社会基础研究还有待丰富。土地托管作为一种新生事物,政策实践必然涉及农村社会的多元利益主体。土地托管要想在农村中真正落地,必须要深度嵌入农村社会才能得到农民的认可。在调研光明县丰收公社土地托管时,可以发现农村社会不同群体对丰收公社均给予负面的评价。例如丰收公社托管的土地管理不善,杂草丛生;丰收公社不遵循托管合同,不提前给农户托管收入,农户就不让丰收公社收割,丰收公社就夜里趁着村民熟睡的时候偷偷地收割麦子。可见,丰收公社土地托管与乡村社会的嵌入性研究还有待加强。因此,关注土地托管与乡村社会的契合性和嵌入性研究非常重要,需要考察托管服务主体是如何使土地托管嵌入农村社会的,以及对不同农民群体产生了何种影响。由于本研究主要从基层治理的角度探究土地托管政策遭遇困境的实践逻辑,所以重点关注了各类主体特别是政府相关主体的行为逻辑。因此对土地托管的社会基础研究,特别是农村社会的社区因素,以及村民的行为逻辑等关注度还不够,因为需要多学科特别是社会学的视角研究进行丰富和补充。

三是新时代党建引领土地托管创新机制有待挖掘。土地托管作为全面推进乡村振兴和建设农业强国的重要内容，正如本研究所揭示的，其高质量发展面临组织化困境和碎片化问题，亟须党建发挥统合效能。因此，如何构建党建引领土地托管高质量发展的创新机制，具有重大的理论与实践意义。从地方实践中看，根据主导地位的不同，党建引领土地托管的模式可以划分为工商资本主导型、供销资本主导型、政府部门主导型等，其分别以金丰公社为代表的"党建引领 双社联合"模式、以山东省供销社为代表的"党建引领 村社共建"模式以及以山东省文登区为代表的"党建引领，区、镇、村三级联动的土地托管模式"。未来研究应基于多案例分析，深入探究党建引领土地托管的理论逻辑和实践路径。理论层面，阐明党建引领土地托管高质量发展的发生情境和价值意蕴；实践层面，建构工商资本主导型、供销资本主导型、政府部门主导型党建引领土地托管模型，归纳和提炼党建引领土地托管高质量发展的运作机理和保障机制。

四是中国特色土地托管共同体研究有待深入。土地托管作为全面推进乡村振兴和实现农业强国的重要内容，其高质量发展正面临着"碎片化"困境的现实制约，需要多方主体有效协同与合作治理。正如本书所揭示的，土地托管政策实践不仅存在治理主体的碎片化，也存在治理规则的碎片化。目前学术界主要局限于农业经济学科和基层治理等公共管理视域角度研究土地托管的实践现状，而缺乏从治理共同体角度系统地、整体地研究土地托管共同体的理论逻辑和实践路径。因此，如何构建中国特色土地托管共同体成为一项具有重大理论和实践价值的议题。未来研究应该运用共同体理论，基于多案例的比较分析，系统研究土地托管共同体的理论逻辑和实践路径。具体而言，理论层面，阐述中国特色土地托管共同体发生情景和科学内涵；实践层面，建构农业服务公司主导型、农民合作社主导型、农村集体经济组织主导型、供销合作社主导型、服务专业户主导型土地托管共同体等理想模型，归纳和提炼土地托管共同体的运作机理和保障机制。

五是中国式土地托管的理论基础研究有待突破。随着土地托管顶层设计越来越系统化，基层实践愈来愈多元化，多元化的土地托管实践现实亟须从学术层面做出理论解释和总结提升。目前学术界关于土地托管的理论研究主要聚焦于相关概念辨析、衔接机制探究和具体理论探索方面。具体理论探索方面，现有研究主要聚焦于土地托管部分议题的理论解构，即旨在利用某个理论或者视域探讨土地托管的某个具体议题。当前主流的理论研究仅仅将土地托管视为单纯的农业经营行为，主要从经济学的"委托—代理理论""交易成本理论"或"分工理论"出发进行探讨，而本书通过建构复合型治理理性框架分析土地托管遭遇困境的深层次原因。与土地托管的发展现实相比，中国土地托管的理论研究存在一定程度上的"滞后性"，未将土地托管视为整体性的范畴加以理论把握，既难以全面解释复杂多元化的土地托管实践，也难以深入提炼出土地托管理论以发挥对托管实践的指导功能。从马克思主义、实体主义、新古典/新制度经济学、后现代/后结构主义和生计框架等五大国际农政经典理论出发，深化中国式土地托管理论研究。其中，马克思主义是中国特色土地托管的整体指导，实体主义是中国特色土地托管的价值引导，新古典/新制度经济学是中国特色土地托管的效率保障，后现代/后结构主义是中国特色土地托管的反思取向，而生计框架是中国特色土地托管的底线思维（豆书龙、张明皓，2021）。未来研究应从整体性和系统性视角出发，将土地托管视为关涉农业、农村、农民和农地各个领域的实践场域，对标中国式现代化和党的二十大精神要求，构建出整体性、系统化的中国式土地托管基础理论。同时，中国式土地托管理论研究应该进行国际交流，提升国际学术话语权，对于传播中国特色土地托管经验以及提升中国特色农业现代化理论范式话语权均具有重要意义。

六是以土地托管为切入点深化中国特色供销合作理论。近年来，供销合作社在多地基层的覆盖率有明显提升。2022年11月，关于深化供销合作社改革及恢复供销合作社扎根基层的种种提法也成为热门话题。供销合作社的发展或"回归"与否是由其使命担当、作用大小决定的。作为党领导下的为农服务的一个综合性合作经济组织,中国特色供销合作社在市场经济环境有其独特优势和意义价值。以土地托管为例,正如本研究所揭示的,虽然供销合作社土地托管遭遇过困境,但是从近两年数据来看,供销合作社土地托管面积不断增加,发展迅速。比如,2022年供销合作社全系统生产性全程托管服务面积8657万亩,同比增长25.6%。因此,应该以"供销合作社土地托管何以成功"为切入点深化中国特色供销合作理论。具体可以从理论和实践两个层面入手。一是理论对话层面,可以通过运用威廉姆森和刘世定关系合同理论来对供销部门土地托管典型案例存在进行合理性论证和优势分析,与主流经济学界基于产权交易理论对供销社模糊产权批判进行交流对话。二是实践应用层面,以供销部门土地托管促进农业生产性服务业的发展或者村集体经济高质量发展的实践案例为突破口,深入探究供销社助推乡村振兴或共同富裕的理论逻辑与实践机制。上述六点不足,还有待后续研究进行补充,这也是今后可以开拓的方向。

参考文献

习近平:《高举中国特色社会主义伟大旗帜 为全面建设社会主义现代化国家而团结奋斗》,《人民日报》2022年10月26日第1版。

习近平:《论"三农"工作》,中央文献出版社2022年版。

艾云:《上下级政府间"考核检查"与"应对"过程的组织学分析——以A县"计划生育"年终考核为例》,《社会》2011年第3期。

暴丽艳:《供销社在农业社会化服务体系中的作用及实现路径》,《经济问题》2009年第2期。

边燕杰、缪晓雷:《如何解释"关系"作用的上升趋势》,《社会学评论》2020年第1期。

卜长莉:《"差序格局"的理论诠释及现代内涵》,《社会学研究》2003年第1期。

蔡保忠:《农业生产托管与农业绿色低碳转型——一个理论分析框架》,《吉首大学学报》(社会科学版)2022年第3期。

常钦:《推动现代服务业同现代农业深度融合——让农业成为有奔头的产业》,《人民日报》2022年12月12日第2版。

陈柏峰:《土地流转对农民阶层分化的影响——基于湖北省京山县调研的分析》,《中国农村观察》2009年第4期。

陈建华、杨丽:《土地托管合作社:农村土地流转的新模式》,

《中国乡村发现》2011年第2期。

陈林、商文江：《新时代小农与社会化服务研究》，《行政管理改革》2018年第7期。

陈思丞、施瑞祺、刘婧玥、董玄：《嵌入性组织中的政策企业家如何推动政策创新？——基于农业生产托管政策变迁的历时观察》，《公共行政评论》2022年第5期。

陈义媛：《土地托管的实践与组织困境：对农业社会化服务体系构建的思考》，《南京农业大学学报》（社会科学版）2017年第6期。

陈振明、张成福、周志忍：《公共管理理论创新三题》，《电子科技大学学报》（社会科学版）2011年第2期。

迟超楠、王志彬：《制约农户土地托管的因素分析——以西安市长安区为例》，《山东农业大学学报》（社会科学版）2016年第4期。

戴治勇：《选择性执法》，《法学研究》2008年第4期。

董玄、陈思丞、孟庆国：《对比观念、共同认知与政策制定——以土地托管政策过程为例》，《公共行政评论》2019年第3期。

豆书龙、萧子扬、胡卫卫：《供销部门土地托管的复合型碎片化困境及治理——基于山东省平安县的案例分析》，《南京农业大学学报》（社会科学版）2022年第3期。

豆书龙、叶敬忠：《乡村振兴与脱贫攻坚的有机衔接及其机制构建》，《改革》2019年第1期。

豆书龙、叶敬忠：《项目制研究何以成为"显学"：概念辨析、性质定位与实践探索》，《内蒙古社会科学》（汉文版）2019年第4期。

豆书龙、张明皓：《供销部门土地托管何以遭遇困境？——以山东省和谐县为例》，《中国农村经济》2021年第1期。

豆书龙、张明皓：《中国特色土地托管实践的多元理论分析》，

《西北农林科技大学学报》（社会科学版）2021 年第 4 期。

樊红敏：《县域政治：权利实践与日常秩序》，中国社会科学出版社 2008 年版。

方朝晖：《什么是中国文化中有效的权威？——评白鲁恂〈亚洲权力与政治〉一书》，《开放时代》2013 年第 3 期。

费孝通：《乡土中国》，上海世纪出版社 2007 年版。

风笑天：《现代社会调查方法》，华中科技大学出版社 2001 年版。

冯小：《去小农化：国家主导发展下的农业转型》，博士学位论文，中国农业大学，2015 年。

冯小：《新型农业经营主体培育与农业治理转型——基于皖南平镇农业经营制度变迁的分析》，《中国农村观察》2015 年第 2 期。

付会洋：《农业的政治过程：国际竞争及国家主导发展下的农业变迁》，博士学位论文，中国农业大学，2017 年。

付伟、焦长权：《"协调型"政权：项目制运作下的乡镇政府》，《社会学研究》2015 年第 2 期。

高尚涛：《关系主义与中国学派》，《世界经济与政治》2010 年第 8 期。

公茂刚、王学真、李彩月：《"三权分置"改革背景下我国农村土地流转现状及其影响因素研究》，《宁夏社会科学》2019 年第 1 期。

公丕祥：《新时代的中国县域法治发展》，《求是学刊》2019 年第 1 期。

龚为纲：《农业治理转型——基于一个全国产粮大县财政奖补政策实践的分析》，博士学位论文，华中科技大学，2014 年。

龚为纲、张谦：《国家干预与农业转型》，《开放时代》2016 年第 5 期。

管珊：《农业经营模式创新与演化的多重逻辑——基于土地托管模式的分析》，《南京农业大学学报》（社会科学版）2019 年第

2 期。

管珊:《社会化服务的双重组织化:小农户与现代农业的衔接机制——基于土地托管模式的分析》,《当代经济管理》2020 年第 11 期。

韩鹏云:《农业现代化治理的实践逻辑及其反思》,《宁夏社会科学》2020 年第 4 期。

韩庆龄:《小农户经营与农业社会化服务的衔接困境——以山东省 M 县土地托管为例》,《南京农业大学学报》(社会科学版) 2019 年第 2 期。

韩兆柱、翟文康:《西方公共治理前沿理论述评》,《甘肃行政学院学报》2016 年第 4 期。

杭琍:《我国城镇化进程中县级政府职能研究》,博士学位论文,东北师范大学,2014 年。

何自力、顾惠民:《土地制度改革、农业生产方式创新与农村集体经济发展》,《上海经济研究》2022 年第 1 期。

贺雪峰:《保护小农的农业现代化道路探索——兼论射阳的实践》,《思想战线》2017 年第 2 期。

贺雪峰、印子:《"小农经济"与农业现代化的路径选择——兼评农业现代化激进主义》,《政治经济学评论》2015 年第 2 期。

胡春华:《大力推进乡村治理体系和治理能力现代化》,《人民日报》2019 年 6 月 11 日第 4 版。

胡凌啸、武舜臣:《土地托管的内涵与实现:理论剖析与实践归纳》,《经济学家》2019 年第 12 期。

胡凌啸、周应恒、武舜臣:《农资零售商转型驱动的土地托管模式实现机制研究——基于产业链纵向整合理论的解释》,《中国农村观察》2019 年第 2 期。

胡伟:《政府过程》,浙江人民出版社 1998 年版。

黄增付:《农村新土地精英的崛起与村庄治理》,《华南农业大学学报》(社会科学版) 2015 年第 2 期。

黄增付：《土地经营权流转与乡村秩序整合》，《南京农业大学学报》（社会科学版）2018 年第 1 期。

纪莺莺：《文化、制度与结构：中国社会关系研究》，《社会学研究》2012 年第 2 期。

冀名峰：《农业生产性服务业：我国农业现代化历史上的第三次动能》，《农业经济问题》2018 年第 3 期。

贾大猛、张正河：《合作社影响下的村庄治理》，《公共管理学报》2006 年第 3 期。

贾悦、魏子鲲、王文青、王建忠：《基于村中介组织的平台型土地托管模式研究》，《湖北农业科学》2022 年第 17 期。

江丽：《农业服务规模化推动农业现代化的理论与实践研究——以山东省供销社系统为例》，《改革与战略》2015 年第 12 期。

姜利标：《治理走向何处：基层社会治理的单位选择和范式转向——兼谈〈被困的治理（1980—2009）〉》，《中国农业大学学报》（社会科学版）2017 年第 4 期。

焦新颖、许玉兰：《现代农业发展视角下的土地制度创新》，《农村经济》2010 年第 7 期。

孔祥智、何欣玮：《中国式现代化目标下供销合作社改革的方向和路径》，《新疆师范大学学报》（哲学社会科学版）2023 年第 1 期。

孔祥智、钟真：《供销合作社改革、土地托管与服务规模化——山东省供销合作社综合改革调查与思考》，《中国合作经济》2017 年第 10 期。

蓝怡琪：《为城让道：大都市郊区农业治理的实践逻辑研究》，硕士学位论文，华东理工大学，2022 年。

李德全：《科层制及其官僚化过程研究》，博士学位论文，浙江大学，2004 年。

李芊蕾、秦琴：《试论中国人的"关系理性"》，《中共浙江省委党校学报》2008 年第 3 期。

李烊、刘祖云：《纪律、契约与礼俗：论过渡型社区三元治理规则》，《中国农村观察》2019年第4期。

李月：《农业服务规模化中的政府角色与作用研究》，硕士学位论文，山东师范大学，2011年。

李祖佩：《项目进村与乡村治理重构——一项基于村庄本位的考察》，《中国农村观察》2013年第4期。

李祖佩、钟涨宝：《项目动员："统合化"背景下的县域政府治理》，《社会学研究》2022年第6期。

梁漱溟：《中国文化要义》，三联书店香港分店1987年版。

梁幸枝、邢婷：《人情的选择，还是制度的依赖——中外社会信任机制的概况研究》，《社会》2003年第5期。

林辉煌：《涉农资源产业化：政治逻辑与治理转向》，《华南农业大学学报》（社会科学版）2022年第6期。

刘彤、杨郁：《由细碎走向适度规模：土地经营格局变迁对农村治理生态的影响分析》，《理论探讨》2018年第3期。

刘中兰、师智峰：《对韦伯理性官僚制的再审视》，《武汉理工大学学报》（社会科学版）2006年第2期。

芦千文、于雅俐、苑鹏：《农业生产托管与新型农村集体经济发展》，《农村金融研究》2022年第2期。

芦千文、苑鹏：《农业生产托管与稳固中国粮食安全战略根基》，《南京农业大学学报》（社会科学版）2021年第3期。

陆江兵：《非人的"人"：从"组织图"到科层制——论M.韦伯科层制模式对人性的背离》，《学海》2005年第2期。

马流辉：《间接驱逐与身份改造——大都市郊区农业规模经营的治理逻辑》，《中国农业大学学报》（社会科学版）2016年第6期。

马正立：《新常态下中共县委书记成长机理研究》，博士学位论文，中共中央党校，2018年。

毛泽东：《毛泽东选集》（第三卷），人民出版社2007年版。

孟庆国、董玄、孔祥智：《嵌入性组织为何存在？供销合作社农业生产托管的案例研究》，《管理世界》2021年第2期。

欧阳静：《"关系"如何、缘何影响基层官员晋升》，《甘肃行政学院学报》2012年第1期。

欧阳静：《强治理与弱治理——基层治理中的主体、机制与资源》，社会科学文献出版社2018年版。

欧阳静：《运作于压力型科层制与乡土社会之间的乡镇政权——以桔镇为研究对象》，《社会》2009年第5期。

彭国甫、李春、刘期达：《基于完善科层制的县级政府管理体制创新》，《北京行政学院学报》2005年第2期。

齐杏发：《差序格局、关系网络与政府间运行机制》，《武汉大学学报》（哲学社会科学版）2008年第5期。

乔金亮：《确保小农户在现代农业中不掉队》，《经济日报》2021年7月27日第5版。

秦亚青：《关系本位与过程建构：将中国理念植入国际关系理论》，《中国社会科学》2009年第3期。

全球治理委员会：《我们的全球伙伴关系》，牛津大学出版社1995年版。

史普原：《科层为体、项目为用：一个中央项目运作的组织探讨》，《社会》2015年第3期。

舜尧：《托管——由市场配置资源的好形式》，《中国纺织经济》1997年第1期。

孙立平、郭于华：《"软硬兼施"：正式权力非正式运作的过程分析——华北B镇定购粮收购的个案研究》，清华大学社会学系主编，清华社会学评论（特辑），鹭江出版社2000年版。

孙敏：《大户时代"农业治理共同体"的生成逻辑及启示——基于安徽省郎溪县农业变迁的思考》，《中国农业大学学报》（社会科学版）2022年第2期。

孙琼欢：《小微权力清单：从弱规则向强规则转型的村庄治

理》,《河南社会科学》2017 年第 10 期。

孙小燕、刘雍:《土地托管能否带动农户绿色生产?》,《中国农村经济》2019 年第 10 期。

孙新华:《村社主导、农民组织化与农业服务规模化——基于土地托管和联耕联种实践的分析》,《南京农业大学学报》(社会科学版) 2017 年第 6 期。

孙新华:《农业转型的动力机制研究及其拓展》,《华中农业大学学报》(社会科学版) 2017 年第 3 期。

孙新华:《再造农业》,博士学位论文,华中科技大学,2015 年。

孙新华、钟涨宝:《地方治理便利化:规模农业发展的治理逻辑——以皖南河镇为例》,《中国行政管理》2017 年第 3 期。

谭融:《马克斯·韦伯"官僚制"理论探析》,《武汉大学学报》(哲学社会科学版) 2013 年第 6 期。

田则林、余义之、杨世友:《三权分离:农地代营——完善土地承包制、促进土地流转的新途径》,《中国农村经济》1990 年第 2 期。

仝志辉:《"去部门化":中国农业社会化服务体系构建的关键》,《探索与争鸣》2016 年第 6 期。

王春娟:《科层制的涵义及结构特征分析——兼评韦伯的科层制理论》,《学术交流》2006 年第 5 期。

王德福、桂华:《大规模农地流转的经济与社会后果分析——基于皖南林村的考察》,《华南农业大学学报》(社会科学版) 2011 年第 2 期。

王海娟、贺雪峰:《资源下乡与分利秩序的形成》,《学习与探索》2015 年第 2 期。

王海娟、胡守庚:《自主治理:一种中国农地细碎化治理模式》,《中国土地科学》2019 年第 7 期。

王海娟、胡守庚:《自主治理与小农农业现代化的路径》,《农业经济问题》2019 年第 9 期。

王海娟、夏柱智：《农业治理困境与分利秩序的形成——以中部W省H市为例》，《南京农业大学学报》（社会科学版）2015年第3期。

王海娟：《资本下乡的政治逻辑与治理逻辑》，《西南大学学报》（社会科学版）2015年第4期。

王军、王真、刘纪荣：《赋能中国式农业农村现代化：新时代深化供销合作社综合改革的三重逻辑》，《新疆师范大学学报》（哲学社会科学版）2023年第1期。

王美龄：《马克斯·韦伯的官僚制理论研究》，硕士学位论文，辽宁大学，2012年。

王清：《政府部门间为何合作：政绩共容体的分析框架》，《中国行政管理》2018年第7期。

王玉斌、李乾：《农业生产托管利益分配模式比较研究》，《改革》2019年第8期。

吴偎立、郑梦圆、平新乔：《论农业生产托管与土地流转》，《经济科学》2022年第6期。

吴毅：《何以个案，为何叙述——对经典农村研究方法质疑的反思》，《探索与争鸣》2007年第4期。

武舜臣、曹丹丘、李乾：《抉择中的土地流转与土地托管：优劣之分还是条件差异？》，《江苏大学学报》（社会科学版）2019年第4期。

夏柱智：《农业治理和农业现代化：中国经验的阐释》，《政治学研究》2018年第6期。

肖俊彦：《供销社体制：历史和改革》，《管理世界》1988年第3期。

徐旭初、黄祖辉：《转型中的供销社——问题、产权与演变趋势》，《浙江大学学报》（人文社会科学版）2006年第3期。

徐勇：《"关系权"：关系与权力的双重视角——源于实证调查的政治社会学分析》，《探索与争鸣》2017年第7期。

闫娜：《国家治理中的工具理性和价值理性及其关系研究》，硕士学位论文，北京交通大学，2018年。

杨芳：《驻村"第一书记"与村庄治理变革》，《学习论坛》2016年第2期。

杨磊、徐双敏：《中坚农民支撑的乡村振兴：缘起、功能与路径选择》，《改革》2018年第10期。

杨雪冬：《论"县"：对一个中观分析单位的分析》，《复旦政治学评论》2006年第1期。

杨玉圣：《法治、自治、礼治与善治——立足于县域法治与县域善治的讨论》，《政法论坛》2017年第4期。

杨郁、刘彤：《土地适度规模经营、农民组织化与乡村治理》，《东北师大学报》（哲学社会科学版）2018年第6期。

叶敬忠、豆书龙、张明皓：《精准脱贫与社会建设的有机衔接：理论逻辑、实践困境与路径选择》，《南京农业大学学报》（社会科学版）2019年第5期。

叶敬忠、豆书龙、张明皓：《小农户和现代农业发展：如何有机衔接？》，《中国农村经济》2018年第11期。

叶敬忠、李春艳：《行动者为导向的发展社会学研究方法——解读〈行动者视角的发展社会学〉》，《贵州社会科学》2009年第10期。

叶敬忠、吴惠芳、许惠娇、蒋燕：《土地流转的迷思与现实》，《开放时代》2016年第5期。

叶敏、马流辉、罗煊：《驱逐小生产者：农业组织化经营的治理动力》，《开放时代》2012年第6期。

殷浩栋、汪三贵、郭子豪：《精准扶贫与基层治理理性——对于A省D县扶贫项目库建设的解构》，《社会学研究》2017年第6期。

于海龙、张振：《土地托管的形成机制、适用条件与风险规避：山东例证》，《改革》2018年第4期。

于善甫:《完善现代农业治理体系提升治理能力的思路与对策——基于农业生产性服务业的视角》,《河南社会科学》2020年第12期。

余粮红、高强、郑珊:《村集体协调在抑制土地托管风险中何以失效——基于委托代理理论的视角》,《中国土地科学》2022年第1期。

俞可平:《治理和善治:一种新的政治分析框架》,《南京社会科学》2001年第9期。

俞可平:《治理和善治引论》,《马克思主义与现实》1999年第5期。

宇红:《论韦伯科层制理论及其在当代管理实践中的运用》,《社会科学辑刊》2005年第3期。

袁超:《"关系"裹挟、科层失灵与官场逆淘汰》,《理论探讨》2017年第3期。

詹恂、彭涛:《SNS对人际传播中行动过程的影响》,《新闻界》2008年第6期。

张贯磊:《依附性治理:郊区农业规模化的治理逻辑及其意外后果——基于上海市秦镇的实证分析》,《南京农业大学学报》(社会科学版)2020年第1期。

张紧跟:《当代中国地方政府间横向关系协调研究》,中国社会科学出版社2006年版。

张康之:《韦伯对官僚制的理论确认》,《教学与研究》2001年第6期。

张克俊、黄可心:《土地托管模式:农业经营方式的重要创新——基于宜宾长宁县的调查》,《农村经济》2013年第4期。

张冉、张瑞:《新时代中国供销合作社综合改革研究:变迁逻辑与共时场域》,《新疆师范大学学报》(哲学社会科学版)2023年第1期。

张亚鹏:《中国农业治理逻辑的历史透视》,《农业经济》2021

年第 1 期。

张艳霞、刘全清、张宏彦、孟昭峰：《当前农村土地经营现状及托管的问题与对策》，《河北农业科学》2012 年第 8 期。

张云昊：《规则、权力与行动：韦伯经典科层制模型的三大假设及其内在张力》，《上海行政学院学报》2011 年第 2 期。

赵鲲：《共享土地经营权：农业规模经营的有效实现形式》，《农业经济问题》2016 年第 8 期。

赵磊：《"三农问题"的市场经济理论解析》，《学术研究》2005 年第 5 期。

赵树凯：《中国农政》（第一辑），研究出版社 2022 年版。

赵汀阳：《共在存在论：人际与心际》，《哲学研究》2009 年第 8 期。

赵晓峰：《地方政府在农业转型中的规模依赖行为分析——兼论小农户的发展困境及其消解》，《北京工业大学学报》（社会科学版）2019 年第 5 期。

钟真、苏鹏：《供销合作社综合改革与农村基层治理模式创新——山东莒南"村社共建"的经验与启示》，《科学社会主义》2019 年第 4 期。

周娟：《土地流转与规模经营的重新解读：新型农业服务模式的发展与意义》，《华中农业大学学报》（社会科学版）2017 年第 4 期。

周雪光：《国家治理规模及其负荷成本的思考》，《吉林大学社会科学学报》2013 年第 1 期。

周雪光：《基层政府间的"共谋现象"》，《社会学研究》2008 年第 6 期。

周雪光、练宏：《政府内部上下级部门间谈判的一个分析模型——以环境政策实施为例》，《中国社会科学》2011 年第 5 期。

周雪光：《项目制：一个"控制权"理论视角》，《开放时代》2015 年第 2 期。

朱天义、高莉娟：《选择性治理：精准扶贫中乡镇政权行动逻辑的组织分析》，《西南民族大学学报》（人文社会科学版）2017年第1期。

朱媛媛：《漩涡空间：非正式关系与科层制关系研究》，《江西社会科学》2017年第4期。

［德］马克斯·韦伯：《经济与社会》（上卷），林荣远译，商务印书馆1997年版。

［德］马克斯·韦伯：《韦伯作品集（Ⅲ）：支配社会学》，康乐、简惠美译，广西师范大学出版社2004年版。

［德］托马斯·海贝勒、舒耕德、杨雪冬：《"主动的"地方政治：作为战略群体的县乡干部》，刘承礼等，中央编译局出版社2013年版。

［美］卡斯特、罗森茨韦克：《组织与管理》，李注流译，中国社会科学出版社1985年版。

［美］林南：《社会资本：关于社会结构与行动的理论》，张磊译，上海人民出版社2005年版。

［美］罗伯特·贝茨：《热带非洲的市场与国家：农业政策的政治基础》，曹海军译，吉林出版集团有限责任公司2011年版。

［美］詹姆斯·C.斯科特：《国家的视角：那些试图改善人类状况的项目是如何失败的》，王晓毅译，社会科学文献出版社2012年版。

［英］戴维·毕瑟姆：《官僚制》，韩志明、张毅译，吉林人民出版社2005年版。

［英］弗兰克·艾利思：《农民经济学》，胡景北译，上海人民出版社2006年版。

Bourdieu, *The Logic of Practice*. Stanford：Stanford University Press，1990，p.56.

Giampietro Gobo, Jaber F. Gubrium, and David Silverman, *Qualitative Research Practice*. London: Sage Publications, 2004, p. 452.

Gillian Patricia Hart, Andrew Turton, Benjamin White, *Agrarian Transformations: Local Processes and the State in Southeast Asia*. Berkeley: University of California Press, 1989, pp. 45 – 59.

Oi, Jean Chun, *State and Peasant in Contemporary China: the Political Economy of Village Government*, Berkeley: University of California Press, 1989, p. 189.

Scott, James C., "Patron-Client Politics and Political Change in Southeast Asia", *The American Political Science Review*, No. 1, 1972.

Walder, Andrew, *Communist Neo-traditionalism: Work and Authority in Chinese Industry*. Berkeley: University of California Press, 1986, p. 234.

Wank, David, *Commodifying Communism: Business, Trust, and Politics in a Chinese City*. New York: Cambridge University Press, 1999, p. 124.

Whyte, Martin, *Who Hates Bureaucracy? A Chinese Puzzle*. In Victor Nee and David Stark. Remaking the Economic Institutions of Socialism. Stanford: Stan, 1989, p. 55.

Williamson, O. E., "The Vertical Integration of Production: Market Failure Considerations", *American Economic Review*, No. 2, 1971.

索　引

关系治理理性　45，49，55，60，61，63—67，69，72，82，83，87，89，90，97，100，101，103，105—107，109—111，113—115，121—123，125，126，131—134，143—146，149，152，153，155，158，160，162，168，169，171，177—182，187，188，192，195—197，199—204，206—216，218

科层治理理性　45，49，52，55，56，59，61—63，67—69，72，73，78，83，89，100—104，106，110，113—116，121，122，125，126，128，130，131，143，144，151—153，158，160，162，168，177—180，182，183，187，188，195，196，198—203，218

遭遇困境　4，6—10，17—19，25，28，29，31，36，37，39，40，45，49，56，57，62，63，68—71，83，88，100，103，104，106，110，113—116，121—125，142—144，147，148，150，153，154，158，160，162，178，180，183—185，187，188，193，195，196，198—204，206—208，210—213，215—217，221，223

中国式土地托管　223

治理策略

后 记

本书是笔者在博士学位论文基础上修改完善而来。2020年6月，笔者结束了9年在中国农业大学的学习时光。回顾求学生涯，本科一年在东区，三年在烟台校区，五年硕博连读研究生在西区。九年里，笔者踏遍了中农的一砖一瓦，一草一木。犹记得2011年时从一个普通的农村来到北京时所感到的彷徨、迷茫和幼稚，知道自己不能只会学习了，所以那一年尝试了很多。例如，想要逃课却又担心被老师抓到，学着打游戏却总是因为技术差被室友排斥，勤工俭学卖多肉植物又因为收到假币而赔掉工资。总之，那时是多么的弱小、无助而又缺乏自信。但经过母校九年的培养，笔者深深被"解民生之多艰，育天下之英才"的校训所感染，更为"重拾人文情怀，讲好发展故事"的院训所折服，又为以叶敬忠教授为代表的"大先生们"倡导的"像弱者一样感受世界"理念所启迪和感动。正是在这种人文精神指引下，笔者坚定了研究"三农"问题，关注弱势群体的学术研究道路。无论前期关注农村特困供养老人、精准扶贫政策、乡村振兴政策，还是后期关注土地托管政策，都是对这一人文精神的承继和延续。

毛泽东主席曾在《〈农村调查〉的序言和跋》一文中指出"没有满腔的热忱，没有眼睛向下的决心，没有求知的渴望，没有放下臭架子、甘当小学生的精神，是一定不能做，也一定做不好的。必须明白：群众是真正的英雄，而我们自己则往往幼稚可笑的，不了解这一点，就不能得到起码的知识"。对于笔者所做的土地托管调查研究而言，更应该践行"人民至上"的群众路线。土地托管本身是一种经济行为，属于农经学科的研究内容。但是如果从治理视角研究土地托管相关主体的行为逻辑，不是简单地通过数字可以揭示出来，因此必须深入体悟土地托管政策背景下相关主体的生活世界，才能深刻理解他们的行为逻辑。

具体而言，为了理解村民对土地托管的态度，笔者以"不知道下一顿饭在哪家吃，不知道明天晚上在哪家睡，不知道明天炕头上和谁睡在一起"的精神，与农民朋友们同吃同住同睡，感受着他们的真诚和纯粹，并结下深厚的友谊。为了调研山区托管农户的情况，笔者和农民朋友们一块种植水稻，一起摘山里的野果子充饥。为了理解乡镇政府对土地托管的态度，笔者又以"不知道早上蹭哪位乡镇领导的车去上班，晚上又蹭哪位领导的车回县城"的厚脸皮精神，与各乡镇领导均建立了较为紧密的信任关系。我们围绕土地托管是否应该由乡镇政府指导、乡镇政府应该如何发挥作用等问题，经常讨论至深夜，乡镇干部的深入思考和远见卓识常常让笔者受益匪浅。为了理解县级政府部门对土地托管的看法，笔者以政策咨询者的身份参与到当地土地托管政策的制定与完善中，深刻观察各县直部门对土地托管的不同态度。而为了理解供销部门对土地托管的看法，笔者又经常去供销合作社请教土地托管问题。也许是由于供销部门的边缘地位，他们对于笔者的到来非常地热情与支持。面对社会上对供销合作社的边缘化态度，那些对供销合作社工作充满感情的老供销人希望笔者能向政府呼吁给予供销合作社更大的重视，从而继续发挥供销合作社为农服务的特殊优势。供销部门领导和职工的干事创业热情令笔者动容，因此，无论他们来自吉林、山东还是四川，不论他们属于政府部门系统、供销部门系统抑或是村庄社会系统，都非常坦诚的接纳笔者这个"陌生人"，像"朋友"一样耐心解答笔者疑问，让笔者深入观察他们的生活世界，努力提供各种帮助。在"托管朋友们"的支持和帮助下，笔者积累了数百万字的原始资料。但遗憾的是笔者的著作主要选择了山东省光明县作为主要叙事对象，仅仅用去了三分之一的原始素材。因此笔者的内心对吉林省和四川省的托管朋友深感愧疚，未能把你们的先进经验和典型做法总结出来，希望后续研究可以弥补。虽然你们的托管故事没有在本书中充分体现，但是你们的卓越经验和实践加深了笔者对中国特色土地托管实践的认识。他们分别是：四川省邻水县盛世种植专业合作社理事长方智勇、吉林省榆树市大川机械种植专业合作社理事长孙大川、吉林省榆树市田丰机械种植合作社理事长陈卓。其实，"托管朋友们"才是笔者真正的老师，是真正学习和求教的对象。是他们用行动上演了一场场精彩的土地托管"实践剧"，而笔者不过是用文字将他们的经验翔实记录而已。因此，如果本书未能准确表述出他们的思考、实践和梦想，责任完全在笔者。这些经历看似辛苦，但现在想来却是极其难忘，笔者收获的不仅是托管的实际情况，更收获了"托管朋友们"的人生智慧与友谊，自身逐步变得更加从容、自信和坚定。

  人们常说"本科看学校，硕士看专业，博士看导师"。而笔者则完全被叶敬忠教授的人格魅力所感染，不掺杂任何利益羁绊。叶老师是一位严谨的学者。记得2016年在《发展研究方法》课堂上，当看到叶老师展示的学术笔记时，笔者的身体和精神被深深震撼到了。这是有生以来第一次感受到"纯粹"学者的存在，从那时起笔者便坚定了要跟叶老师读博的信念。幸运的是，叶老师不介意笔者的"愚"而收入门下。从他身上笔者学习到了严谨的学风和踏实求学的治学态度，并开始按照"每周完成2篇学术笔记"师门要求开始积累。截至2023年1月，笔者已完成350篇学术笔记积累，文字积累超过500万字。正是这些学术笔记的累积为笔者的学术研究奠定了坚实基础。叶老师是一位有情怀的学者。他具有厚重的人文情怀，正如他2019年非常火的一篇毕业致辞所讲的"像弱者一样感受世界"，笔者非常认同。只有通过深度调研，和他们同吃同睡同劳动，才有可能无限接近于普通人的真实生活，深刻体悟他们的境遇，理解他们在具体的社会结构下所采取的行动。叶老师是一位关心学生的长者。叶老师平日工作虽然很忙，但是依然给予了笔者很多细致入微的指导。首先是"大格局"的教导。当笔者被日常的烦恼所困扰而影响到正常的工作学习时，叶老师总是告诫我们要有"大格局"意识，要多学会吃一点亏。其次是论文写作的指导。论文写作要坚持"三说原则"，即"有话要说、安静地说、废话不说"，要爱惜自己的"羽毛"，多从意义和价值角度考虑研究问题。最后是坚定的调研经费支持。本著作的完成缺少不了叶老师背后的全力支持。每次在师门读书会上，叶老师总是嘱咐我们，要积极地外出调研，寻找学术灵感，调研经费完全不用担心。每次听到这句话，笔者总是从内心里非常感激老师对本研究的支持。很难想象，如果没有老师支持，笔者如何才能寻找到一个合适的调研地点，又该如何才能花费很长时间进行深入调研。

叶老师是一位始终关注笔者成长的大先生。2020年9月，自入职西北农林科技大学工作以来，叶老师总是无时无刻地关注和支持笔者的成长。一是在微信朋友圈公开勉励笔者继续做好阅读笔记。2021年9月16日，叶老师发朋友圈表示"学者选择的本来就是一种生活方式嘛，怎能有例外！这位同学毕业后还如此，每一周每一周，还承诺继续下去！其实学术工作哪有什么聪明愚笨一说，不过是心无旁骛无问西东的坚持和坚守"。2022年9月18日，叶老师再发朋友圈，微信内容为"2020年就毕业当副教授了，还坚持读经典和做笔记的日常生活方式。学术没有弯道超车，只有坚持和坚守。能如此坚持一辈子，会如何？"。二是叶老师给予笔者数次继续参与师门项目的机会，受益良多。作为青年教师，面临最现实的问题就是经费短缺。叶老师曾数次说过"以后欢迎你参加我们师门的任何项目"。距离最近的一次是在2022年12月28日至2023年1月4日参加的阐释党的二十大精神项目申报书撰写，那时虽然已高烧多日，但是笔者的斗志被叶老师深深的信任点燃，最终完成了"子课题三：作为重点的宜居乡村建设"论证。三是叶老师的谆谆教导让笔者受益匪浅。由于悟性太低和人生经验不足，笔者总是对叶老师的教导后知后觉，事后才能体会其良苦用心。叶老师说过"人要守拙""要学会吃亏""学术是无用的""对待过程内卷、对待结果躺平""像弱者一样感受世界""在理性道路上记住感性""做默默无闻的人，获得别人默默地对你的认可"，等等。以本拙作为例，让笔者觉得本著作有价值的不在于发了四篇 CSSCI 论文，而在于一些人看到后的默默认可。中华全国供销合作总社合作指导部的王先生主动打电话联系笔者讨论供销合作社土地托管的问题，而丰农控股服务公司的王经理则表示"我昨晚读了您的文章，关于合作社和托管的，写得非常好，我们在线下托管业务中确实是遇到了这些问题，终于找到研究托管业务的专家了，想着把您的研究去实地落地"。

同时，笔者要感谢的是硕士生导师刘林教授。刘老师是一位从公共政策角度研究弱势群体的学者，体现出一位学者高度的责任担当。刘老师曾经用质朴的语言谈过对"专家"的理解，令笔者印象深刻。他说"所谓专家，就是走的路多了，看的事情多了，你就懂得多，你就是专家了"。笔者从刘老师身上学习到深入实地，以形成经验质感的重要性。这也构成了笔者最初能够触碰到学术殿堂的"资本"。例如，在刘老师指导下，从事蒙古族地区综合旅游扶贫项目时间达到 2 年，形成了丰富的项目参与经验，也形构了笔者对"项目制"主题的经验积淀，因此有了后续"项目制研究三部曲"的诞生。笔者要感谢的是学术旅途中遇到的老师，他们给予过很大的帮助，让笔者在孤独的学术旅途中不再那么"无助"，而是体会到"学术共同体"的归属感。他们分别是中国农业大学的贺聪志老师、潘璐老师、汪淳玉老师、吴惠芳老师、刘燕丽老师、汪力斌老师、李凡老师等。

《礼记·学记》写道，"独学而无友，则孤陋而寡闻"。意在表明：如果学习中缺乏学友之间的交流切磋，就必然会导致知识狭隘，见识短浅。求学期间，笔者曾被学友们冠之以"五保之父"

"项目之星""衔接之王""托管之兄""党建之友"等称谓,虽看似玩笑,但却无比准确地表达了笔者的研究主题变迁。硕博连读五年,最重要的学友便是来自兰州大学马克思主义学院的张明皓副教授。我们相识于2016年叶老师的《发展研究方法》课程,后与其共同成为叶老师的硕博连读生兼室友。虽然他比笔者小两岁,但无论在为人处世还是学术研究抑或是情感经验等方面都给予了笔者很大的帮助。他博闻强识,熟读马克思经典著作,学术基础雄厚,总是能给予笔者很多的学术灵感和思路启发,是同学当中笔者最为敬佩的人。每次在与他交流过程中,都收获良多。他沉稳自信,总是能给予笔者更多的学术自信。对于本著作而言,笔者曾有无数次的放弃想法,以为自己选择了一个错误的选题。但他总能娓娓道来,最能懂得笔者欲表达的学术观点,发现本著作的学术价值,让笔者自信满怀地去完成。同时,也应该感谢所有曾经帮助过笔者的学友,他们分别是王维、许惠娇、王丹、吴存玉、蒋燕、萧子扬、强溦、胡琴、张曾、王莎莎、董怡琳、唐成玲、陈诺、尹瑶、白鹏飞、刘岩、王山、李博、胡凌啸、王欢、顾庆康、武舜臣等。

新竹高于旧竹枝,全凭老干为扶持。家人们的信任和支持是促推笔者前行的最大动力。感谢父亲豆保刚让笔者高考填报了中国农业大学,由此走上了"三农"研究道路。因为他在2011年夏天填报志愿的时候就断定"国家对三农会越来越支持"。他是一位朴素的农民,年复一年地耕作40亩农田。他特别希望儿子能够考上好大学,脱离农门,笔者大抵算是实现了他的期望。如今,他也开始将20亩地托管给服务组织来尝试他儿子所研究的"托管"了。感激母亲张凤平,在笔者论文写作陷入瓶颈的时候总会很焦虑地向她询问土地托管的事情,尽管她知道帮不上什么忙,却总是积极回应这个所谓高学历儿子所提出的种种问题,并且总会宽慰笔者,毕不了业没有关系,因为她担心她的儿子由此走上极端。感恩祖母董玉芬多年来无微不至的照顾。犹记得孩童时代,祖母一边背着我一边在农地里干活,她的一生都在从事"普通"的农耕劳作,如今八十岁了，仍然勤勤恳恳坚持劳作，喂养山羊，在她身上笔者看到了中国小农的坚韧和"活到老、干到老、幸福到老"的价值追求。正如祖母经常所说"年纪大了也不能闲着，要做一个对社会有用的人"，她一生要强的性格深深鼓舞了笔者。记得大学时期，笔者本科毕业论文选择"农村特困供养制度"研究，是祖母带着笔者走访调研了多家五保户，帮笔者克服调研中的恐惧，从某种意义上讲，是祖母助力笔者走上了科研的道路。让笔者感动的是妻子王小航，她在笔者开始写博士学位论文时候答应了笔者的表白，可以说本著作是我们初恋和幸福的见证。在写博士学位论文的间隙，第一次尝试为她做大盘鸡、水煮鱼片、西红柿牛腩等，一块去顺义公园散步。尤其记忆深刻的是，为了她下班时能及时吃上海底捞火锅，笔者带着笔记本提前两个小时去排队，那时笔者一边写着博士学位论文第二章，一边闲庭信步地等她下班。连海底捞火锅服务员都有些许感动了。当然不仅仅只有美好，也有进展不顺的时刻。感谢她在笔者论文写作遭遇困难的时候给予莫大的鼓励，让笔者坚持下去完成论文，感谢她给笔者指出了很多文字和标点符号的细节问题，能够使本著作更为严谨一些。感谢妻子的出现和支持，否则笔者的博士学位论文写作岁月断然不会这般令笔者怀念。同时，也应该感谢一直支持笔者的亲人们，他们分别是豆春花、豆保明、豆宝兰、豆书博、张凤芹、朱玉生、朱文基、王保昌、李凤云、王旭博等。

默默付出，追求卓越。感谢西北农林科技大学人文社会发展学院给予笔者博士毕业直聘副教授的机会，让笔者倍感压力的同时不断追求进步，各位优秀的同事给予了笔者太多的帮助。他们分别是赵晓峰、杨乙丹、何得桂、孙新华、王华、曾红萍、冯小、胡卫卫、郑永君、李莉莉、梁运娟、李卓、王杰、赵玉攀等。最后，笔者要感谢中国社会科学出版社党旺旺老师为本书的出版工作所做的努力，她的工作极为出色，从她身上笔者学习到了严谨求实的治学态度。

路漫漫其修远兮，吾将上下而求索。博士学位论文的完成对于笔者来说是一件很神圣的事情,因为对此充满了太多的期待,希望可以在研究过程中可以有所突破,有所成长,有所进步。因为博士学位论文研究特别是实地调研过程本来就不单纯是一件住在书斋里就能完成的工作,而是研究者与社会中的研究对象进行有效互动,然后进行理论提升的过程。没想到,时间过得如此之快,博士学位论文完成已经三年了,笔者在西北农林科技大学工作已经三年了。值得心安的是,工作三年笔者一直在兑现给叶老师的承诺,那就是"只要我对学术还保持那么一点点热情,我就坚持不懈地给老师发送阅读笔记"。笔者在修改完善本著作的过程中,也更加坚定了自己的人生道路,那就是通过学术研究服务于新时代中国社会经济发展,讲述中国乡村振兴故事,总结和提炼中国式农业农村现代化理论,为实现农业强国、推动乡村全面振兴及"三农"问题的解决贡献自己的一分力量。

豆书龙

初稿写于 2019 年 10 月 1 日中国农业大学西校区小白楼

修改稿写于 2023 年 1 月 26 日山东省陵城区董豆村老家